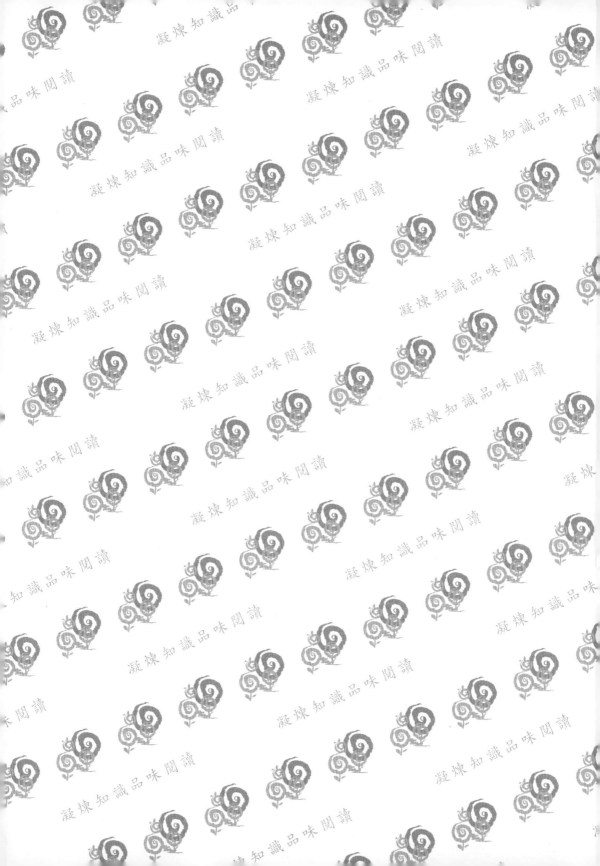

授課教師主導觀課的理論與實務

Theory and Practice of Teacher-driven Observation(TDO)

教育部師資培育及藝術教育司　主編

張德銳　張民杰　賴光眞　賴文堅　王金國

王勝忠　張文權　呂淑娟　張翠雲　連安青　合著

塗瑀眞　黃雅蘭　黃心瑜　林昱丞　曾勤樸

本書各篇文章均經學術同儕匿名審查通過

主編序

　　十二年國民基本教育課綱已於 108 學年度正式實施，為促進教學品質提升及形塑同儕共學文化，全國中小學校長及每位教師實行公開授課及專業回饋，「授課教師主導模式」（teacher-driven observation, TDO）強調由授課教師主導觀察前會談、課堂觀察及觀察後會談，整個公開授課的歷程，能聚焦於教師個人之成長需求，並幫助學生有效學習，落實公開授課的效益。

　　為協助教師能由公開授課與專業回饋中獲得自我專業成長，本部委託國立臺灣師範大學師資培育學院張民杰教授、東吳大學師資培育中心賴光真副教授主持「110 年中小學教師專業發展人才培訓認證計畫」，持續將 TDO 的理念推廣到全國中小學，並發展各項觀察工具，以利現場教師參酌使用，為了讓相關資源能與更多教育人員參考分享，特別針對實施 TDO 模式觀課教師之實務經驗，彙編成《授課教師主導觀課的理論與實務》，以饗教育界廣大的教師讀者，提供全國教師公開授課與專業回饋參考。在本書出版之際，特撰序言，以為推薦。

教育部師資培育及藝術教育司司長

武曉霞 謹識

民國 110 年 10 月

作者序

　　108 課綱強調學生自主學習，以學生為中心的教學，期待的不是教師知識廣度的講述，而是引導學生深度的探究，讓學生獲得學習的自主性，少就是多（less is more），獲得高層次的素養。而這樣的理念也應該落實到 108 課綱規定的校長和教師每學年都要至少公開授課一次與專業回饋上。如何落實呢？也就是把公開授課也讓教師主導，以授課教師為中心，少就是多，一次只聚焦在一個焦點問題，觀課時做客觀的事實記錄，深入探究，深化公開授課與專業回饋的價值和效益。而美國 Grimm、Kaufman 和 Doty 等幾位學者提出的「翻轉同儕觀察」（flipped peer observation）、「教師主導的觀察」（teacher-driven observation, TDO），就是這種做法（Grimm, Kaufman, & Doty, 2014; Kaufman & Grimm, 2013）。

　　本書就是在這樣的理念倡導下產生，期待經由授課教師基於自我專業成長的需求，由其發動並主導觀察前會談（說課）、課堂觀察（觀課）、觀察後回饋會談（議課）等整個教學觀察與專業回饋的歷程；也就是依據被觀察教師自我的專業成長需求，提出觀察焦點（焦點問題），邀請觀課者蒐集課堂上的事實資料，供授課者省思，並共同討論對話，促進彼此專業成長。有兩首詩，可以說明 TDO 的實施歷程：

焦點問題先出現	議課事實先呈現
觀察工具跟著選	找焦點相關聯
授課教師來主導	討論詮釋得意義
觀課記錄看聽見	學習提升下次見

　　本書分為理論與實務兩篇，理論篇分別由張德銳教授、張民杰教授、賴光眞教授、賴文堅教授、林昱丞、曾勤樸所撰寫，而實務篇則由王勝忠老師、張文權老師、呂淑娟老師、張翠雲老師、連安青主任、塗瑀眞主任、黃雅蘭主任、王金國教授及黃心瑜老師所撰寫。感謝參與本書撰寫的師長，就自己的推動理念、經驗和實際做法，提出來集結成冊出版，並感謝匿名審查者，賜予諸多寶貴修正意見。

　　再者要感謝編輯過程，師資培育與藝術教育司李易穎小姐、國立臺灣師範大學助理林昱丞先生、五南出版社黃文瓊副總編輯的協助，本書才得以付梓。

　　祝福每位讀者能從中了解 TDO 的理念和實際做法，開心、自在地實施公開授課與專業回饋，達到預期的目標，享受教與學的幸福公開課。

張德銳　張民杰　賴光眞 謹識

民國 110 年 10 月

目錄

圖目次

表目次

理論篇

第一章

教學觀察與回饋的模式和風格及其與TDO的關係

　　國內《十二年國民基本教育課程綱要總綱》已於 108 學年度，依照不同教育階段逐年實施。該總綱規定：「為持續提升教學品質與學生學習成效，形塑同儕共學的教學文化，校長及每位教師每學年應在學校或社群整體規劃下，至少公開授課一次，並進行專業回饋。」由此可見，公開授課與專業回饋，或者說課室的教學觀察與回饋將成為中小學教師教學現場的常態之一。

　　在教學觀察與回饋的理論與實務中，教學觀察與回饋的模式已有多種，可茲運用的教學觀察與回饋風格亦所在多有，必須視教學觀察對象（即授課的教師或校長）的需求與發展程度來決定適當的模式或風格，加以靈活運用，這樣才能達到最佳的教學觀察與回饋效果。這樣的論述，係符合教學觀察與回饋的權變理論（contingency theory），或者教育理論中「因材施教」或「因材施『導』」的理念。

　　惟在現代的教學觀察與回饋理論與實務之中，「以教師為主導的教學觀察」（teacher directed observation, TDO）是一個相當先進的概念，它符合「教師彰權益能」（teacher empowerment）的時代潮流。在本質上，它所運用的教學觀察模式較接近於「合作性專業發展模式」（collaborative teacher development model）或「同儕模式」（collegial model）；它所採行的風格係「非指導式風格」（nondirective style）。也就是說，TDO 應是一種在同儕協作下，尊重授課教師擁有充分主導權的教學觀察與回饋。

　　是故，本章將先論述教學觀察與回饋的模式與風格，其次說明 TDO 的意涵，最後再分別指出教學觀察與回饋的模式及風格與 TDO 的關係，以利對教學觀察與回饋理論上的了解以及 TDO 在教學觀察與回饋實務運用上的觀念釐清。

第一節　教學觀察的模式與風格

在討論教學觀察與回饋的模式與風格之前，有必要先將教學觀察與回饋的意義與目的先做一個說明，是故本節將含教學觀察與回饋的意義與目的、教學觀察與回饋的模式、教學觀察與回饋的風格。

壹、教學觀察與回饋的意義與目的

「教學觀察與回饋」（instructional observation and feedback）是一種對教學者課室教學的直接觀察，並客觀記錄教師的教與學生的學之真實表現，然後透過回饋會談，肯定和改善教學者教學表現，以及提升學生學習成效的歷程（張德銳、高紅瑛、康心怡，2010）。換言之，在教學觀察與回饋的歷程中，觀察者採用觀察工具，記錄授課教師的教與學生的學，以及師生互動的內容；並運用會談技術與授課教師面對面地互動，引導授課教師了解課程規劃及課堂教學實施，學習自我分析和調整教學的行為和活動，讓專業的教學活動持續精進成長（鄧美珠，2017）。

丁一顧與張德銳（2004）指出教學觀察可以提供教師教學現況的客觀回饋，並能肯定教師教學成就和表現，也能提供診斷和解決教學問題的相關資料，幫助教師發展診斷自我教學技巧，進而協助教師專業成長的正向態度，增進學生學習成效。具體言之，教學觀察與回饋的目的主要有下述五個：(1) 提供教師教學現況的客觀回饋；(2) 肯定教師教學的成就和表現；(3) 協助教師診斷和解決教學問題；(4) 協助教師發展專業成長的正向態度；(5) 提升學生學習成效。

總之，教學觀察與回饋的目的不在評鑑或判斷老師的教學，而是在提供老師「另一雙善意的眼睛」（another kindly set of eyes），協助老師更能了解自己的教以及學生的學，以及透過專業回饋與討論，促進老師們同儕共學，鼓勵彼此在既有的基礎下，攜手成為更優秀的

老師，進而造就更優質的學生（張德銳、鄧美珠，2021）。

貳、教學觀察與回饋的模式

　　現代的教學觀察與回饋理論與實務，主要來自於「教學視導」（instructional supervision），特別是「臨床視導」（clinical supervision）。現代教學視導觀念中的「視」應是指「觀察」，而不是指「視察」；教學視導中的「導」，應是指「引導」或「輔導」，而不是指「督導」。是故，教學視導的主要作為就是在提供教學者「另一雙善意的眼睛」。

　　教學視導的一個主流，便是臨床視導。臨床視導的五個步驟：觀察前會議、教學觀察、分析和策略、視導會議、會議後的分析，曾在 1950 年代末期被廣泛地應用在美國師資培育機構的教學實習課程上，之後臨床視導的五個步驟被簡化為教學觀察與回饋的三部曲（計畫會談、課室觀察、回饋會談），並擴大應用到中小學的教學視導、教學輔導、形成性教師評鑑之中（張德銳，2000）。

　　Glatthorn（1984）與張德銳（2000，2017）指出，教學視導人員可茲以運用的教學觀察與回饋模式主要有四：臨床視導、合作性發展（cooperative development）、個人化發展（self-directed development），以及非正式觀察（unofficial observation）。「臨床視導」，係由一位受過專業訓練的觀察者所提供的密集性觀察和回饋；合作性發展，係由一小群（兩人以上）教師同仁以互助合作的方式，來彼此觀察對方的教學措施，然後提供回饋，藉以促進教師專業的成長；個人化發展，則主要仰賴教師個人，以自我設定目標、自我執行目標以及自我評估目標的方式，來發展自我的專業知識與技能；非正式的觀察，常係行政人員對教師不定期的、非正式的、短暫的課室觀察與回饋，頗類似於「教室走察」（classroom walkthrough）。教室走察強調以非正式、短暫快速、經常性、有焦點、結構化的班級教學訪視，持續蒐集並累積教學現場中真實自然的教與學之實務資料，進而能了

解學校整體教與學的樣貌與型態。

一、臨床視導模式

臨床視導中「臨床」的概念，並不是指諮商或治療的形式，而是指「到教學現場」做密切的觀察、詳細的觀察資料分析，以及觀察者與教師間面對面的互動關係（吳清山，1990）。這一點，由 Goldhammer 和 Cogan 對臨床視導所下的定義，可見一斑。Goldhammer（1969, pp.19-20）認為臨床視導是：

> 一種透過對教師實際教學的直接觀察，來獲取資料的歷程；在這種歷程中，視導人員和教師面對面地互動，以便分析和改進教師的行為和活動。

同樣的，Cogan（1973, p.54）則認為臨床視導是：

> 一種設計來改進教師教室表現的原理與實務。它從教室中所發生的事件，來獲取主要資料。資料的分析結果以及視導人員和教師間的關係，是直接改進教師教室行為，間接提升學生學習成效之方案、程序和策略的基礎。

至於臨床視導的實施階段，Acheson 與 Gall（1996, 2003）將臨床視導分為三個階段：(1) 計畫會談，(2) 課室觀察，(3) 回饋會談。茲略述如下：

(一) 計畫會談

本階段的目的是：培養觀察者和教學者之間的關係，並為往後的實施階段建立一個契約或默契。由於觀察者與教學者之間是否熟稔、關係是否良好，以及教學者能否尊敬和信任觀察者，深深影響教學觀

察的效果，可見其重要性不容忽視。

在觀察前會議，觀察者除了必須努力和教學者建立良好的人際關係之外，亦應透過良好的發問技巧，了解教學者對教學的關注所在，然後把教學者所關心的教學議題，轉換成可觀察的行為。其次，便可安排對教學者進行課室觀察的時間和地點，選擇課室觀察的工具，以及釐清課室觀察的脈絡。這些脈絡例如有：(1) 我要觀察的是哪一堂課？(2) 學生以往學習情況如何？教師期待學生在這一堂課學到什麼？(3) 教師會使用哪些教學策略？哪些評量策略？(4) 當教師在教這堂課時，我有哪些要特別注意的地方？當觀察者在釐清課室觀察的脈絡時，要試著以教學者的角度來加以理解，而非以觀察者的立場和觀念架構出發。當然，觀察者也應控制想要指導的衝動，儘量依教學者自己設定的方向前進。

(二) 課室觀察

在約定好課室觀察之後，觀察者必須依約做密集式的教室教學觀察。尤需就課室觀察事件，做仔細的記錄。誠如 Manatt（1981）所言，假如觀察者在進行課室觀察時，沒有將某一發生過的行為或事件記錄下來，那麼時間一久，觀察者對該行為或事件的記憶，將十分有限，甚至蕩然無存。如此，觀察者有觀察到但是沒有記錄下來的教室行為或事件，將等於從未發生過的行為或事件。因此，觀察者在課室觀察時，應有勤做筆記的習慣，並且善於運用錄影機、錄音機等輔助工具，來蒐集最完整、最正確的資料。

Acheson 與 Gall（1987）在其《教師臨床視導的技巧——職前教師及在職教育適用》一書，以及張德銳、丁一顧、李俊達、朱逸華、黃春木（2011）在其《另一雙善意的眼睛——教學觀察與回饋手冊》一書中，分別提出「選擇性的逐字紀錄」（selective verbatim）、「語言流動」（verbal flow）、「移動型態」（movement pattern）、「在工作中」（at task）、「佛蘭德斯互動分析系統」

（Flanders Interaction Analysis System）、「軼事紀錄」（anecdotal records）等課室觀察工具。另外，張德銳、鄧美珠（2021）於《另一雙善意的眼睛——以學生學習爲中心的教學觀察與回饋》書中曾提出諸多觀察學生學習的教學觀察技術。

隨著教學的發展，教學觀察工具的多樣化是一個必然的趨勢，這是因爲教學愈來愈複雜、多樣化，所以，觀察教師的教與學生的學，以及師生交互作用的形式與內容之教學觀察工具勢必與時俱進，才能符應教學觀察的需要。可以說是，教學與教學觀察都是一個永無止境的追求歷程。

(三) 回饋會談

在回饋會談正式開始之前，觀察者應營造溫暖和諧的氣氛。在會談進行當中，觀察者應以客觀的資料提供教師回饋；然後，以良好的發問技巧以及耐心，引出教師的意見、感受及推論。其次，在尊重教師專業自主權的前提下，鼓勵教師自行提出改進目標、方法及理由；如教師無法自行提出改進策略，則觀察者可提出若干建議供教師參酌。最後，觀察者應給予教師在專業成長上的練習和比較機會。

二、合作性發展模式

「合作性發展模式」是 Allan Glatthorn 於 1984 年首先提出的。Glatthorn（1984, p.39）認爲合作性發展是：

> 一種中度組織化的歷程，在此一歷程之中，兩位或兩位以上的教師，為了他們自己的專業成長，同意工作在一起。他們專業成長的手段，則通常透過教室教學觀察，然後給予對方觀察後的回饋，以及透過對教學專業事件的討論等方式，來達成之。

由上述定義可見，合作性發展模式是一種促進教師專業成長的同

僑模式（collegial model），而同僑協作是當代教師專業發展的一個主流。

Sergiovanni 與 Starratt（1988）指出，合作性發展模式所採用的組織型態與工作方式，可以有多種，並沒有一成不變的規定。例如，在美國某些學校，教師們常以三人一小組的方式，組成許多合作小組。合作小組成員，通常是自由互選的。然後，這些合作小組可以依其小組成員的能力、經驗與人格需求，自由地抉擇其工作方式：其中某些小組可能選擇較為正式的、密集的臨床視導方式，有些小組可能選擇非正式的、簡單的課室觀察與回饋方式，有些小組則可能採用前述兩種方式的折衷方式。

合作性成長模式至少具有三大優點：第一，它可以大量減低督學、校長、教務主任等教學視導人員的工作負荷量，並減少上述視導人員因視導工作和教師所產生的摩擦和衝突。第二，以教師同仁為合作對象的合作性發展模式，將較易為一般教師所接受。有關研究指出，教師遇到教學困難時，其主動求助的對象，以「校內相關學科之教師」所作的比例為最多（邱錦昌，1998；Haller, 1968）。第三，此種模式可以促進教師彼此間的溝通、協調和合作，如此，將有助於學校的和諧氣氛和教師的工作士氣，亦即有利於開放、合作式教師文化的建構。

三、個人化發展模式

在「個人化發展模式」中，教師必須為自己的專業成長負大部分責任。參與此一模式的教師，可以採取獨立自主的工作方式，來達成自己設定的專業成長目標，但是他必須接受視導人員的指導和協助。這種由教師自行設定目標、執行目標，但由視導人員和教師共同管制和評鑑目標的教學視導模式，頗類似於目前商業管理界所盛行的目標管理（Management by Objectives）。

Sergiovanni（1987）指出，個人化發展模式的執行步驟有下列五個：

1.設定目標：根據個人需要、教學視導會議紀錄、課室觀察報告以及教師評鑑報告，教師自行設定兩至三個（至多不超過五或六個）教學專業成長目標，而且每一個目標都應附有達成目標的工作計畫及預估時間表。

2.審核教師所設定的目標：在審閱教師所提的目標以及所附的工作計畫和預估時間表後，視導人員必須提供教師一份書面的回饋。視導人員進行此項工作的目的，主要在確保教師所提的目標具體可行。

3.召開目標設定會議：在會議中，視導人員和教師根據雙方意見，適度地修正教師所提的目標和時間表。在會議之後，視導人員必須提供教師一份會議結論摘要表，供備忘之用。

4.進行形成性評鑑：形成性評鑑始於目標設定會議之後，止於目標達成之時。每一個形成性評鑑必須和執行目標時間表相配合。評鑑的資料應由教師提供和彙整，並且經過視導人員的檢視。評鑑的資料可以包括：正式和非正式的課室觀察記錄、教室教學成品分析、錄影帶、學生學習評量結果，以及師生教室互動分析等等。

5.完成總結性評鑑：在每一個視導循環（通常為一年）即將結束之前，視導人員必須訪視教師，並和教師共同評估每個目標達成的情形。然後由視導人員和教師根據評鑑結果及教師的教學成長需求，共同規劃下一個視導循環的工作重點。

個人化發展模式具有幾個長處：第一，它比臨床視導模式省時、經濟，而且較少依賴視導人員的指導和協助。第二，它提供教師自我計畫、執行和評鑑的機會，有利於教師往後的獨立自主和成長。第三，它提供不願意和同仁合作的教師，以及因故無法和同仁合作的教師，一個獨立自主的空間（Sergiovanni, 1987）。但是個人化發展模式無法促使教師善用「專業學習社群」（professional learning community, PLC）的機制，並不利於開放、合作式教師文化的建構。

四、非正式觀察模式

「非正式觀察模式」係指觀察者對教學者實施非正式的、不定期的、短暫的課室觀察與回饋。觀察者進行此種課室觀察活動時，大都不需事先知會教學者，但是必須儘量避免干擾到教學者的教學活動（張德銳，2000）。

張德銳（2000）指出，非正式觀察模式頗類似目前流行於行政管理界的「走動管理」（management by wandering around）。採行走動管理的行政人員會利用時間到校園四處走動，尤其學校教室，更是他巡視的重點。上課期間，他常會站在教室走廊上，察看學生的學習活動，偶爾也會悄悄地走入教室後面或坐在教室後座，來觀察教師的教學活動。下課之後，他再提供教師適度的觀察回饋。

非正式觀察模式亦強調觀察回饋的重要性。這些回饋小至給教師幾句簡單的口頭鼓勵，大至和教師面對面坐下來，長談對教師教學的看法或意見。為了便於提供教師課室觀察回饋，觀察者於課室觀察後，務必立即做一個簡單的觀察工作日誌。日誌中記載：受觀察教師姓名、觀察時間、教室教學活動情形，以及觀察者的個人意見或感想（張德銳，2000）。

雖然觀察者在此一模式所進行的課室觀察活動，大都是偶然的、隨意發生的，它也可以包括有意的、有系統的觀察活動。尤其是觀察者在發現教師的某一教學困難，有待進一步加以診斷時，觀察者可以針對教師的教學困難，進行一個較長時間的、較有系統的觀察。然後在觀察之後，召開一個回饋會談，以便給予教師較正式化的回饋（張德銳，2000）。

參、教學觀察與回饋的風格

教學觀察與回饋的風格，係教學觀察者進行教學觀察工作時，所遵循的態度和行為導向。Glickman（1981）以及 Glickman、Gordon

與 Ross-Gordon（1995）將此種風格分成三類：「指導式風格」（directive style）、「合作式風格」（collaborative style）、「非指導式風格」（nondirective style）。

指導式風格強調高度組織化的任務結構，以及和教師保持密切的互動。慣於採用指導式風格的觀察者常表現下列行為：示範教學、指導老師改進教學、將老師教學行為標準化、增強老師的教學行為（Glickman, 1981; Sergiovanni & Starratt, 1988）。

合作式風格強調共同負擔責任、共同參與決策，以及同儕式的工作關係。慣於採用合作式風格的觀察者常表現下列行為：提出有關教室行為的意見、建議解決教學問題的策略、磋商決定教學改進策略（Glickman, 1981; Sergiovanni & Starratt, 1988）。

非指導式的風格則假定教師有能力自行分析和解決教學問題。此種風格強調鼓勵教師自行努力，並提供教師必要的心理支持。慣於採用此種風格的觀察者常表現傾聽、澄清和鼓勵等行為（Glickman, 1981; Sergiovanni & Starratt, 1988）。

Glickman（1981）曾以圖 1-1 說明指導式風格、合作式風格和非指導式風格所表現的不同觀察與回饋行為特徵：

	1.傾聽	2.澄清	3.鼓勵	4.提出意見	5.解決問題	6.協商	7.示範	8.指導	9.標準化	10.增強
觀察風格	非指導式風格				合作式風格			指導式風格		
觀察者控制程度	小				中度			大		
觀察者責任程度	輕				中度			重		

圖 1-1　教學觀察與回饋行為的連續體

資料來源：Glickman, 1981, p.10.

由圖 1-1 可知，採用指導式風格的觀察者對教學者的控制程度最大，所擔負的觀察責任也最重。採用非指導式風格對教學者的控制程度最小，所擔負的觀察責任也最輕。採用合作式風格的視導人員，對教學者的控制程度及所擔負的責任程度皆居中。

Sergiovanni 與 Starratt（1988）指出，教學觀察與回饋模式、風格之間不同的地方是：教學觀察與回饋模式，係教學觀察者進行教學觀察工作時，可資選擇的工作方式或工作歷程；教學觀察與回饋風格，則是教學觀察者在進行教學觀察工作時，可資遵循的態度和行為導向。教學觀察者可對多位教師，採用同一教學觀察與回饋模式，但是卻遵循不同的教學觀察與回饋風格。比如說，一位資深教師可能對甲、乙、丙三位老師都採行臨床視導模式，但是甲老師所接受的教學觀察與回饋風格可能是指導式的、任務導向、密切互動的；乙老師所接受的可能是合作式的、共同參與的、同事關係的；丙老師所接受的則可能會是非指導式的、充分授權的、支持性的。同樣的，教學觀察者亦可對不同的教師遵循同一教學觀察與回饋風格，但是卻採用不同的教學觀察與回饋模式。

第二節 授課教師主導的教學觀察（TDO）之意涵

為協助讀者理解「授課教師主導的教學觀察」（TDO），茲從 TDO 的緣起、意義與目的、實施步驟等加以說明之。

壹、TDO 的緣起

TDO 係 Kaufman 與 Grimm 於 2013 年所主張的。TDO 係傳統教師研習或進修的反動。傳統的教師研習具有三個很嚴重的問題，致使教師專業發展無法產生預期的功能（賴光真、賴文堅、葉坤靈、張民

杰，2019）：

1.教師處於被動接受的角色：教師研習常來自於外在專家或學校領導者的滿腔熱血，然而，教師們對於這些新的觀念卻是興趣缺缺。這種專業發展方式沒有將教師的貢獻與經驗納入課堂，所以使教師處於被動接受的角色，並無益於教師參與的動機。

2.將訓練轉移到教室的挑戰：在某一工作坊所學習到的某項技能，不見得能應用在教室事務上。當教師努力地將在訓練課程中所學到的知能轉移到教學現場，但在過程中卻時常遇到極大的挑戰，特別是當專業發展的本質具有較高的理論性時，轉移將會特別的困難，以至於產出概念多過於實際的教學策略。

3.欠缺練習及改進教學策略的機會：期待一位教師在沒有個別練習下，就能落實新的教學策略，就像期待運動員在觀看比賽影片後，並未在場上實際練習就達到職業選手的表現一般。教學策略的學習與表現也同樣需要反覆的練習、回饋、省思與要求精確，才能達到「運用之妙，存乎一心」的境界。

有鑑及此，TDO 提出下列三點主張（賴光真等人，2019）：

1.TDO 讓教師主導他們自己的學習歷程：教師專業發展得以在教室情境中，回應學生與教學內容的需求。惟主導學習並不意味著忽略在教室外學習到創新的專業發展概念，相反的是，TDO 給予機會聚焦新的概念，提升學生的學習。

2.TDO 讓專業學習置入教室情境中：教師主導可以排除在自己所屬的教學脈絡中從事專業發展時面臨的轉化難題。亦即，在「實踐本位的教師學習」（practice-based teacher learning）中，教師的學習轉化變得是一個較容易的課題。

3.TDO 創造了實踐與精進的合作機會：TDO 認為學習一個新的教學策略，需要的不只是閱讀和聆聽而已，TDO 能隨著時間而進一步提供應用與練習所學與不斷精進的情境。

貳、TDO的意義與目的

一、TDO的意義

Kaufman 與 Grimm（2013）著有《透明的教師——以同儕蒐集課堂資料精進教學》一書，從書名即可見 Kaufman 與 Grimm 主張教師要做一位透明的教師，要打開教室的大門，歡迎教師同儕到課堂進行課室觀察並提供所蒐集到資料給教師，作為教師學習與成長的資訊來源。由此可見，TDO 與公開授課與專業回饋的精神是一致的。

TDO 與公開授課與專業回饋相似，都是一種善用教學觀察與回饋的歷程，引導教師打開教室大門，透過觀課前、中、後三部曲的系統歷程，邀請教師同儕或其他人員入班，藉由他們的眼睛、耳朵與經驗，合作性的協助蒐集課堂資料並給予回饋，促進彼此教學專業的學習成長，進而提升學生學習成效（賴光真、張民杰，2019）。

惟 TDO 強調將授課教師置於自己教學專業學習成長的主導地位，為自己的教學專業學習成長負責，觀課的時間、單元與觀察焦點依據教師的需求動機自主決定（Kaufman & Grimm, 2013），其與行政人員所主導的公開授課與專業回饋的比較如表 1-1。

表 1-1 公開授課與 TDO 在「主導者」方面的比較

項目	公開授課	TDO
主導者	由學校或社群等行政主導	授課教師主導
公開授課動機	多半被動配合政策規定或行政需求等外在動因	基於教師自身教學改進、待解決問題或專業成長需求等內在動因
觀課時間與單元	預先被排定	依據需求機動自主決定

資料來源：賴光真、張民杰，2019，頁 75。

由表 1-1 可見，TDO 強調授課教師要主導整個教學觀察與回饋的歷程。教學觀察與回饋係來自於教師自身教學改進與成長的內在動

因。教學觀察的焦點是教師爲解決教學問題或學習新的教學策略所自主決定的。另外，觀課的時間與單元也都是教師自主決定的。主要的學習受益者也是受觀察的教師本人。

二、TDO的目的

TDO 的目的在於藉由同儕蒐集課堂資料改進教學、精進教學，有效地促進教師專業發展。其目的並不在典範教室的觀摩或者評鑑教師的效能（賴光眞等人，2019），如果 TDO 是一種教師評鑑的話，它絕對是以改進教學爲目的之「形成性教師評鑑」（formative teacher evaluation），而不是以證明績效爲目的之「總結性教師評鑑」（summative teacher evaluation）。

TDO 的最終目的在提升學生的學習。「學生學習第一」，如果沒有學生的學習，便不需要教師的教學；如果沒有教師的教學，便不需要行政人員的領導。TDO 的關注焦點，固然可以在教師的教，亦可以在教師與學生的互動，更可以直接關注於學生的學，但無論如何，提升學生學習的成效是任何教學觀察與回饋作爲的最終目的。

TDO 的另一個附加效益係可以打破「封閉與孤立」的教師文化，建構「開放與合作」的教師文化。賴光眞等人（2019）指出，TDO 的重點不僅在於蒐集及分析能夠說明教師教學及提升學生學習的資料，讓教師得以主導自己的專業學習，而且在於建立同儕互動關係並相互學習、砥礪教學，並且展現更好的教學技能。也就是說，TDO 可以扭轉教室孤立的舊文化，而成爲透明的教室文化。

參、TDO的實施步驟

以下就 TDO 的三部曲：觀察前會談、教學觀察、觀察後回饋會談加以說明如下。

一、觀察前會談

賴光眞等人（2019）指出，觀察前會談可以說和觀察本身一樣重要，其目的在為教學觀察做好準備，讓所有參與者清楚知道授課教師所希望達成的是什麼，並使授課教師擺脫消極被動的角色，轉而身居整個歷程的掌舵位置。

觀察前會談有三個基本要素：其一，授課教師要清楚表達焦點問題（一次教學觀察只需處理一個焦點問題，且這個焦點問題或教學關注應是授課教師無法獨自回答的問題）；其二，對觀察者呈現完整的課程脈絡；其三，在行政配套事宜相關細節上達到共識，這些事宜例如觀察以及觀察後回饋會談的時間和地點、觀課倫理等（賴光眞等人，2019）。

在觀察前會談上，TDO 強調授課教師的主導性，其所使用的「觀察前會談紀錄表」，有興趣的讀者可自行自教育部校長暨教師專業發展支持作業平台 https://proteacher.moe.edu.tw/ 下載使用，或參與教育部教師專業發展實踐方案所提供的研習。其實施程序如下（張民杰、賴光眞，2019）：

1.授課教師省思發掘學生學習相關待解決或解答的問題，選定一項焦點問題，作為觀課焦點。

2.授課教師選擇 2 至 4 位在專業知識或經驗上可以勝任觀察任務，同時也願意共學成長的教師作為觀察者。

3.授課教師與觀察者討論學習目標（含核心素養、學習表現與學習內容）、學生經驗（含學生先備知識、起點行為、學生特性）、教師教學預定流程與策略、學生學習策略或方法、學習評量方式等課程脈絡。

4.授課教師分派觀課教師特定的資料蒐集任務，解釋資料蒐集方法並分發觀察工具。觀察內容與工具是隨著授課教師的教學關注而定的。

5.授課教師與觀察者討論觀課時間與地點、觀課後回饋會談的時間與地點、觀課倫理等事宜。

如前所述，TDO 特別強調每次觀課僅需鎖定一個具體的「焦點問題」（focus question）即可，但在觀察者方面宜儘量具多樣性。這個焦點問題是教師最想知道、尚未解決或尚無答案的教或學相關事項，針對該焦點問題可分別由不同觀察者，分工蒐集教學核心的三要素──教師、學生、內容等資料；當觀察者擁有各式各樣的背景與經驗時，對授課教師主導的觀察會最有益處，因為這樣可以有助於蒐集更全面性和多元化的資料（賴光真等人，2019；賴光真、張民杰，2019；Kaufman & Grimm, 2013）。

最後，賴光真等人（2019）指出，觀察前會談常犯的錯誤有五：(1) 忽視觀察前會談的準備，(2) 選擇了膚淺的焦點問題，(3) 授課教師未能擔任主導，(4) 將授課教師主導的觀察處理成類似「模範教室」的觀察程序，(5) 授課教師未能敞開心扉改進自己。

二、教學觀察

TDO 的核心歷程在教學觀察。教學觀察的目的在於藉由「另一雙意義的眼睛」蒐集授課教師所需要（符合授課教師關注焦點）的客觀具體資料，俾讓授課教師在回饋會談中有所反思與學習。

賴光真等人（2019）指出，由於教學的核心在於「內容」、「教師」、「學生」三者的交互作用，所以，關於資料蒐集的對象，可以是教師資料、學生資料，還是以上兩者。參與 TDO 的教師經常要求觀察者同時蒐集教師以及學生資料，因為兩種資料彙整在一起，才能充分掌握教學的全貌。

TDO 所倡導的資料蒐集方法主要有「抄錄法」、「計算法」、「追蹤法」等三種。在抄錄法中，觀察者抄錄學生之間以及師生之間的互動，可提供豐富的質性觀察資料；在計算法中，計算學生、教師或學生提問問題的數量，或者專注於學習任務的學生人數等，可以提

供客觀性的量化資料；在追蹤法中，追蹤教師或學生的移動或者教師的眼神接觸等，可以協助說明教室中出現的樣態。這三種資料蒐集方法的意涵、實例，以及問題或挑戰，如表 1-2 所示。

表 1-2 TDO 資料蒐集方法

	關於本方法	例子	挑戰
抄錄	• 觀察者抄錄學生之間、師生之間，或以上兩者的互動 • 提供關於學生或教師行動、言談以及問題的豐富資料 • 可以適用於大多數焦點問題 • 可以聚焦於教師、學生或以上兩者	• 觀察者抄錄學生在課堂時間發問的所有問題 • 觀察者抄錄教師對學生發問的回應 • 觀察者用一段描述記錄學生在分組活動時如何彼此互動	• 緊張的任務，可能產生聚焦於教室某一要素的資料，窄化了教與學的視野
計算	• 是蒐集大量學生資料的合理方法 • 對教室中出現的樣態提供全面性視野很有價值 • 可以聚焦於教師、學生或以上兩者	• 觀察者致力於計算特定學習任務的分鐘數 • 觀察者計算提問與回答的問題數	• 當只使用這種方法時，本身不能說明教與學的樣貌 • 與其他資料蒐集方法聯合使用時才最有用
追蹤	• 協助說明教室中出現的樣態 • 可以聚焦於教師、學生或以上兩者	• 觀察者追蹤教師在教學時段於教室各處移動的情形 • 觀察者追蹤學生在課堂時間從某學習區移動到另一區的情形	• 單獨使用時，可能無法對教與學提供全面性的樣貌 • 與其他資料蒐集方法聯合使用時才最有用

資料來源：賴光真等人，2019，頁 75。

　　由於各種方法皆有其利弊得失，TDO 建議考慮使用兩種以上的方法，亦即多元的方法，這樣才能確保能蒐集到最完善可靠的資料。例如，要蒐集到學生小組合作學習的資料，授課教師可以請一位觀察者追蹤某個學生小組的對話，注意對話的方向；另一位觀察者蒐集每一位學生在小組對話中發言的時間長度；而第三位觀察者則抄錄對話內容。這三套資料合在一起，可以提供全面性的圖像，來深入了解學生合作學習的情形（賴光眞等人，2019）。

　　最後，賴光眞等人（2019）指出，教學觀察者常犯的錯誤有三：(1) 忘記關注資料的蒐集，使得觀察活動失焦了；(2) 因個人視角而犧牲客觀性，亦即觀察者的經驗和看法影響到觀察周遭事物的視角；(3) 賦予意義而非蒐集資料，亦即觀察者開始對蒐集到的資料做詮釋、下結論或價值判斷。

三、觀察後回饋會談

　　觀察後回饋會談是教學觀察與回饋歷程的臨門一腳，其重要性不言可喻。就好像醫生在詳細地爲病人做各項的檢查後，如果沒有後續的檢視、診斷和治療，那這樣先前所做的各項檢查就失去意義與價值了。是故，TDO 建議，爲了達成回饋會談的目標，主導教師的準備必須與觀察前會談和觀察本身等量齊觀（賴光眞等人，2019）。

　　觀察後回饋會談的目的在於提供雙重平台，讓教學者與觀察者可以共同檢視所蒐集的資料，以及這些資料對每位參與者，特別是教學者，在教學實踐上的意義，例如，觀察資料如何指引授課教師未來的教學？觀察者如何援用這些資料來了解其自身的教學？透過這些問題的對話與回答，TDO 成了專業成長的利器（賴光眞等人，2019）。

　　爲了有效引領會談，TDO 建議必須使用會談題綱，唯有使用會談題綱，才能善用寶貴的時間、聚焦在資料證據上，以及確定後續的成長步驟。在此一方面，張民杰與賴光眞（2019）、Kaufman 與 Grimm（2013）所倡導的 TDO，提供一個 ORID 架構，作爲回饋會

談的提綱，相當具有實用性（該架構提供有「觀察後回饋會談紀錄表」，有興趣的讀者可自行自教育部校長暨教師專業發展支持作業平台 https://proteacher.moe.edu.tw/ 下載使用，或參與教師專業發展實踐方案所提供的研習）。

在 ORID 架構中，O 係「Objective」（呈現事實和外在現況），也就是觀課人員說明觀察到的具體事實資料。R 係「Reflective」（對所接收到事物的內在反應），也就是授課教師對前述資料做反應，探究觀察事實與觀察焦點的關聯性。I 係「Interpretive」（尋找感官和反應的意義、價值與重要性），也就是授課教師與觀課人員討論公開授課彼此的收穫或對未來教與學的啟發。D 係「Decisional」（得到結論、找出決議並採取行動），也就是授課教師（或社群）預定採行的專業成長計畫。

最後，賴光真等人（2019）指出，觀察後回饋會談常犯的錯誤有四：(1) 停留在「讚美之地」；(2) 過快爬上推論階梯（過快做判讀或結論）或原地踏步（只分享資料而未討論資料的意義）；(3) 坐而論道，缺乏對行動的承諾；(4) 未能討論教與學的關係（僅討論學生的學習，而未能檢視自己的教學和學生學習的關聯性）。

第三節　教學觀察模式及風格與TDO的關聯性

本節將分別論述教學觀察與回饋的模式與風格，渠等與 TDO 的關聯性。另外，由於 TDO 非常強調授課教師的專業自主權，是故在此順便討論「教師彰權益能」與 TDO 的關聯性。

壹、教學觀察與回饋模式與TDO的關聯性

從上述 TDO 的描述中，讀者不難理解 TDO 係採教學觀察與回饋模式中的臨床視導模式與合作性發展模式。

一、TDO與臨床視導模式的關係

TDO 的實施步驟是採取臨床視導的三部曲：計畫會談、課室觀察、回饋會談。TDO 中的觀察前會談其實就是計畫會談；TDO 所指的觀察就是教學觀察或者課室觀察；TDO 中的觀察後回饋會談其實就是臨床視導中的回饋會談。

TDO 與臨床視導皆是強調教師的學習主要發生於教師的教學現場，也就是「實踐本位的教師學習」。張德銳（2013）指出，「實踐本位的教師學習」係指教師在教學現場的實踐與學習，透過不斷思考教學本身所需的實務技能，反省實踐與協同合作研究有關教室教學實務，以提升教學實務智慧。誠如杜威（John Dewey）的名言：「從做中學」（learning by doing），實踐本位的教師學習有其深遠的教育意義，其與教師進修係當代教師專業發展中兩個並行不悖的主軸，可以發揮相輔相成的功效。

張德銳（2013）復指出，自 1980 年代起，對教師個人、課堂實務和教學生活中的經驗知識，雖然不同的學者賦予不同的名稱，例如，「教師個人實踐理論」（teachers' personal practical theories）、「實踐理論」（practical theories）、「教師的策略知識」（teachers' strategic knowledge）、「實踐知識」（practical knowledge）等，但所有投入師資培育計畫與學校中的教師們，都相當肯定實踐本位的教師學習，可以形塑教師「實踐中的知識」（knowledge-in-practice），其重要性實不容忽視。

惟臨床視導和 TDO 不同的是，臨床視導所採用的風格可以是授課教師主導的，也可以是觀察者主導的，更可以是授課教師和觀察者兩者共同分享責任的，但是 TDO 主張課室觀察的唯一主導者是授課教師，其他的參與人員則是觀察者與支持者。另外，臨床視導的關注焦點可以是一個，也可以是兩個以上，甚至對於教學者的整體教學情況，做綜合性、廣角鏡式的掃瞄，而在 TDO，每次觀察循環的焦點

則只有一個。

二、TDO與合作性發展模式的關係

TDO 鼓勵教師成為透明的教師，以同儕協作的方式，根據授課教師的需求，協助蒐集課堂的資料，來回饋給授課教師，作為授課教師反思教學、精進教學的參據，所以，TDO 在本質上是採用合作性發展模式的。

承如前述，實踐本位教師學習的要旨中，雖然教師在教學現場的實踐與反思可視為單獨且具高度個人主義的，但也必須透過和他人的溝通和對話來提升。其次，實踐反思需要注重的並不只限於個人的教室教學，而且要注意到教學的環境脈絡，而教學環境脈絡的掌握，是需要學校所有成員共同參與的。因此，如何鼓勵、支持教師們與同儕專業互動，並提供給教師在現場學習、解決問題時的校內外教學支持系統，亦是當代教師專業發展的重要策略之一（張德銳，2013）。

就 TDO 的本質而言，TDO 所採行的合作性發展模式，是非常類似於「同儕輔導」（peer coaching）的。Joyce 與 Showers（1982）指出，同儕輔導是一種教師同儕工作在一起，形成夥伴關係，透過共同閱讀與討論、示範教學，特別是有系統的課室觀察與回饋等方式，來彼此學習新的教學模式或者改進既有教學策略，進而提升學生學習成效、達成教學目標的歷程。這種模式，自 1980 年起，即深受中小學教師所歡迎，因為它彰顯了教師專業自主、教師協同合作的時代呼聲與需求。可說是，TDO 和同儕輔導皆是體察了當代教師研習進修所產生的弊病或問題，所做的一種反思和訴求。

和同儕輔導非常相近的概念之一便是「專業學習社群」（professional learning community, PLC）。賴光真等人（2019）指出，學校在實施 TDO 時，並不一定需要有 PLCs，但是 TDO 的歷程和 PLCs 兩者的結合也可以有良好的運作，是對雙方皆有利的事情。也就是說，TDO 可以運用現有的 PLC 群組，可以在已經建立的群體運作規

範下，善用已經累積的信任水準上來實施 TDO。同樣的，TDO 可以重新激發 PLC 群組，特別尙未進行同儕觀察的 PLC，TDO 可以帶來很大的改變。藉此，可以進入彼此的教室，開啟了教室的透明性，透過以同儕蒐集課堂資料來精進教學。

貳、教學觀察與回饋風格與TDO的關聯性

在教學觀察與回饋的三種風格之中，TDO 很明顯的是係行「非指導式風格」的。非指導式的風格，相信教師有能力自行分析和解決教學問題。此種風格強調：鼓勵教師自行努力，並提供教師必要的事實與心理支持。慣於採用此種風格的觀察者常表現傾聽、提供事實、澄清和鼓勵等行爲。

在 TDO 中，由於授課教師有充分的主導性，觀察者勢必要尊重授課教師的主導性，而採行非指導式的風格。賴光眞等人（2019）指出，在 TDO 的觀察前會談的準備中，授課教師必須預先決定焦點問題，再依據焦點問題選擇特定的資料蒐集方法，決定誰是觀察者。在觀察前會談時，授課教師依據事前訂好的會談題綱，向觀察者說明焦點問題、課程脈絡、觀察工具及其他配合事項。至於實際觀察階段，觀察者配合授課教師的需求，使用抄錄、計算以及追蹤等某一或多種方法，協助授課教師蒐集教室裡學生、教師與內容等教學核心三要素以及其間交互作用的客觀資料。到了觀察後的回饋會談，授課教師必須依據事先訂好的會談題綱主持討論，先由觀察者提供客觀的資料，之後，授課教師再將這些資料連結其所提出的焦點問題，進行反思並找出問題的癥結，接下來由授課教師與觀察者進一步共同討論未來應關注的焦點，或者教學應採取或嘗試的新策略。

據此，在 TDO 的理論與實務中，在觀察前會談、教學觀察、觀察後的回饋會談等三個階段，授課教師對自己的專業成長具有最大的控制程度，也負起最大的專業責任。反之，觀察者的控制程度是最小的，其所負的專業責任也是最輕的。觀察者的角色只是回應授課教師

的要求，使用適當的觀察工具，將所蒐集到的觀察資料，如「鏡子」式的回饋授課教師，由授課教師自己做專業決定。是故，此種教學觀察與回饋的風格，亦可名之爲「鏡子式的風格」（mirror style）。

參、教師彰權益能與TDO的關聯性

承上所述，TDO 主張教師要爲自己的教學負起專業責任，也要不斷精進自己的教學效能，在和同事協同合作下，促進專業成長。是故，TDO 本質上，就是「教師彰權益能」的具體展現。

教師彰權益能一方面賦予教師專業權力與參與決策，另方面增益教師問題解決的能力，企圖使教師成爲權能兼備的專業工作者，張德銳（2021，頁 171）將教師彰權益能定義爲：

> 教師專業權力與能力的相互增益，亦即教師在專業發展歷程中，具備充分的專業知能，擁有專業自主權與地位，能實施專業判斷並負專業責任，參與校務決策，促進學校革新與發展，進而提升學生學習成效的歷程和結果。

有關教師彰權益能層面的論述，還是可以從「權」與「能」這兩個角度來加以歸納：在「權」的部分，主要爲「教學自主權」、「參與決定權」、「專業地位與影響力」；在「能」的部分，主要爲「專業成長」與「教學效能」（張德銳，2021）。就 TDO 而言，一位具高度透明度的教師，往往是具有高度權能的教師，他具有強烈的專業意識，會經由專業的永續成長，提升教學效能，發揮專業自主權，進而參與課程與教學上的決策，擁有較高的專業地位與影響力。

另就教師彰權益能的實施層級，可以由內而外，有層次性地分爲下述四個層級（張德銳，2021）：班級層級（教室內的課程與教學、班級經營與輔導等）、同事層級（與同事討論課程與教學、同儕輔導等）、學校層級（參與課程發展委員會、校務會議等）、校外

層級（參與教師組織、參與社區活動等）。實施 TDO 教師在彰權益能的層級上，主要係在班級層級及同事層級，但亦有可能參與全校性 TDO 模式的設計，以及參與校外教師所組成的 TDO 同儕協作群體，而觸及學校層級與校外層級的教師彰權益能了。

至於教師權能亦可以分為兩大類：其一是，教師能自主決定的權能，例如，教材之選用、教學活動之安排、教學評量方式與內容之決定等與教學有直接相關的事項均屬之；其二是參與決定之權能，例如，招生方式、校園規劃、校務發展計畫、教職員成績考核等與行政有直接或間接相關的事項均屬之（張德銳，2021）。很明顯的，實施 TDO 的教師比較能接受的是與教學有直接相關的教師彰權益能。

結語

教學觀察與回饋誠是教師專業發展的利器之一，TDO 又是教學觀察與回饋中非常重要的一環，它延續了臨床視導與合作性發展的教學觀察與回饋模式，它採行了非指導式的教學觀察與回饋風格。

TDO 主張採行同儕協作的課室觀察，惟課室觀察的唯一主導者是授課教師，其他的參與人員則是觀察者與支持者。觀察者的角色只是回應授課教師的要求，使用適當的觀察工具，將所蒐集到的觀察資料，如「鏡子」式的回饋授課教師，由授課教師自己做專業決定。

TDO 復具有同儕輔導、教師專業學習社群、實踐本位教師學習，特別是教師彰權益能等諸多現代教育革新的理念，是符合時代潮流的可行運作方式，對於國內推動公開授課與專業回饋應有諸多的啟示性與應用性。

筆者鼓勵具有強烈專業自主意識、願意提升專業效能的教師們，勇於嘗試 TDO，誠如賴光真等人（2019，頁 26）所言的：

> 放手去做！TDO 並不要求創造一個完美的模式，但每一個步驟都會帶領你的專業學習走向有意義的實踐。

參考文獻

丁一顧、張德銳（2004）。臨床視導對新進教師教學效能影響之研究。臺北市立師範學院初等教育學刊，**17**，27-56。

吳清山（1990）。臨床視導在教育實習上的應用。載於中華民國師範教育學會（主編），**師範教育政策與問題**（頁185-200）。臺北市：師大書苑。

邱錦昌（1988）。**台灣地區國民中學教學視導工作之研究**（未出版之博士論文）。國立政治大學，臺北市。

張民杰、賴光眞（2019）。從教室內把大門打開：授課教師主導的教學觀察（TDO）。**臺灣教育評論月刊**，**8(7)**，102-106。

張德銳（2000）。**教育行政研究（三版）**。臺北市：五南。

張德銳（2013）。教師專業發展評鑑的檢討與展望──實踐本位教師學習的觀點。**教育資料與研究**，**108**，1-30。

張德銳（2017）。發展性教學視導及其在教師專業發展評鑑上的應用。**教育行政與評鑑學刊**，**21**，25-42。

張德銳（2021）。**教學輔導教師與教師領導研究**。臺北市：高教。

張德銳、丁一顧、李俊達、朱逸華、黃春木（2011）。**另一雙善意的眼睛：教學觀察與會談手冊**〔附光碟〕。臺北市：國家教育研究院籌備處。

張德銳、鄧美珠（主編）（2021）。**另一雙善意的眼睛──以學生學習爲中心的教學觀察與回饋**。臺北市：高教。

鄧美珠（2017）。教學觀察與會談技術。載於張德銳、李俊達（主編），**專業發展導向教師評鑑：理論與實務**（頁46-96）。臺北市：五南。

賴光眞、張民杰（2019）。授課教師主導的教學觀察（TDO）與公開授課的分析比較。**臺灣教育評論月刊**，**8(6)**，73-80。

賴光眞、賴文堅、葉坤靈、張民杰（譯）（2019）。**透明的教**

師──以同儕蒐集課堂資料精進教學（原作者：T. E. Kaufman & E. D. Grimm）。臺北市：五南。（原著出版年：2013）

Acheson, K. A., & Gall, M. D. (1987). *Techniques in the clinical supervision of teachers*. New York, NY: Longman.

Acheson, K. A., & Gall, M. D. (2003). *Clinical supervision and teacher development: Preservice and inservice applications* (5th ed.). Hoboken, NJ: John Wiley & Son.

Cogan, M. L. (1973). *Clinical supervision*. Boston, MA: Houghton Mifflin.

Glatthorn, A. A. (1984). *Differentiated supervision*. (From Eric Document Reproduction Service. No. ED. 245401)

Glickman, C. D. (1981). *Developmental supervision: Alternative practices for helping teachers improve instruction*. (From Eric Document Reproduction Service. No. ED. 206487)

Glickman, C. D., Gordon, S. P., & Ross-Gordon, J. M. (1995). *Supervision of instruction: A developmental approach* (3rd ed.). Boston, MA: Allyn and Bacon.

Goldhammer, R. (1969). *Clinical supervision*. New York, NY: Holt, Rinohart and Winston.

Haller, E. J. (1968). *Strategies for change*. Toronto: Ontario Institute for Studies in Education.

Joyce, B., & Showers, B. (1982). The coaching of teaching. *Educational Leadership, 40*(1), 4-10.

Kaufman, T. E., & Grimm, E. D. (2013). *The transparent teacher: Taking charge of your instruction with peer-collected classroom data*. San Francisco, CA: John Wiley & Sons, Inc.

Manatt, R. P. (1981). *Evaluating teacher performance*. Alexandria, VA: Association for Supervision and Curriculum Development.

(Videotape).

Sergiovanni, T. J. (1987). *The principalship: A reflective practice perspective.* Boston, MA: Allyn and Bacon.

Sergiovanni, T. J., & Starratt, R. J. (1988). *Supervision: Human perspectives* (4th ed.). New York, NY: McGraw-Hill.

第二章

TDO的觀察焦點及十大主張

Kaufman 與 Grimm 提倡的 TDO（teacher driven observation，以下簡稱 TDO）與公開授課相似，都是一種教學觀察，引導教師打開教室大門，透過觀課前、中、後三部曲的系統歷程，邀請教師同儕或其他人員入班，藉由他們的眼睛、耳朵與經驗，合作性的協助蒐集課堂資料並給予回饋，促進彼此教學專業的學習成長，進而提升學生學習成效。雖然有諸多相似之處，但其間仍有若干不同的思考與做法，在「觀察焦點」、「主導者」、「觀課者」、「方法與工具」及「實施歷程與細節」等事項有若干特色（賴光眞、張民杰，2019）。以下即分爲兩節，說明 TDO 的觀察焦點，以及由上述特色歸納出的十大主張。

第一節　TDO的觀察焦點

如何尋找觀察焦點可說是 TDO 模式在推動時最重要的步驟，因爲 TDO 模式強調將授課教師置於自己教學專業學習成長的主導地位，並爲此負責（Kaufman & Grimm, 2013），所以，觀察焦點就象徵著老師自己想要專業成長的需求。

那什麼是所謂的觀察焦點呢？就是 Kaufman & Grimm（2013）主張的「焦點問題」（focus questions），而張民杰、賴光眞（2019）則將其進一步定義爲：「是教師好奇、最想知道、尚未解決或尚無答案、想要分享、創新，需要靠他人協助觀察蒐集事實的課堂上教與學的相關事項。」亦即授課教師在被觀課之前，應需先自我反思，產生問題意識，並提出觀察焦點，其步驟可參考圖 2-1 之同儕觀察循環圈。

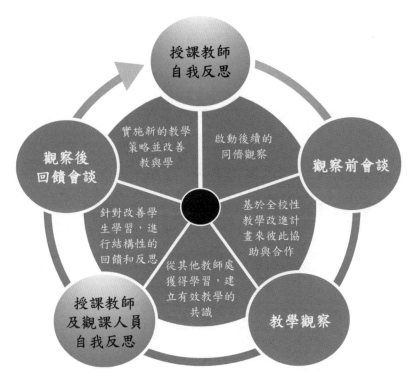

圖 2-1　同儕觀察循環圖

資料來源：Department of Education and Training Melbourne (2018). *Peer observation, feedback and reflection: A practical guide for teachers.* East Melbourne, Victoria.

　　而觀察焦點可以在教師、學生、師生互動、教材、環境等，以下提供觀察焦點的形成與確立可參考的角度。

壹、從教師專業發展規準來加以檢視

　　初任教師若尚不確定要如何形成觀察焦點，可以從教師專業發展規準中挑選若干向度來作為觀課時的觀察焦點，例如表 2-1 所示之教師專業發展規準 105 年版的層面和指標。

表 2-1 ﹥教師專業發展規準 105 年版

層面	指標
A. 課程設計與教學	A-1. 參照課程綱要與學生特質明訂教學目標，進行課程與教學設計
	A-2. 掌握教材內容，實施教學活動，促進學生學習
	A-3. 運用適切教學策略與溝通技巧，幫助學生學習
	A-4. 運用多元評量方式評估學生能力，提供學習回饋並調整教學
B. 班級經營與輔導	B-1. 建立課堂規範，並適切回應學生的行為表現
	B-2. 安排學習情境，促進師生互動
	B-3. 了解學生個別差異，協助學生適性發展
	B-4. 促進親師溝通與合作
C. 專業精進與責任	C-1. 參與教育研究、致力專業成長
	C-2. 參與學校事務，展現協作與影響力

資料來源：教育部（2016）。高級中等以下學校教師專業發展評鑑規準。

又或者教學經驗尚淺的師資生、實習學生，欲開始練習教學時，也可以逐項參考規準，進行「微型教學」（micro teaching），授課教授、實習指（輔）導教師則依照規準作為觀察焦點，給予回饋意見。而教學經驗已較為精熟的教師，也可以選擇使用「高效能教師的七個成功訣竅：觀察紀錄表」上的部分檢核重點作為觀察焦點，如表 2-2 所示。

表 2-2 高效能教師的七個成功訣竅：觀察紀錄表

訣竅／檢核重點	事實摘要敘述 （含教師教學行為、學生學習表現、師生互動與學生同儕互動之情形）
1. 發展能連貫並連結學生學習進展的課程	
1-1. 學習進展：實施完善、連貫的學習進展	☐教學內容精確　☐課程具清晰性　☐課程順序合乎邏輯　☐課程、教學及評量對應良好　☐能整合課程內涵 說明：_____
1-2. 學習連結：將學習連結到學生的生活和大概念	☐能連結學科大圖像／其他學科 ☐能連結學生生活／先前學習經驗 說明：_____
2. 運用策略、資源與科技促進學習	
2-1. 學生中心策略：透過學生中心的學習方法促進學習	☐能使學習視覺化和具體化 ☐能積極吸引學習者 說明：_____
2-2. 資源和科技：提供資源和科技來支持學習	☐科技和資源能幫助學習 ☐良好地運用科技與資源的課堂環境 ☐能讓科技發揮意想不到的學習效果 說明：_____
3. 營造安全、尊重、組織良好的學習環境	
3-1. 課堂流暢：順利和有效地管理教學時間和非教學事務	☐能引導安全、尊重、協作的互動，並使教學時間最大化　☐增加連結來改善學習　☐能讓課堂流暢 說明：_____
3-2. 課堂互動：有效管理學生行為，培養尊重和協作的氣氛	☐班級組織良好 ☐學生主動參與課堂 ☐建立尊重的課堂環境 說明：_____

訣竅／檢核重點	事實摘要敘述 （含教師教學行為、學生學習表現、師生互動與學生同儕互動之情形）
4. 安排具挑戰性且嚴謹的學習經驗	
4-1. 挑戰文化：促進堅持和高期望的氣氛	☐ 能建立學生的自我控制 ☐ 能培養學生學習毅力 說明：_____
4-2. 教學挑戰：提供挑戰和差異化的學習經驗	☐ 能配合學生現有的能力表現給予學習挑戰 ☐ 能滿足學生個別差異 說明：_____
5. 激發互動與重思考的學習	
5-1. 互動文化：促進豐富的互動文化	☐ 能有具吸引力的提問 ☐ 兼具個別學習與合作學習 ☐ 能建構環繞著「如何」與「為什麼」的對話 說明：_____
5-2. 參與程度：促進有思考和目的性的學生參與	☐ 從自我中心到概念中心的學習 ☐ 能增加課程、主題或問題目的性與學生的關聯 ☐ 藉由要求學生解釋、說理與證明來增加期望 說明：_____
6. 建構創意與問題解決的文化	
6-1. 創意性文化：強化具有創意和探究的學習環境	☐ 能激發學生的好奇心 ☐ 採用學生中心的學習方法 說明：_____
6-2. 問題解決的環境：提供鼓勵創意和問題解決的學習經驗	☐ 能營造解決問題的環境 ☐ 能使學生深入思考，進而激發創意 ☐ 能使學生學習思考聚焦並引導為清楚明確的結論、精煉的概念或具體的看法 說明：_____

訣竅／檢核重點	事實摘要敘述 （含教師教學行為、學生學習表現、師生互動與 學生同儕互動之情形）
7. 提供能引導和提示教與學的檢視、評量和回饋	
7-1. 回饋引導學習：提供回饋來引導並支持學生學習	□提供回饋引導學習 □運用有效的回饋 □深化回饋的價值 說明：＿＿＿＿＿＿＿＿＿＿＿＿
7-2. 形成性評量：依據形成性評量的資料來調整教學	□善用形成性評量 □蒐集學生在學習中有意義的資料 □提供具體明確的回饋 說明：＿＿＿＿＿＿＿＿＿＿＿＿

資料來源：Jeff C. Marshall（2017）。高效能教師的七個成功訣竅（賴光真、張民杰、賴文堅、高博銓譯）。五南圖書。（原著出版於 2016 年）

貳、從教師知識來加以檢視

可以從 Shulman（1987）所提出教師應具備的七大知識尋找觀察焦點：

1.學科內容知識（subject matter knowledge）：從學科領域中的概念及架構尋找觀察焦點，例如在進行數學的「指數」教學時，學生對於指數的學習情形如何、能否正確運用指數律來運算、何時容易出現錯誤等，都可以作為觀察焦點。

2.一般教學知識（general pedagogical knowledge）：從各學科均適用的教學原理與班級經營策略之中尋找觀察焦點，例如觀察教師提問技巧、教師教室移動、師生語言流動、班級常規、獎懲策略等，都是從一般教學知識而來的觀察焦點。

3.課程知識（curriculum knowledge）：教師需要了解任教科目的課程發展，並且能掌握課程間橫向面的統整及縱向面的連續，所以

也可以從課程設計與發展等環節尋找觀察焦點。例如透過觀課了解某個單元的知識概念其先備知識是否為先前課程內容，而某個單元的知識概念是否可作為下一階段的先備知識等。

4.學科教學知識（pedagogical content knowledge）：從「如何將特定的學科內容知識，融合一般教學知識進行有效地轉化，使學生易於理解該學科內容」歷程中尋找觀察焦點。

5.學習者特性的知識（knowledge of learner and their characteristics）：從教師對學生的發展層次、先備知識等學習者特性與背景的了解，以學生學習為中心尋找觀察焦點。

6.教育情境知識（knowledge of educational contexts）：從教育情境的脈絡尋找觀察焦點，例如政策的期望、學校的文化、班級年級的差異，或學生的分組方式與座位安排等教室環境營造等作為觀察焦點。

7.對教育目標與教育價值以及其哲學與歷史淵源的知識（knowledge of educational aims）：從教師教學時所秉持的教育價值、教育哲學理念等教學目標，以及據此所安排的課程內容與教學方法，來尋找觀察焦點。例如教師教學過程和內涵，可否依照成長型心態（growth mindset），教師能運用策略鼓勵學生努力嘗試、勇於接受挑戰等。

針對上述內容，以表 2-3 作說明：

表 2-3 Shulman（1987）的七種教師知識及觀察焦點舉隅

知識範疇	內容	觀察焦點實例
1. 學科內容知識	學科領域中的概念及架構	教學時，學生對於特定概念的學習情形如何、能否正確理解與運用、何時容易出現錯誤等

知識範疇	內容	觀察焦點實例
2. 一般教學知識	各學科均適用的教學原理與策略，例如教學原理、教育心理學、班級經營等	教師提問技巧、教師教室移動、師生語言流動、班級常規、獎懲策略等
3. 課程知識	教師對整體教學方案的理解。教師本身要了解任教科目的課程發展，並且能掌握課程間橫向面及縱向面的安排	某個單元的知識概念其先備知識是否為先前課程內容，而某個單元的知識概念是否可作為下一階段的先備知識等
4. 學科教學知識	教師為進行特定學科的教學，融合學科知識與一般教學知識	各學科的教材設計安排、教學技巧、評量方法等
5. 學習者特性的知識	教師對學生發展層次、已有的知識與概念了解情形	了解學生多元的個別差異、如何因材施教等
6. 教育情境知識	指對於教育環境的認識，如對學生的期望、對學校之期許與文化、校內各種社會關係、行政長官與家長之期望、班級年級差異等方面的理解	班級年級的差異，或學生的分組方式與座位安排等
7. 對教育目標與教育價值以及其哲學與歷史淵源的知識	指對於教育目的、價值以及教育相關的哲學與歷史淵源的認識	教師教學過程和內涵，可否依照成長型心態（growth mindset），教師能運用策略鼓勵學生努力嘗試、勇於接受挑戰等

資料來源：Shulman, L. (1987). Knowledge and teaching: Foundations of the new reform. *Harvard Educational Review, 57*(1), 1-22.

另外，在資訊科技日益普及且不斷創新的現代，整合、應用資訊科技於各學科教學之中也愈加重要。Mishra & Koehler（2006）提出的學科教學科技知識（Technological Pedagogical Content Knowledge, TPACK），也可以作為發展觀察焦點之依據：

1.學科知識（Content Knowledge, CK）：要教的或學生要學的內容。

2.科技知識（Technology Knowledge, TK）：包括現代科技，例如電腦、網際網路、數位攝影，以及較為傳統的投影機等媒體運用的知識。

3.教學法知識（Pedagogy Knowledge, PK）：教學與學習策略、方法、程序與過程的組合體。

4.學科教學科技知識（TPACK）是需要了解與協調三種知識彼此之間的組成關係，如此才能真正做到科技融入教學、行動學習。茲以圖 2-2 表示 TPACK 各種知識之間的關係。

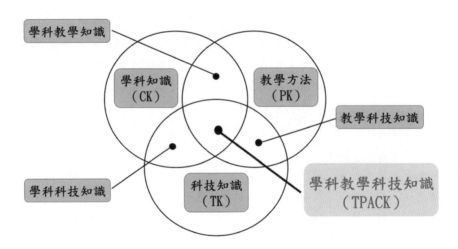

圖 2-2　學科教學科技知識概念圖

資料來源：Mishra, P., & Koehler, M. J. (2006). Technological pedagogical content knowledge: A new framework for teacher knowledge. *Teachers College Record, 108*(6), 1017-1054.

參、從教學行動與推理的過程來思考

也可以從 Shulman（1987, 236）提出的教學行動與推理的過程，來尋找觀察焦點，該過程包含下列步驟：

1.理解（comprehension）：理解教學目的、學科結構、學科內／外的概念。

2.轉化（transformation）：教師需將自己所知的教學內容，轉化為學習者能夠思考、理解的方式。

3.教學（instruction）：管理、演示、互動、小組合作、紀律、幽默、提問，以及其他方面的活潑教學、發現或探究教學等可觀察的課堂教學形式。

4.評鑑（evaluation）：在互動教學的期間、每堂課或單元結束時，測驗查核學生的理解、評鑑自己的表現，並依據經驗進行調整。

5.反省（reflection）：回顧、重建、重新批判性分析自己與全班學生的行為表現，並依循證據提出解釋。

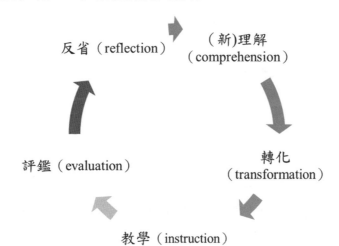

圖 2-3　教學行動與推理的過程

資料來源：Shulman, L. S. (1987). Knowledge and teaching: Foundations of the new reform. In S. M. Wilson (Ed.). (2004). *The wisdom of practice: Essays on teaching, learning, and learning to teach* (pp. 217-248).

6.新理解（new comprehension）：對教學目的、學科內容、學生、教學行為及自己，鞏固、強化了新的認識，並從經驗中學習。

而 Shulman 針對轉化（transformation）階段，更為細緻地描述出可透過下列四面向，以達到轉化，如圖 2-4 所示，也可以用來思考觀察焦點：

1.準備（preparation）：對教學目標與內容的理解及詮釋。

2.表徵（representation）：理解教材中重要的觀念，進而表徵化教授給學生，如運用對比、譬喻、舉例、示範、解釋等。

3.選擇（selection）：依學生的特性，採用多元的教學法。

4.適性教學（adaptation and tailoring to student characteristics）：考量學生文化、語言、性別、年紀等特性和差異，給予適切教學。

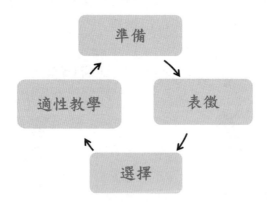

圖 2-4 轉化（transformation）階段的四個面向

資料來源：Shulman, L. S. (1987). Knowledge and teaching: Foundations of the new reform. In S. M. Wilson (Ed.). (2004). *The wisdom of practice: Essays on teaching, learning, and learning to teach* (pp. 217-248).

肆、從學校、社群、教師個人推動或實施素養導向的課程與教學創新來思考

可以從教學創新的特色及教學歷程尋找觀察焦點，例如分組合作學習、學習共同體等（張新仁等，2013；潘慧玲，2015）。

表 2-4 　分組合作學習及學習共同體之比較

依據	分組合作學習	學習共同體
觀察重點	聚焦在教學策略的運用	專注在學生學習狀況
觀察面向	A. 教學前的準備	1. 全班學習氣氛
	B. 教學中的進行方式	2. 學生學習動機與歷程
	C. 合作學習後的評量	3. 學生學習結果
相關工具	分組合作學習教學觀察表	學習共同體公開觀課紀錄表

資料來源：整理自分組合作學習網站、學習共同體計畫網站。

或是推動十二年國教素養導向課程時，從《十二年國民教育課程綱要總綱》所述的核心素養指標等（中華民國教育部，2014），在一次觀課中尋找一至兩項作為觀察焦點，如表 2-5 所示。

表 2-5 　十二年國教課程綱要核心素養的檢核（研究者自撰）

核心素養指標	觀察事實描述
1. 適應現在生活	
2. 面對未來挑戰	
3. 具備的知識、能力與態度	
4. 關注學習與生活的結合	
5. 透過實踐力行來達成	

資料來源：整理自教育部（2016）。十二年國民基本教育課程綱要總綱（2014）。臺北市：教育部。

伍、從教師個人的課程設計、教學轉化、教學經驗、學生特性、課堂師生互動及學習脈絡來思考

在 TDO 模式中，其實只要是授課教師本身想了解的教學歷程情況，都可以發展為觀察焦點。而在課堂師生互動的部分，可以觀察教師的移動、學生的注意力、師生問答等，也可參考全國教師會《觀議課實務手冊》內所使用的觀察紀錄表範例（董書攸等人，2018），尋找師生互動的觀察焦點。

陸、依學生基本學力檢測結果作為觀察焦點

教師可在學生考完後進行試題分析或學生學習結果分析，針對不同內容向度、能力指標內容，進行全國或所屬縣市與各校之試題答對率的比較，挑選想設為觀課焦點的項目，藉此找出學生學習表現較為弱勢之處，組成教師專業社群討論、邀請學者專家協助診斷，進而思考如何調整教學策略、方法，以提升學生學習表現。

在確立觀察焦點後，接下來便是配合觀察焦點尋找適合的觀察工具，教師也可以依此自行設計觀察工具。本書附錄二便是依據教師的觀察焦點，自行修改現有觀察工具（紀錄表）或自行設計而來的。

第二節　TDO的十大主張

以下就 TDO 的特色，列舉其十大主張如下：

壹、TDO的第一大主張：教學觀察應遵守觀課倫理

遵守觀課倫理是 TDO 的第一主張，可知其重要性。因為唯有在遵守觀課倫理下，才能確保學生學習權益不受干擾。觀課的進行需要尊重師與生的教與學，觀課者應謹遵觀課倫理，才能促進教學品質與

學習效果提升。

　　歸結而言，觀課前應遵守「知情原則」、「取得同意原則」，觀課過程應遵守「客觀原則」、「不干擾原則」，觀課後回饋會談應遵守「專業對話原則」、「隱私權益保護原則」。，期在教學觀察三部曲的歷程中，能夠充分尊重當事人與學生的學習權益，以促進教師之專業成長。

貳、TDO的第二大主張：觀察者由授課教師邀請，並從觀察焦點決定觀察者

　　在 TDO 的運作歷程中，為了能夠在課堂觀察的階段，儘量深入詳實地蒐集到符合授課教師自身專業成長需求的資料，需要授課教師在觀課前先進行自我省思，產生問題意識，進而決定此次觀課的觀察焦點。若缺少這項基本步驟，觀課者在入班觀課時，便沒有聚焦的視角，很可能無法適切地蒐集發生在教室中、能反映授課教師教學或改善學生學習的相關事實資料（Kaufman & Grimm, 2013）。

　　而 TDO 模式主張每次只鎖定一個具體的觀察焦點進行教學觀察，並針對這個觀察焦點，選定適用的資料蒐集方法及工具。在觀課者方面，不一定是同一學科或同一年級的教師，可由授課教師綜合考慮哪些人員最能協助自己蒐集資料、解答觀察焦點、願意共同專業成長等層面，並且時間也能配合，自主邀請 1 至 4 位擔任觀課者。對於這些觀課者，會具體明確地討論確定觀察焦點，賦予特定的資料蒐集任務，並且協調資料的蒐集方法及提供相對應的資料蒐集工具（張民杰、賴光真，2019），以期能針對觀察焦點，盡可能地蒐集詳實完善的課堂資料。表 2-6 為各類型觀察者與差異之比較。

表 2-6 觀察者類型與差異比較表

觀察者類型	差異
所教學生與你多所相同的同儕 或所教學生與你完全不同的同儕	是否了解學生的能力、獨特需求、使用過的策略等
資深教師或新教師	對於教學策略的經驗深度與慣性，以及對新教學法的熟悉度
深度了解你學科領域的同儕 或不太了解你學科領域的同儕	是否熟悉與教學內容有關的教學策略
較低年級的教師 或較高年級的教師	針對不同能力程度的學生，也許能提供不同的看法

資料來源：T. E. Kaufman & E. D. Grimm（2019）。透明的教師——以同儕蒐集課堂資料精進教學（賴光真、賴文堅、葉坤靈、張民杰譯）。五南圖書。（原著出版於 2013 年）

參、TDO的第三大主張：由授課教師決定說課和議課的主持人

由於 TDO 強調將授課教師置於自己教學專業學習成長的主導地位，並為自己的教學專業學習成長負責（Kaufman & Grimm, 2013），因此，整個教學觀察三部曲的歷程均由授課教師進行主導，並擔任觀察前會談（說課）、觀察後回饋會談（議課）之主持人。然若授課教師自身較不熟悉公開授課或 TDO 模式的運作步驟，也可以邀請較熟悉此模式之教師同儕擔任主持人。

肆、TDO的第四大主張：說課和議課時間儘量精簡

考量中小學教師日常工作繁忙，所以，TDO 模式主張各步驟務求精簡，高效率的完成，讓教師感到更簡便。例如可以依循會談提綱進行簡要但嚴謹的逐步討論，將觀察前會談（說課）、觀察後回饋會談（議課）的時間控制在 15 至 20 分鐘左右，以利運用零碎的時間完

成。觀課時，觀課教師甚至僅需在與觀察焦點有關的約定時段抵達並進入課堂蒐集資料即可。

　　不過為了避免中途干擾上課，且依「國民中學與國民小學實施校長及教師公開授課參考原則」（2016）規定，目前仍以一節課為原則。這些均希望能夠部分的減輕授課教師及觀課教師的時間和心力負擔，並藉由聚焦的結果增進公開授課的效益。可參考表 2-7。

表 2-7　漢密爾頓中學教師主導觀察日程表實例

時間	觀察行程
第一節	觀察前會談（所有 4 位教師）
第二節	觀察 A 教師
第三節	觀察 B 教師
第四節	觀察 C 教師
第五節	觀察 D 教師
第六節	觀察後回饋會談（所有 4 位教師）

資料來源：T. E. Kaufman & E. D. Grimm（2019）。透明的教師——以同儕蒐集
　　　　　課堂資料精進教學（賴光真、賴文堅、葉坤靈、張民杰譯）。五南圖
　　　　　書。（原著出版於 2013 年）

伍、TDO的第五大主張：看教師、看學生、看教材、看師生互動都可以

　　TDO 主張每一次觀課均需設定一個具體的觀察焦點，再針對該觀察焦點選擇適切的觀察方法或工具，藉由觀察者的協助，蒐集符合授課教師需求的具體客觀資料。因為當授課教師專注於講述課程內容、提問問題等教學工作時，往往會較難以對教學的全貌有充分的掌握（Kaufman & Grimm, 2013），此時若由數名同儕教師擔任觀察者，協助蒐集即時的課堂資料，便能對授課教師欲進行的教學改善、

學習提升、問題解決或專業成長，提供更客觀、具體有效的訊息（賴光真、張民杰，2019）。

由於教室中所發生的事件，多是來自於教學核心三要素——教師、學生、內容三者之間所產生的互動交集（Kaufman & Grimm, 2013），所以當觀課教師在進行觀察任務時，便可依據授課教師選用的資料蒐集記錄方式及分配任務，針對觀察焦點的需求，蒐集教師教學、學生學習、教材內容、師生互動等各個面向的資料。

而資料的蒐集記錄，可以是同時蒐集數種教學核心要素的資料，便於之後彙整在一起檢視彼此的交互作用，較能理解教師在觀察焦點上的完整教學脈絡，進而發現對教師教學與學生學習的啟發（賴光真、張民杰，2019）；也可以視授課教師的需求，針對其中一個要素，蒐集深入且豐富的教學資料。

陸、TDO的第六大主張：以課程脈絡說明取代教案

TDO 模式強調在觀察前會談時，授課教師依據會談題綱進行主持，並依序進行下列三個步驟：向觀課者說明課程脈絡、清楚呈現觀察焦點、在行政配套事宜相關細節上達到共識。在 TDO 務求各步驟精簡、高效率的原則之下，觀察前會談階段應以簡明扼要的課程脈絡說明，取代鉅細靡遺的詳細教案說明。

呈現給觀課者的課程脈絡，如參考國內做法可包含：(1) 學習目標：含核心素養、學習表現與學習內容；(2) 學生經驗：含學生先備知識、起點行為、學生特性等；(3) 教師教學預定流程與策略；(4) 學生學習策略或方法；(5) 教學評量方式。

而 TDO 模式不主張繳交詳細教案的原因，也在避免觀課者單以教案來檢核教學活動與教案的符合程度，例如何時教？怎麼教？哪些有教？哪些沒教？等，進而窄化了觀課的面向，並模糊了觀課的焦點。

柒、TDO的第七大主張：可以只看觀察焦點記錄客觀事實

　　過往的公開授課並沒有特定的觀察焦點、方法，使用一般性通用觀察記錄工具，由觀課教師自行針對教師的課堂教學進行廣泛且全面的資料蒐集記錄。而 TDO 模式的核心精神在於強調觀課的啟動，是源自於授課教師自身的需求，並基於此需求而產生觀察焦點，再依據觀察焦點來選擇適切的觀察方式。因此，若授課教師的觀察焦點僅需蒐集特定面向的資料即可滿足需求時，便可以請觀課教師只針對觀察焦點記錄客觀事實，不一定要進行全面性的資料蒐集。因為「少就是多」（less is more），聚焦在「少」才能深入回饋，得到更「多」的專業成長。

捌、TDO的第八大主張：可以自行設計觀課表格

　　為了讓觀察者能夠幫授課教師記錄下更精確的客觀事實，TDO 模式主張依循觀察焦點選擇一種或多種適切的資料蒐集方法，例如抄錄（scripting）、計算（counting）、追蹤（tracking），以及具體的資料蒐集技術，例如選擇性逐字紀錄（selective verbatim）、軼事紀錄（anecdotal record）、在工作中（at task）、教師移動（teacher movement）、「佛蘭德斯互動分析系統」（Flanders interaction analysis system）、小組學習觀察紀錄表、個別學生行為紀錄表等，並取得適用的資料蒐集記錄工具最為理想（張民杰、賴光真，2019）。

　　而以往在教師專業發展評鑑等的觀察工具，建議可依觀察焦點局部採用為佳，TDO 模式主張增權賦能（empowerment）給授課教師能依據需求自行設計適切的觀課工具。

玖、TDO的第九大主張：觀察後可以不用重繕觀察紀錄

TDO 模式主張教學觀察三部曲各個步驟的精簡，以期減輕授課教師及觀課教師時間與心力的負擔。往常在觀察後回饋會談的階段，討論之前需要觀課教師將觀課紀錄的手稿重新繕打為電子文件檔案，而在 TDO 模式下則主張依據手稿進行討論即可，不必重新填寫。

而觀課教師在記錄的過程中偶有來不及記錄的情況發生也沒關係，只要儘量記錄下課堂發生的客觀事實，在回饋會談時就仍有足夠的資料可以進行討論。

壹拾、TDO的第十大主張：議課時，先由觀察者說明觀察事實

TDO 模式主張在觀察後回饋會談的階段，同樣需要依據會談題綱來討論，確保會談在具體的結構引導下，能夠嚴謹且有效率的完成。

而觀察後回饋會談的步驟順序如下：先由觀察者「開門見山」具體說明觀察到的教與學客觀事實資料（Objective, O）、授課教師省思前述資料與觀察焦點的關聯（Reflective, R）、授課教師與觀察者討論觀察所得對彼此未來教學的啟發（Interpretive, I）、授課教師決定具體的教學行動計畫或下一次的觀察焦點（Decisional, D）。最後，觀察者將資料交付給授課教師，完成資料的整理與記錄。可參考表 2-8 之回饋會談提綱焦點。

表 2-8 回饋會談提綱焦點

回饋會談提綱焦點	
1. 觀課人員說明觀察到的教與學具體事實資料	Objective 客觀、事實 呈現事實和外在現況
2. 授課教師根據前述資料說明與觀察焦點的關聯	Reflective 感受、反應 對所接收到事物的內在反應
3. 授課教師與觀課人員討論公開授課彼此的收穫或對未來教與學的啟發	Interpretive 意義、價值 尋找感官和反應的意義、價值與重要性
4. 授課教師（或社群）預定專業成長計畫	Decisional 決定、行動 得到結論、找出決議並採取行動

結語

　　總體來說，TDO 的目的是為了讓公開授課過程中授課教師可以自行主導，而且可以讓教師感到更簡便、自在。

　　TDO 訴求由授課教師主導，教師是基於自身需求而主動為之，每次僅鎖定一個觀察焦點，並對應思考資料蒐集方法或工具；而邀請前來的觀課教師，除考量勝任與否，更在觀課前會談告知課程脈絡、觀課焦點、資料蒐集方法，提供所需工具，並依循會談題綱嚴謹的討論完成。

　　TDO 可以讓教師感到更簡便，主要是不管是共同備課或自行備課，透過會談題綱將觀課前後的會談時間縮短，觀課也可以僅觀察焦點的相關時段，而觀課教師在完成資料蒐集後，亦無須重新繕打資料，這些流程及操作時間的精簡，均能部分的減輕進行教學觀察三部曲時，授課教師及觀課教師雙方的負擔，而促進觀課及回饋的效益。

　　至於 TDO 可以讓教師感到更自在，主要是整個程序均由授課教師主導，可以自主決定觀課的時間、單元、焦點、資料蒐集方法與工具，並邀請特定的、較少數的觀課者入班觀察，多數事項都是在授課

教師的掌控中進行。

　　總之，《十二年國民基本教育課程綱要》強調以「學生」為中心的教學，少就是多，讓學生深化學習、獲得素養，而不僅是知識的灌輸，並增權賦能給學生自主學習，完成自發、互動、共好的精神與理念。而 TDO 模式也是以「授課教師」為中心的觀課，在少就是多的核心精神下，讓授課教師和觀課者透過公開授課與專業回饋，提升教師教學品質與學生學習效果，增權賦能給教師，促進其自身的專業成長需求。期待透過 TDO 模式觀課，讓公開授課與專業回饋更加自主、簡便、自在，成為幸福的公開課。

參考文獻

張民杰、賴光眞（2019）。從教室內把大門打開：授課教師主導的教學觀察（TDO）。**臺灣教育評論月刊，8**(7)，102-106。

張新仁等（2013）。「分組合作學習」教學觀察表，載於**課堂教學的春天：分組合作學習網站**。https://cirn.moe.edu.tw/cooperation/index.aspx?sid=19&mid=1490

教育部（2016）。**十二年國民基本教育課程綱要總綱（2014）**。臺北市：教育部。

教育部（2016）。**國民中學與國民小學實施校長及教師公開授課參考原則**。臺北市：教育部。

董書攸、周益村、田麗娟、馬向忠、任懷鳴、林珮如、陳傳芳、周筱葳（2018）。**觀議課實務手冊**（董書攸主編）。臺北市：全國教師會。

潘慧玲（2015）。學習共同體公開觀課紀錄表（丙），載於**學習領導與學習共同體計畫網站**。https:// sites.google.com/site/ learningcommunityintw/resource/formresources/download

賴光眞、張民杰（2019）。授課教師主導的教學觀察（TDO）與公開授課的分析比較。**臺灣教育評論月刊，8**(6)，73-80。

賴光眞、張民杰、賴文堅、高博銓（譯）（2017）。**高效能教師的七個成功訣竅**（原作者：Jeff C. Marshall）。臺北市：五南。

賴光眞、賴文堅、葉坤靈、張民杰（譯）（2019）。**透明的教師──以同儕蒐集課堂資料精進教學**（原作者：T. E. Kaufman & E. D. Grimm）。臺北市：五南。（原著出版年：2013）

Shulman, L. (1987). Knowledge and teaching: Foundations of the new reform. *Harvard Educational Review, 57*(1), 1-22.

Shulman, L. S. (1987). Knowledge and teaching: Foundations of the new reform. In S. M. Wilson (Ed.). (2004). *The wisdom of prac-*

tice: Essays on teaching, learning, and learning to teach (pp. 217-248).

Mishra, P., & Koehler, M. J. (2006). Technological pedagogical content knowledge: A new framework for teacher knowledge. *Teachers College Record, 108*(6), 1017-1054.

第三章

TDO的議課方式

在 TDO 模式的教學觀察歷程中，議課（或者稱之為觀察後回饋會談、回饋會談）具有承先啟後的地位，它是讓先前備課（觀察前會談）、觀課（教學觀察）等努力能夠真正發揮促進教師專業成長、改進教師教學、提升學生學習成效的臨門一腳。

無論是主導教學觀察的授課教師或者受邀擔任教學觀察的觀課教師，議課（回饋會談）此一步驟都高度強調應是一個理性思考推論的過程。本章將探討適用的思考推論架構，以供運用 TDO 模式進行議課（回饋會談）時參考依循。

關於思考推論的架構，推論階梯（ladder of inference）經常被提出討論或運用。本章第一節首先探究推論階梯，簡介其主張的七階心智模式，其後對推論階梯的架構酌予評論與再改良，並發展出實際運用於議課（回饋會談）情境下的運作架構，發覺其類似「焦點討論法」慣用但又略有不同的 ORID 架構。第二節則針對前述 ORID 架構，闡述議課（回饋會談）之運作細節，並透過具體事例輔助說明，以利讀者理解，並能於未來參酌使用。

第一節　推論階梯

推論階梯，係使用階梯隱喻，以視覺式的方式，分析思考推論歷程的心智模式（mental models）。相關概念之提出可以追溯至哈佛大學學者 Chris Argyris 在 1982 年《推論、學習與行動》（*Reasoning, learning, and action*）以及 1990 年《克服組織的防衛：促進組織學習》（*Overcoming organizational defenses: Facilitating organizational learning*）兩本書（Argyris, 1982, 1990）。現今流通的七階版本則是在《第五項修練 II 實踐篇（上）：思考、演練與超越》（*The fifth discipline fieldbook-Strategies and tools for building a learning organization*）一書中，由 Peter M. Senge 的共同作者之一的 Richard

B. Ross，結合 Chris Argyris 前述兩本著作的概念，加上參考 Philip McArthur、Robert Putnam 的建議，以及 Chris Argyris、Robert Putnam 與 Diana McLain Smith 在《行動科學》（*Action science*）一書之主張而提出（齊若蘭，1995），並得力於《第五項修練》一書的廣受重視，而為大眾所熟悉。

壹、推論階梯的架構、功能與運用

一、架構

推論階梯分析的七階思考推論心智模式，參見圖 3-1，依序為「可觀察的資料與經驗」（observable data and experience）、「資

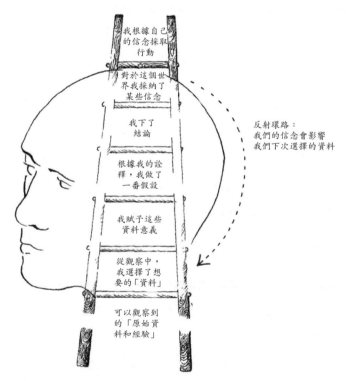

我根據自己的信念採取行動

對於這個世界我採納了某些信念

我下了結論

根據我的詮釋，我做了一番假設

我賦予這些資料意義

從觀察中，我選擇了想要的「資料」

可以觀察到的「原始資料和經驗」

反射環路：我們的信念會影響我們下次選擇的資料

圖 3-1　推論階梯

資料來源：齊若蘭（譯），第五項修練 II 實踐篇（上），第 400 頁。

料」（data）、「意義」（meanings）、「假設」（assumptions）、「結論」（conclusions）、「信念」（beliefs）、「行動」（actions）。

第一階梯「可觀察的資料與經驗」，是指透過感官如同攝錄影機般的觀察情境中存在的、可觀察到的各式各樣原始資料、現象、現實或訊息。

第二階梯「資料」，由於無法消化處理觀察到的所有資料，因此根據習慣或喜好，從觀察所得資料中選擇性的過濾篩選自己認爲重要的事實資料。

第三階梯「意義」，使用自己的語言解釋這些事實資料，以期進一步掌握或了解之。

第四階梯「假設」，根據先前所做的解釋發展出假設。

第五階梯「結論」，根據假設，定下結論。

第六階梯「信念」，得出結論之後，建立或形成自己對世界的種種看法。

第七階梯「行動」，根據所建立的信念，採取相應的行動。

除了前述七個階梯之外，在第六個階梯、也就是「信念」之處，有一條自反循環線（reflexive loop），連結到第二階梯「資料」處，意指人們在每一次思考推論在第六個階梯處建立形成的信念，將會影響下次思考推論過程第二階梯資料的過濾篩選。

二、功能

推論階梯一方面意圖描述較爲符合理性的一套思考推論心智模式，另一方面也依據此心智模式，指出人們實際上經常採行不完全理性的思考推論歷程。

基於不完全理性的心智模式，或者受到先在信念或者其他因素的影響，人們的思考推論可能分別或同時出現兩類現象。第一，跳過步驟，推論過快。觀察接收到事實資料之後，即反射性、跳躍式的下定

結論（jump to conclusion），就像梯子爬得太快，略過許多階梯就到達上端，並依據這倉促獲得的結論，形成情緒或採取行動，導致不妥適的結果。

第二，遺漏或扭曲。觀察時偏頗的選取部分事實資料，或者給予不當的解釋，或者形成不當的假設，進而下了不當的結論，形成不當的信念，或者產生不當的情緒，採取不當的行動，導致帶來負面效應。

而前述不完全理性的思考推理心智模式，除了可能導致當下情境的誤判或不當後果之外，也因為會形成人們的信念，因此還會產生後續性的惡性循環。

鑑於對當下或後續均可能產生不當影響，推論階梯提醒人們有必要知覺自己思考推論的心智模式是否合宜，若不合宜則應有意識的調整，參照較符合理性的心智模式，摒除成見偏見性的信念，立基於真實且完整的事實證據，並周延的遵循推論過程的重要環節，以期獲取適切的結論，進而決定相應的行動，產生積極的影響。

三、運用

運用推論階梯作為思考推理時參照的心智模式，其情境可以是自己運用，也可以是要求他人運用；可以是個人運用，也可以是組織團隊運用；可以是運用於負向情境，也可以運用於正向或中性情境。至於運用的方式，大致上可以分為三種樣態。

第一，逆向回溯驗證。人們基於不完全理性的心智模式，直覺的或快速的形成初步結論（或者處於推論階梯其他某個中上層階梯）時，運用推論階梯則是促使人們警覺，暫緩做成定論，抱持懷疑挑戰態度，從階梯上倒著走下來，逐級回頭審視前一階梯的推論是否周延、連貫，是否有充分合理的證據予以支持等。例如，自上而下逆向的循序自問：

1.為什麼我選擇這個行動方案？這是最正確的行動方案嗎？是否

存在其他應考慮的替代方案？

2.我抱持什麼信念導致了選擇那個行動？這信念是基於哪些結論而形成的？

3.我爲什麼得出這樣的結論？這樣的結論是否合理？導出此一結論的假設是什麼？

4.爲什麼我會提出這些假設？這些假設是否成立？

5.對於事實資料的解釋，我是否客觀公正？是否有其他可能的解釋？

6.我選擇使用了哪些事實資料？選擇是否嚴謹合理？

7.有沒有我主動忽略或沒有關注到的其他事實資料？

如此逆向的回溯驗證，即有機會修正原本獲致的初步結論，重新整理事實資料以及建立推論證據的合理性，獲致不一樣的結論。

第二，順向循序指引。若人們可以有意識的避免倉促形成結論，那麼從開始思考推論伊始，或者人們已經到達階梯的某個較高梯段時，能退回階梯最底層，重新由下向上逐階審視，運用推論階梯作爲思考推論的指引性鷹架，引導人們摒除不當的偏見信念，立基於充分且合理的證據，循序漸進的思考推論。此時，同樣可以採取前述的七階問題，由下而上的自我詢問，以獲致較合宜的結論、信念與行動。

第三，橫向溝通對話。由於每個人或團隊的心智模式不盡相同，思考推論均爲黑箱歷程，因此容易產生歧見。在溝通對話的情境中，溝通雙方若均能接受此一心智模式，推論階梯即可當作參照架構，揭露己方、了解對方思考推論歷程的種種細節，彼此對照，發覺異同，消弭歧見，獲致雙方認可的共識。

貳、推論階梯的評論與再改良

Argyris（1982, 1990）提出的推論階梯僅有四階，其概念尚處於雛形階段，不易理解，後來經過 Richard B. Ross 等學者陸續改良，

呈現出目前一般流通的七階推論階梯。然而，七階版本的推論階梯仍有若干待議之處。以下針對推論階梯提出評論，並且嘗試發展出再改良的版本。

一、現有推論階梯的評論

(一) 忽略人們日常思考習性

人們日常的思考往往採取「捷思式」（heuristic processing）取向，僅依賴一些容易處理的、非內容性的訊息線索，透過極少的思考與認知心力，便做成該訊息接受與否的決定（凌儀玲、劉宜芬，2008；Chaiken, 1980；Chaiken, Liberman, & Eagly, 1989）。Daniel Kahneman 在《快思慢想》（*Thinking, fast or slow*）一書中也提到人們對於一般情境通常傾向使用「系統一」直覺化、本能反應的「快思」，依據經驗、記憶、情緒或刻板印象，快速形成信念，做出反應（洪蘭，2012）。

詳細解析的七階推論階梯屬於一種較為理性的心智模式，屬於「系統式」（systematic processing）的思考，或者 Daniel Kahneman 所提到的「系統二」邏輯理性、深入分析的「慢想」，花費較長的時間，透過深思熟慮的繁複方式，甚至尋求統計數據輔助，推測前因後果，以期做合理的推論，降低出錯的機率。

如果是重大議題，或者基於學術研究動機，或者由具規模的團隊，有意識的遵循採用，七階推論階梯的運用較有其可能性。若不是前述情境，此種推論階梯不是人們日常慣用的心智模式。七階的推論階梯雖然可以標榜其理論上的理性，但在實務上卻將面臨適用或被接納的困難與排拒。

事實上，對於某些「不大不小」的一般事務，採取折衷立場，促進結論立基於事實證據基礎上，往往即能使推論適切性獲得改善，因此，適度簡化推論階梯的架構，是應該考慮的方向。而目前關於推論

階梯的諸多討論，例如 McArthur（2015），也可以看到步驟較爲簡化的版本。

(二) 腦內外步驟未能區隔

七階推論階梯的第一階梯「可觀察到的資料與經驗」以及第七階梯「行動」，乃是在人類腦內思考推論歷程之外的要素或步驟，實際屬於腦內思考推論歷程的事實上僅有「資料」、「意義」、「假設」、「結論」、「信念」。此種概念在《第五項修練》所呈現的圖示已經有所呈現，但一般卻仍習慣將腦外的步驟列入推論階梯中。若能將「可觀察到的資料與經驗」以及「行動」這些明顯屬於腦外歷程的階梯加以區隔，減少腦內思考推論歷程階梯數，也是簡化推論階梯複雜性應考慮的方向。

不過，將「行動」完全排除亦非所宜。所謂的「行動」包含兩個層次，一是「行動方案的形成或選擇」，一是「付諸實際的行動」，前者仍屬腦內思考推論歷程，後者才眞正是在腦內思考推論之外，推論階梯之架構應該保留腦內形成或選擇行動方案此一階梯。

(三) 「假設」階梯應刪除

七階推論階梯的第四階梯「假設」，是在人們以自己理解的方式對所選觀察資料賦予意義之後，然後發展出來，並且據此接續導出結論。這個中介性的歷程，其用詞與一般理解的「假設」並不相同，且概念頗爲模糊。

一般探究歷程所稱的假設，應像是暫時性的結論，提出假設之後，後續應是尋找具體證據來考驗此一假設是否成立。但是推論階梯所稱的假設，並看不見有此種「假設—考驗」的意涵與歷程。此外，觀察各種關於假設階梯的負面舉例中，所謂的「假設」更像是沒有具體證據的延伸出一些意義，創造出一些非事實的故事，是開始模糊事實與故事間界限之所在。因此，就理性心智模式的建構而言，「假

設」此一階梯的存廢，有再思考的必要。

(四)「信念」與「行動」階梯順序位置不妥當

人們每個所作所為都會影響自己對於周遭世界的現有看法，可能是增強現有的信念，也可能是微調或大幅改變現有的信念，而這樣的信念會對未來看待與處理後續情境事件有所影響。這樣的概念可以借用 J. Piaget「基模」理論來理解，因此推論階梯納入「信念」當屬合理。

然而，推論階梯認為「結論」階梯之後，出現「信念」階梯，然後在「信念」階梯之後才出現「行動」階梯，則與一般的認知並不相符。單一情境事件推論獲得的結論，應是一方面直接帶出當次的行動，另方面也影響個人的信念，而非先由「結論」導出「信念」，然後才由「信念」導出「行動」。因此，「結論」之後的「信念」與「行動」，應該以雙途並列呈現。Butler（1996）提出的推論階梯，將「信念」畫到另一條路徑，「結論」向上導出「行動」，往右連結到「信念」，即有類似的見解。

(五)「信念」內涵與迴圈的偏狹

推論階梯認為第六階梯的「信念」會影響未來思考情境第二階梯「資料」的選擇。但是「信念」除了有價值觀、世界觀之類的信念內涵之外，亦應具有心智模式的概念。若然，信念更適合以「信念／心智模式」並列方式呈現。此外，信念或者信念／心智模式應該是會普遍性的影響思考推論的每一個階梯，而非僅僅影響第二階梯資料過濾篩選。

二、推論階梯的再改良

基於前述對於現有推論階梯的評論，此處嘗試提出再改良版的推論階梯，如圖 3-2 所示。

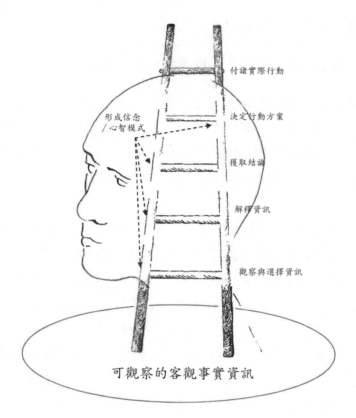

付諸實際行動

形成信念
／心智模式

決定行動方案

獲取結論

解釋資訊

觀察與選擇資訊

可觀察的客觀事實資訊

圖 3-2 再改良版的推論階梯

再改良版的推論階梯，以外在環境中「可觀察的客觀事實資料」為基礎，思考推論過程分為「觀察與選擇資料」、「解釋資料」、「獲取結論」，其後一條路徑為向上「決定行動方案」，因此總共分為四階。至於「決定行動方案」之後的「付諸實際行動」，則置於思考推論過程之外的外部行為。

「獲取結論」階梯的另一條路徑則是向上「形成信念／心智模式」，是此次思考推論歷程的「副產品」。信念／心智模式具有自反循環性的影響力，而其影響力係指向思考推論歷程從「觀察與選擇資料」、「解釋資料」、「獲取結論」到「決定行動方案」等多個階梯。

再改良版的推論階梯較為簡要，但仍保留重要步驟，而各階梯的

概念較為明確，也較能符合一般的認知。

參、議課（回饋會談）情境的推論階梯

對於教師同儕之間教學觀察後的議課（回饋會談）而言，通常必須立即給予回饋；而即使不是立即給予回饋，對於這種「不大不小」的事，絕大多數教師通常不會花費太多的時間，進行程序繁複詳細的思考推論，然後再給予授課教師觀察回饋。但另一方面，教學觀察仍然期待教師在議課（回饋會談）時能夠有一定的合理推論歷程，以期發揮教學觀察的效果。因此，再改良版的推論階梯，應該相對較為適用。

運用再改良版推論階梯於議課（回饋會談）情境，必須考慮「雙推論階梯」的實際狀況，並且也可以考慮使用類似、但更為教育人員熟悉的其他思考推論架構。

一、雙推論階梯

TDO 模式的教學觀察是主導的授課教師以及受邀的觀課教師共同參與的過程，雙方除了有互動對話之外，也各自有其內在的思考推論歷程，因此，再改良版的推論階梯運用於議課（回饋會談）情境，必須考慮如圖 3-3 所示的雙階梯概念。

圖 3-3 顯示，在特定一次的 TDO 模式教學觀察歷程中，「可觀察的客觀事實資料」即為授課教師邀請其他教師前來觀課時，課堂上實際的師生教與學行為，是為整個議課（回饋會談）中，主導的授課教師以及觀課教師思考推論的共同基底。至於「信念／心智模式」的自反循環線，則是提醒雙方對教學觀察與後續的思考推論，都應抱持較妥當的信念或心智模式，摒除不當信念或心智模式可能帶來的負面影響。

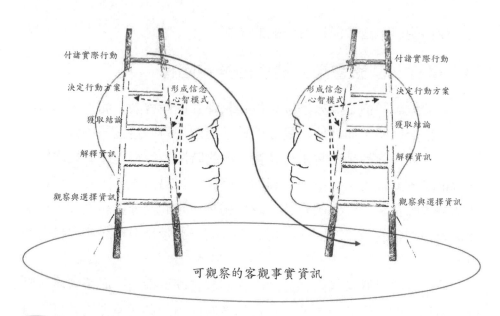

付諸實際行動

決定行動方案

形成信念
心智模式

形成信念
心智模式

付諸實際行動

決定行動方案

獲取結論

獲取結論

解釋資訊

解釋資訊

觀察與選擇資訊

觀察與選擇資訊

可觀察的客觀事實資訊

圖 3-3 議課情境的雙推論階梯

　　在推論階梯的核心部分，就觀課教師而言，「觀察與選擇資料」
即是指觀課教師依據商定的焦點問題，客觀且合宜的觀察並記錄課堂
上師生實際的教學行為事實；「解釋資料」即是指觀課教師對應焦點
問題，從觀察記錄所得教學事實資料，為焦點問題尋求解答的證據；
「獲致結論」即是指觀課教師依據解答焦點問題的事實證據，歸納獲
得某些結論；「決定行動方案」則是指觀課教師思考擬對授課教師提
出的回饋資料與方式。觀課教師內在的思考推論到此告一段落。至於
「付諸實際行動」，則是指觀課教師在議課（回饋會談）現場，實際
對授課教師提出回饋。觀課教師此次觀課的經驗，會影響其「形成信
念／心智模式」，並在未來影響其在教學觀察情境中的觀察行為與思
考推論歷程。

　　就主導的授課教師而言，「觀察與選擇資料」即是指接收觀課教
師提供給他關於其焦點問題的客觀事實資料以及結論性的回饋意見，
同時也包含授課教師自己觀察到的教學客觀事實資料；「解釋資料」

即是指授課教師對應其焦點問題，將觀察者提供的事實資料、回饋意見以及自身的觀察，尋求解答焦點問題；「獲致結論」即是指授課教師從焦點問題的解答資料中，歸納獲得教學改進或精進的啟發；「決定行動方案」則是指授課教師依據所得教學改進或精進的啟發，思考改進或精進教學的具體行動方案。主導的授課教師其內在的思考推論到此告一段落。至於「付諸實際行動」，則是授課教師後續在教學實務上進行實際的教學改進或精進作為。同樣的，授課教師此次主導教學觀察的經驗，會影響其「形成信念／心智模式」，並在未來影響其在教學觀察情境中的意願、主導作為與思考推論歷程。

　　圖 3-3 以及相關說明係僅就特定一次的 TDO 模式教學觀察歷程而言。事實上，任何一次教學觀察歷程，除了會在當下影響前述的「形成信念／心智模式」之外，「付諸實際行動」之後的「實際後效」，對受邀的觀課教師以及主導的授課教師也會有進一步的潛在影響。就觀課教師而言，例如其對授課教師提出的回饋建議，授課教師是否接納其回饋意見等，或者觀課教師本身是否感覺也獲得專業成長等，將會成為觀課教師接收到的可觀察資料之一，隱隱的再次促使其進行再一次潛在思考推論歷程，產生相關的信念，或者直接回溯影響其信念。而就授課教師而言，例如其執行了所決定的行動方案後，教學是否確實獲得改善或精進等，同樣的，也有可能會成為授課教師接收到的可觀察資料之一，隱隱的再次促使其進行再一次潛在的思考推論歷程，產生相關的信念，或者直接回溯影響其信念。惟若具體詳細的將這些延續性的後效影響加以繪出，圖 3-3 將更為繁複，因此暫予忽略不呈現。

二、再改良版推論階梯與ORID

　　觀察圖 3-3 所示，再改良版推論階梯的步驟相當程度的符合許多教育人員所熟悉的「焦點討論法」所採用的 ORID 思考討論架構。

　　ORID 的思考討論架構，依序是指「客觀事實」（Objective）、

「感受反應」（Reflective）、「啟發」（Interpretive）、「決定」（Decisional）。四個思考討論焦點中的O、I、D，明顯的與前述推論階梯的特定階梯相符應。具體言之，無論是觀課教師或者授課教師，內在推論思考歷程中的「觀察與選擇事實資料」即對應「客觀事實」O，「獲致結論」即對應「啟發」I，「決定行動方案」即對應「決定」D。唯一略有不同之處，乃是第二個步驟R。

在焦點討論法ORID的架構中，「感受反應」R強調的是討論者提出自己對討論焦點的感受或反應。但是在TDO模式的教學觀察中，思考與推論並不那樣重視感受或反應，更應強調對應授課教師所提出的焦點問題，尋求解答焦點問題的事實資料證據，因此可以也應該強調「關聯」（Relative）。由於「關聯」的英文字首仍然為R，因此仍可維持ORID的簡稱。但是以教育人員更為熟悉的ORID概念來取代推論階梯，作為議課（回饋會談）的參考架構，乃是使用「類似」於焦點討論法的ORID來進行議課（回饋會談），而非直接借用。議課（回饋會談）的ORID與焦點討論法的ORID不完全相同，必須加以明辨與釐清。

第二節　議課（回饋會談）之ORID

焦點討論法首見於約瑟 · 馬修（Joseph Mathews）發展出的討論方法，因焦點討論法中的四個步驟名稱，又常被稱之為ORID。本節將先就焦點討論法的內涵簡要的介紹，並加以應用於回饋會談，TDO回饋會談將焦點討論法中反映性（Reflective）的問題做了調整，將它轉換為關聯（Relative），以更為貼近在TDO模式下的回饋會談情境。為了區別，本章節當使用焦點討論法的名稱時，指的是原有的焦點討論法，而使用ORID的稱呼時，代表的則是「調整後的回饋會談」。

壹、焦點討論法的架構及功能

　　焦點討論法是由一位在二次大戰的軍中牧師約瑟・馬修（Joseph Mathews）所提出，馬修於二戰後到大學任教時，希望能夠幫助人們消除心理創傷，引用一位藝術教授在藝術欣賞課程中的對話引導方式，發展出焦點討論方法。焦點討論法的名稱眾多，最初稱為藝術型態方法（art form method），而後因運用在討論歷程之中，而將之稱為討論方法（discussion method）；另有人稱它為基礎討論方法（basic conversation method）或是引導式討論（guided conversation）。在加拿大文化協會的兩本出版著作中，將之稱為焦點討論法（Focused Conversation），也就是目前比較常使用的稱呼。另一個常見的稱呼，是將此方法中的四個步驟的名稱命名為 O-R-I-D。

一、焦點討論法的架構

　　焦點討論法運用四個層次的提問，以引導形成一個討論的模式或架構，這四個問題分別為「客觀事實的問題」（The Objective Question）、「感受反映的問題」（The Reflective Question）、「啟發的問題」（The Interpretive Question），以及「決定的問題」（The Decisional Question）。以下簡述這四個問題之內涵。

　　1.客觀事實的問題：藉以發掘客觀事實，問題聚焦在事實和現況。

　　2.感受反映的問題：目的在反映自身感受，對於客觀資料回應內在的反應、情緒、感覺，以及客觀事實所帶來的聯想。

　　3.啟發的問題：呈現出多元觀點，透過問題尋找意義、價值重要性以及涵義。

　　4.決定的問題：用以形成共識、提出具體實踐的方案以採取行動。

二、提問要點與步驟

　　焦點討論法的四個步驟，符應認知的內在歷程──知覺、反映、判斷及決定。在團隊成員使用焦點討論法時，將可匯集每一個成員的觀察與洞見，進而增進團隊的學習。使用焦點討論法需要掌握四個不同面向的問題焦點和作用，這些將引領成員聚焦在所要討論的主題上，而不同面向問題提問時的內容也至爲重要，掌握問題的關鍵提問，得以運用問題逐步去理解情境中的現況、情緒的反應、對該主題的詮釋，以及需要作成的決定。表 3-1 呈現四個面向問題的焦點、作用與提問之關鍵內容。

表 3-1 焦點討論法的問題焦點、作用與提問之關鍵內容

問題焦點	客觀事實的問題	主題的「事實」與「現況」
	感受反映的問題	對「事實」與「現況」所產生的內在反應
	啟發的問題	對「事實」與「現況」所賦予的意義
	決定的問題	做出決定、提出新的方向
問題作用	客觀事實的問題	確定成員討論的是相同的事實資料
	感受反映的問題	揭露成員初步的反應
	啟發的問題	讓團體成員從事實資料中獲得意義
	決定的問題	讓討論對未來產生關聯
關鍵內容	客觀事實的問題	你看到了什麼？ 發生了什麼事情？
	感受反映的問題	這讓你聯想到什麼？ 這些事情讓你有什麼感受？ 什麼讓你感到驚訝？ 什麼讓你感到高興？
	啟發的問題	這裡正在發生什麼事與什麼相關？ 這對我們來說有什麼意義？ 這會如何影響我們的做法？
	決定的問題	我們需要作出什麼決定？ 接下來的步驟是什麼？

三、焦點討論法的功能

焦點討論法是一個團體討論的方法，應用層面相當廣泛，可以運用在單向的訪談、雙向的討論或多人的會議，尤其是就某項議題深入探討時，特別能夠產生討論的成果。焦點討論法的功能與優點不僅僅是運用的範圍廣泛，同時能夠改變一般討論時傳統心智習慣，而帶來以下的效用（Brian Stanfiled, 2000）：

1.適用多種場合與情境，從陌生到彼此熟識夥伴間的討論；也可以混合各種背景與年齡層以及同質性高的團體。

2.提供了一個聚焦討論某一主題，以作出方向性的決定。這樣的聚焦可以節省許多時間與討論的精力。

3.討論過程能轉化成員之間的政治角力與權力爭奪，促使大家更有創造力，而不是更批判。

4.能夠轉變負面的思考，每個成員的意見都能被聽見。

5.提供一種思考過程的架構，預防冗長討論或漫無目的。透過有結構的團體思考流程，節省開會的次數與時間。

6.能夠讓成員坦誠以對，因為每一個人都會受到尊重，因而使討論時能更自在地表達真實的想法和感受。

貳、ORID回饋會談（議課）架構

ORID回饋會談（議課）架構與焦點討論法有些不同，為了達成TDO模式下回饋會談的目的，必須將焦點討論法做部分的調整。此外，TDO回饋會談是由授課教師主導會議進行，因此將以授課教師的角度，發展出ORID回饋會談（議課）的架構及提問問題。

一、回饋會談的目的及盲點

在TDO的流程中，觀察使回饋會談有三個關鍵目標：善用時間、聚焦在所蒐集到的證據資料，以及確定後續步驟，這就需要一個

好的會談題綱。一個適切的回饋會談題綱應該包含以下幾個部分：(1)觀察者分享所觀察之教與學的資料，(2) 資料與焦點行爲的解釋，以及 (3) 後續步驟。

然而，觀察後回饋會談是將蒐集的資料化作確切教與學改善的時機，若運作失當，不僅有害回饋會談，也有損 TDO 實際運作所帶來的學習意義。在實務運作經驗裡常見的盲點有：停留在「讚美之地」、過快爬上推論階梯或原地踏步、缺乏行動的承諾，以及未能討論教與學的關係（Kaufman & Grimm, 2013）。

二、焦點討論法在TDO回饋會談的運用

從回饋會談的目的與會談題綱的要素對照焦點討論法，可以發現兩者之間所進行的問題討論頗爲相似，TDO 回饋會談使用焦點討論法，可以提供參與的成員明確訂出會議討論的流程與步驟，方便進行焦點問題的對話。

焦點討論法最初步也是最重要的一個關鍵，在於凝聚討論的焦點，而在 TDO 模式中，主導教師需要先提出觀察的焦點，以方便同儕進行觀課，據以引導蒐集上課教與學資料的方向，因此，TDO 模式下的回饋會談參考焦點討論法的架構，兩相配合之下可以使得 ORID 回饋會談達到既定的目的，又可讓焦點討論法發揮最大的功效。

另一方面，焦點討論法可以避免一般回饋會談的盲點，對照焦點討論法的步驟，可以發現焦點討論法中三個問題（客觀事實、啓發與決定）的提問，將可以讓參與討論的教師同儕之間能夠聚焦於焦點問題，基於焦點問題觀察資料進行詮釋，而讓推論能對應資料再加以討論，決定的問題討論，則可以讓教學改變成爲可能。

另一個回饋會談過程中常見的盲點，是教師們容易用心中對於教學品質的單一結論來完成教學觀察，或者是極力避免過於倉促地爬上推論階梯，僅進行觀察資料的分享而不做任何的詮釋，這些對於教與

學的改善都沒有助益。

此外，教與學的對話本身並無法改善教學，教學改善必須對教學做出改變才有可能。在回饋會談結束後，忽略教學變革將使會談效果僅止於討論而已，然而，焦點討論法中決定性問題的提問，將有助於同儕討論能夠提出精進教學的有效策略。

因此，一般回饋會談的缺點，可以藉由焦點討論法加以避免：(1) 對照焦點討論法的步驟，可以讓同儕對話聚焦於焦點問題；(2) 焦點討論法其中的客觀事實與啟發性問題的提問，能夠基於資料進行詮釋而讓推論能對應事實資料加以討論；(3) 決定性問題的提問，則可以讓教學改變成爲可能。

三、以關聯（related）取代感受反應（reflective）的ORID回饋會談

回饋會談教師所提出的感受反應，時常會處於「讚美之地」（一味的讚美），而未能分析教學實踐。我們時常聽到教師在會談時只有肯定同事的教學效能，而非認眞地說出教與學之間的關聯，因此常有這樣的說法：「你展現出教學的熱忱且具有親和的特質。」「對於這群缺乏動機的學生，你能夠吸引他們的目光。」這些回應形式雖然令人舒服，然而一味的恭維，將有損於回饋會談的目的。

此外，焦點討論法中「感受反應問題」的討論，若非對應觀察資料與焦點問題的關聯，也無法將教師的教與學生的學形成有效的連結。另一方面，如果未能討論教與學的關係，就無從確定教學要如何改善，在 ORID 後續「決定問題」的討論時，勢將無法具體地提出未來教學精進的方法或策略。

因此，焦點討論法若要應用於 TDO 模式之中，需將焦點討論法中反映性（Reflective）問題進行調整，將它轉換爲關聯（Relative）問題，以確保能夠達到 TDO 模式下觀察後回饋會談的目的。

四、ORID回饋會談的問題焦點與提問

　　ORID 的四個步驟與焦點討論法大致相同，引領參與討論的教師們針對焦點問題彼此對話，四個面向問題提問過程可以協助教師們，逐步整理出教學情境中教與學的資料、觀察資料與焦點問題的關係，以及未來教學的指引。表 3-2 簡要提出四個面向問題的焦點、作用與如何提問。

表 3-2　ORID 的問題焦點、作用與如何提問

問題焦點	客觀事實的問題	教室中教與學的「事實」與「現況」資料
	關聯性的問題	觀察資料與教學／焦點問題的關係
	啟發的問題	觀察資料對於焦點問題的解釋
	決定的問題	提出教學指引、新的教學策略
問題作用	客觀事實的問題	確定教師討論的是相同的觀察資料
	關聯性的問題	連結觀察資料以及教學／焦點問題
	啟發的問題	說明觀察資料對於焦點問題的意義
	決定的問題	討論對教學的改變成為可能
提問內容	客觀事實的問題	各位老師在課堂上所記錄的資料有哪些發現？
	關聯性的問題	這些資料如何說明與教學的關係？
	啟發的問題	這些資料如何解釋焦點問題？請分享您的想法或感受。
	決定的問題	基於蒐集到的資料，未來教學是否需要嘗試其他的教學策略或改變未來的教學方式？

參、ORID回饋會談（議課）實例

　　為了進一步能夠了解 ORID 在回饋會談（議課）的應用，我們以 ORID 的架構，實際應用在 TDO 的回饋會談。表 3-3 為新竹縣照門國小羅珮家老師的觀課後應用 ORID 回饋會談（議課）實例，可以提供有興趣應用 ORID 回饋會談的老師們作為參考。

表 3-3　ORID 回饋會談實例（觀察後回饋會談紀錄表）

授課教師 （主導的教師）	羅珮家老師	任教年級	四	任教領域 ／科目	英語
觀課人員 （認證教師）	賴教授、吳校長、鄭主任、范老師、賴老師				
教學單元	康軒 Follow Me 3 Review 1				
回饋會談日期	109 年 05 月 13 日		地點		校長室
觀察焦點	1. Wendy & Daniel 需要關注與協助，積極參與課堂，融入其中。期待創造共學共好的課堂氛圍，也多次告知學生，當同學不懂或不知如何進行活動時，可以協助同學。因此本次觀課希望能了解以上兩生求助及同學協助的狀況。 2. Parker 情緒較難自制，參與競爭性遊戲，無法容忍自己輸，容易生氣握拳泛淚，請協助記錄生氣情境，同學與老師的處理方式與對話內容。 邀請賴教授、范老師觀察 Daniel 上課狀況，賴老師與校長共同觀察 Wendy 之學習狀況，鄭主任關注 Parker 之行為表現。				

客觀事實：觀課人員說明觀察到的教與學具體事實	關聯：前述觀察資料與觀察焦點的關聯（即觀察資料能否回應觀察焦點的問題）
【主導教師提問】 各位老師在課堂上所記錄的資料有哪些發現？ (一) 賴教授： 焦點觀察學生為 Daniel，發現 Daniel 上課專注，但幾乎都跟不上課程活動進度，在 ipad 活動操作上，反應比較慢，後來才發現可以重聽，對於 g.c 發音還無法辨認。 (二) 范老師： 1. 焦點觀察對象為 Daniel 與其同組同學的互動情形，發現 Daniel 因為課本翻不到教師指定頁數，會瞄隔壁同學的動作再操作。	【主導教師提問】 這些資料如何說明與教學的關係？ (一) 賴教授： 1. 但當老師說要翻到課本頁面時，卻找不到要翻到哪一頁，明顯的因為動作較慢而有學習跟不上的情形。 2. 在課程活動進行時，Daniel 在老師說明第 3 個步驟時，還停留在第 1 個步驟。

2. 讀字活動中，他都會找同學教他唸，他再跟著讀。

3. ipad 活動是由隔壁同學 Leo 幫助他學習操作，然而在答題時，以猜測的情況居多，這時由於同學也都在操作自己的 ipad 無法幫助他。

(三) 吳校長：

1. 焦點觀察學生為 Wendy，此生上課專注程度高，在發音字卡活動上，擺放字卡的速度較慢，相較其他同學較為落後。

2. 在填寫 Bingo 字卡活動上，寫入答案速讀很快，但在接下來的圈字活動上會聽不懂，如：gold 會圈成 goat。即使不懂也不會提問，但會看同學的答案來做確認，後來才會問隔壁同學 Nina。

3. 在 ipad 操作上不太會時，會找同學與老師求助，而在聽 ipad 題目時會反覆播放，但不見得聽得懂，表示其聽力上有困難。

(四) 賴老師：

1. 焦點觀察對象為 Wendy 與其同組同學的互動情形，發現該生在學習歷程上，不會大聲唸出來，影響其學習。

(五) 鄭主任：

焦點觀察學生為 Parker，此生前半段專注力良好，分組活動與同學互動良好。但在 Bingo 活動時，因為未能獲得第一輪的三顆星獎勵，開始表現不悅，握拳並心情激動，但有在第二輪獲得兩顆星獎勵，而心情仍未平復。一度無法繼續與同學互動，一直到讀字活動後半部，才開始繼續完成活動。

(二) 范老師：

1. 在 Bingo 活動中，"glass" 是透過教師引導才找到的。

(三) 吳校長：

1. 在 Bingo 讀例字活動中，雖然拼讀不太會，但會請老師與同學讀一遍給她聽，她再跟著讀。

2. 常需要老師的協助。

(四) 鄭主任：

Parker 在 ipad 活動時，因為教師檢核他 9 題全對，給予稱讚後，他的心情才開始恢復正常。

詮釋：授課教師與觀課人員分享公開授課／教學觀察彼此的收穫或對未來教與學的啟發

【主導教師提問】

這些資料如何解釋焦點問題？請分享您的想法或感受。

(一) 賴教授：

1. 探討學生學習落後的原因，可能是因為：(1) 記憶力不足；(2) 認知負荷過重；(3) 個性特質溫和，自信心不足；(4) 習慣等答案。

2. 教師上課節奏較適合一般學生，但對於落後的學生會有跟不上的情況。

(二) 吳校長：

1. 本堂課學習風景很美麗，因為學生都在忙於學習當中。

2. 遊戲融入學習中，可協助學習，幫助學生投入學習情境中，增加學習動機與興趣。

(三) 鄭主任：

第一次以一節課的時間專注觀察一位學生，感受很特別。發現 Parker 已經進步很多，相較以前情緒難以控制。目前看他上課狀況發現他情緒已能較快恢復，並透過參與活動來轉移對自己情緒的注意力。

(四) 賴老師：

任課教師掌握教學目標，並以多變的活動反覆操作同一個教學目標，讓學生能透過活動不斷學習，可作為我未來教學生的參考。

決定：授課教師／觀課人員下次擬採取之教與學行動或策略（含下次的觀察焦點）

【主導教師提問】

基於蒐集到的資料，未來教學是否需要嘗試其他的教學策略或改變未來的教學方式？

(一) 賴教授：

教師以 ipad 答題檢測學習狀況，但卻無法記錄下，可再思考可否有記錄學習歷程的工具。

觀課中發現 Daniel 一次只能處理一個訊息，建議老師給予 Daniel 的指令不要一次太多。

Daniel 學習速度較慢，如翻書翻不到的事件，解決方式可由教師多加利用視覺輔助來協助落後學生跟上節奏。

(二) 吳校長：

利用 ipad 科技融入學習，可加強個別化學習歷程，如 Wendy 就可以因為沒聽懂，多按很多次播放。

(三) 鄭主任：

Parker 與同學互動良好，未來可讓他有任務，增進他的成長。

(四) 主導教師羅老師：

1. 非常感謝能有這次機會參與 TDO 的觀課模式，透過夥伴們的眼睛，我能更細緻地看到學生學習的狀況，並作為我教學修正上的參考。

(五) 范老師：

1. 身為觀課班級的班導師，對於學生相當熟悉了解，其實在觀課前的一節課，Parker 因為課堂的事件，讓他心情非常不好。但是當他開始上英語課又恢復了正常心情，真的覺得他在情緒控制上進步很多。

2. 授課教師會到各組巡視，並給予學生鼓勵，也發現學生會互相協助，但發現 Daniel 太過依賴同學的協助。

2. 對於 Daniel 的學習引導上，未來將在課堂上給予一次一個指令的指導語，並以視覺上透過媒體或圖片呈現，協助他跟上學習的節奏。並引導其他同學，學習引導 Daniel 的方法。

3. 對於 Wendy 的學習引導，未來也將調整教學節奏，稍作停頓等候，讓她能跟得上，並多鼓勵她學習求助與大聲讀出英語，希望能看到她的學習自信。

4. 對於 Parker，綜合大家給我的建議，我將多多給予他情緒控制上的獎勵，期許他在情緒控制上會愈來愈棒。

參考文獻

洪蘭（2012）（譯），D. Kahneman著。**快思慢想**。臺北市：天下文化。

凌儀玲、劉宜芬（2008）。廣告訊息之理解與說服效果：捷思式－系統式訊息處理。**管理學報，25**(5)，487-503。

齊若蘭（1995）（譯），P. M. Senge, A. Kliener, C. Roberts, R. Ross, & B. J. Smith著。**第五項修練II實踐篇（上）：思考、演練與超越**。臺北市：天下文化。

Argyris, C. (1982). *Reasoning, learning, and action*. San Francisco: Jossey-Bass.

Argyris, C. (1990). *Overcoming organizational defenses: Facilitating organizational learning.* Boston: Allyn and Bacon.

Butler, J. (1996). Professional development: Practice as text, reflection as process, and self as locus. *Australian Journal of Education, 40*(3), 265-283.

Chaiken, S. (1980). Heuristic versus systematic information processing and the use of source versus message cues in persuasion. *Journal of Personality and Social Psychology, 39*(5), 752-766.

Chaiken, S., Liberman, A., & Eagly, A. H. (1989). Heuristic and systematic information processing within and beyond the persuasion context. In J. S. Uleman & J. A. Bargh (Eds), *Unintended Thought: Limits of Awareness, Intention, and Control.* New York: Guilford Press.

McArthur, P. W. (2015). *Ladder of inference.* Retrieved from http://actionsmithnetwork.net/wp-content/uploads/2015/09/Ladder-of-Inference-Article.pdf

第四章

觀課倫理之探討

公開授課可以讓教師打開課堂教學的黑箱，打破原有教師孤立的文化。教師們能就課堂上遇到的問題、困難或挑戰，尋求教師同儕的支援、協助，而有教學上的心得和經驗，也能與其他同儕教師分享，促進彼此的專業成長，也提升教學品質。

近年來常聽到在觀課過程中會有觀課教師拍照、錄影，或是同步在網路上直播，也發生過觀察者在課堂中指導學生或與學習者對話等。這些行為在觀課過程中都會影響教師教學或學生學習，被觀課的師生教學與學習權益有可能受到損害，因此在觀課過程中所涉及的倫理問題需要慎重檢視與討論。

本文擬依據《十二年國民基本教育課程綱要總綱》（以下簡稱《總綱》，教育部，2014）明定「為持續提升教學品質與學生學習成效，形塑同儕共學的教學文化，校長及每位教師每學年應在學校或社群整體規劃下，至少公開授課一次，並進行專業回饋」，並參考教育部國民及學前教育署（以下簡稱國教署）公告之〈高級中等學校實施校長及教師公開授課參考原則〉及〈國民中學與國民小學實施校長及教師公開授課參考原則〉（以下簡稱〈國中小參考原則〉，國教署，2016），還有文獻及學者專家之諮詢座談，訂定以下公開授課觀課倫理原則，俾利相關人員在符合專業倫理下進行公開授課與專業回饋。

第一節　觀課倫理的發展脈絡

倫理係指人與人互動的行為規範，需要符合某種道德標準或是行為準則。而公開授課之實施，在原本教室中僅有的授課教師與學生，額外加入了觀課人員的角色，很有可能影響授課教師或學生的教與學活動。尤其觀課人員通常都是老師，也會讓學生感到壓力，進而影響學習成效和教室師生的權益（王金國等，2015）。另一方面，授課

教師與觀課人員在觀課前需要共同備課或說課，觀課後還有專業回饋的會談，也都會涉及公開授課的倫理議題，所以本文將從公開授課的三個階段分別探討需要注意的倫理問題，以及提出實施公開授課時應遵守的原則。

一開始，作者參酌醫學院教學門診相關的規範與討論，並考量一般學校公開授課的情形，初步擬訂了三項原則，分別為：觀課前：知情同意原則。觀課過程：不干擾原則。觀課後：保護著作權及個人隱私原則。

後續又召開兩次專家諮詢會議，於 107 年 8 月 1 日之第一次會議邀請大學教授、律師及專家等共五人，初步擬訂了六項原則，第二次會議則於 107 年 8 月 21 日邀請大學教授及小學校長等共五人，進一步討論在學校現場的實施情形及觀課倫理的訂定是否適用，並提出實務上可能遭遇的問題加以討論可以的解決方案。

在兩次諮詢會議後，觀課倫理原則訂為六項原則，分別為：觀課前：知情原則、取得同意原則。觀課過程：客觀原則、不干擾原則。觀課後：專業對話原則、權益保護原則。

以下將分別說明各個原則的訂定目的與脈絡。

壹、觀課前

一、知情原則

觀課前的知情同意主要參考在醫病關係中，醫師準備要進行檢查或治療之前，醫師需要對病患詳細說明病情，並就因應之檢查或治療措施提供充分之資訊，讓病患在充分理解後做出承諾，在沒有受任何強制之自由立場下，選擇檢查或治療之方法，而醫師則根據此同意進行醫療（陳子平，2010）。

同樣的，教師要進行公開授課，因為與原本常態性的教學活動不同，會有其他教師進入班級，並且可能會以學生作為主要觀察對象，

所以預計要開放班級進行公開授課前，應該向學生說明公開授課預計辦理的時間、會進入班級的人員，以及觀課人員進入班級預計會做什麼事等相關資訊。

考量到公開授課一事是在《總綱》中明訂，爲校長及教師每學年必要執行的事項，所以在諮詢會議中討論後，將知情同意分成兩項：知情原則及取得同意原則。

在準備進行公開授課之前，需要先選定班級與時間，所以需要先行告知學生。就學生角度而言，被觀課可能會被干擾或是不自在之處，且每位教師選擇開放教室提供觀課的班級或可能重複，所以應於事前告知學生及其家長。而公開授課是必須執行之事項，若無正當理由，學生無法避免參與或被選定爲公開授課的班級。但是在進行公開授課之前仍然應該要讓學生知道相關資訊，所以訂爲「知情原則」。

二、取得同意原則

在正式觀課之前，授課教師與觀課人員會先進行觀課前的共同備課或觀察前會談（說課），在討論時可以先行確認觀課相關的配合事宜，如：觀課人員入班觀課的位置在教室的前、中、後，或是特定小組旁邊；觀課人員的角色是完全觀課人員還是有部分參與、參與事項的內容有哪些，以及是否需要拍照、錄音或錄影等事宜。這些事宜都需要授課教師與觀課人員先行規劃討論，並且取得彼此同意後才能順利進行。

此外，前述觀課事宜中，拍照、錄音及錄影會記錄到學生的影像及聲音，在尊重個人肖像權與隱私權，以及中小學學生仍未成年的狀況下，應先行取得學生及其家長同意。

尤其在肖像權的部分，雖然並沒有法律明文訂定肖像權的定義，但是在實務中製作他人肖像，舉凡利用拍照、錄影、繪畫、雕塑，只要作成他人肖像，就算沒有到處傳播，也是侵害肖像權的行爲，更別說將這些資料公開發表或是帶有營利目的使用。另一方面，

根據臺灣臺北地方法院 102 年度訴字第 5031 號及臺灣高等法院 103 年度上字第 847 號等民事判決，都認為「肖像權係個人就自己之肖像是否製作、公開及使用之權利，乃係個人外部特徵，體現個人尊嚴及價值、自我呈現之權利」，而肖像權之使用應該由本人決定：「肖像權人自有決定是否揭露其肖像、及在何種範圍內、於何時、以何種方式、向何人揭露之決定權，故未經同意刊登他人肖像，需基於社會知之利益，並應顧及肖像權人之正當利益而符合比例原則。」也就是肖像權是專屬個人的權利，除了授權外，不能移轉給第三人享有。另一方面，如果要使用他人肖像，也需要顧及當事人的權益，所以在拍照、錄音及錄影之前，必須先取得對方授權。如果未能及時取得紙本授權，至少也要取得口頭授權。而授權的內容應有下列重點（雷皓明，2020）：

1.姓名、個人資料：當事人或拍攝者的姓名都要提到，寫清楚誰授權給誰。為了避免偽造或同名同姓的狀況，也會建議留下較詳細的當事人資訊。

2.使用的範圍：照片會使用在什麼場合、活動，具體的名稱或使用到什麼程度。

3.其他事項：如果有其他補充事項都可以列上去，比如在拍攝過程中其他注意事項與規範等。

綜上所述，「取得同意原則」的內涵其實包含了兩個部分，一為授課教師與觀課教師需先行討論觀課過程中的配合事宜，並且取得彼此同意；二為如需對學生記錄影音，則需取得學生及其家長的同意。

貳、觀課過程

一、客觀原則

觀課人員最核心的任務是將課堂的事實記錄下來，以作為觀課後討論、進行專業回饋的依據資料。所以在觀課過程中，希望觀課人員

能本於教師專業素養，運用適切之觀察技術與工具，以及觀課前討論的觀察焦點等共識，蒐集並記錄教師教學或學生學習過程的具體客觀事實資料，所以訂定「客觀原則」。如果觀課紀錄只是觀課人員主觀的價值判斷，直接抽象地給予被觀課師生的評價，不但達不到觀課的目的和效益，也違背了觀課應有的專業倫理。

二、不干擾原則

除了客觀原則外，在入班觀課的過程中，除非在授課教師的要求或同意下，觀課人員應該作為「完全的觀察者」，以不干擾課堂的教學進行為基本的行為規範。除了不干擾教師教學，也不應干擾學生學習。如果有需要和學生對話，應該在課前或課後，以取得當事人同意為前提下進行對話或訪談。

參、觀課後

一、專業對話原則

在《總綱》中，要求校長及教師在公開授課後需進行專業回饋，而〈國中小參考原則〉中也進一步敘明：「專業回饋，得由授課人員及觀課教師於公開授課後，就該公開授課之學生課堂學習情形及教學觀察結果，進行研討。」（國教署，2016）所以在公開授課之後，需藉由觀課過程取得的課堂事實紀錄進行專業對話，這也是觀課人員的核心任務。

此外，專業對話的基礎建立於客觀呈現課堂事實資料，並能與授課教師相互討論，進而找到可以增進及調整的教學策略，所以觀課人員不應依照個人主觀意見，或是根據個人的喜好與經驗要求授課教師改變。因為每位授課教師都有自己的教學理念、風格和教學思考，而不同班級的學生特性與班級氛圍也不盡相同，所以觀課人員應依照客觀事實，觀點取替，站在觀課者的立場提出回饋，才是有效且專業的

回饋與對話。

二、權益保護原則

再者，觀課過程取得的紀錄，可能會有個人資訊，如果是以學生或小組為觀察標的，則更是記錄了學生的課堂行為。所以為了保護授課教師及學生的個人隱私、著作權及智慧財產權等相關權益，若需要將相關紀錄整理發表，務必要取得當事人同意後才能公開使用。

綜上所述，作者在研擬觀課倫理的原則時，主要的核心目標有二：一為保護個人權益，所以在規劃、執行公開授課時需要考量各個關係人的權益所在，並充分說明相關資訊、取得同意授權；再來也要重視公開授課的核心目標及任務，是透過觀課讓教師在專業上持續成長，藉以提升學生學習成效。

第二節　觀課倫理問題討論與具體內涵

以下將兩次專家諮詢會議所獲得的實務問題討論結果，以及觀課倫理原則的具體內涵，分別加以說明。

壹、觀課倫理的相關問題討論與結果

在多次的討論中，與會的師長及專家們提出各種在現場可能會遭遇的相關問題，作者將討論結果分為觀課前、觀課過程和觀課後，茲加以整理如下。

一、觀課前倫理規範的問題討論結果

(一) 授課教師及學生不得拒絕公開授課

授課教師及學生可不可以拒絕公開授課？答案是否定的。由於教

育是公共事業，且公開授課爲《總綱》所明訂，爲提升教學品質及學生學習成效，教師或學生如果沒有正當理由，不得拒絕每學年進行一次的公開授課。但是授課教師或學生如果有個人健康或安全、教學或學習之原因，可以提出展緩或延期的需求，但上述原因排除後，仍應進行公開授課。

再者，校長或行政人員巡堂可以拒絕嗎？答案也是否定的。因爲各校均訂有巡堂辦法或實施要點等，而這些巡堂辦法或實施要點也是依據主管教育行政機關的相關法規，如《國民中小學教學正常化實施要點》、《加強維護學生安全及校區安寧實施要點》、各縣市的各級學校教師出勤差假管理要點，以及預防發生學生意外事件、維護校區安寧等相關法規或命令訂定的，於法有據，據以實施。

不過，教師在選定班級時，應考量該班級進行公開授課的次數，讓公開授課可以在各個班級較爲平均的實施。

(二)如需拍照、錄音或錄影，不論資料是否公開發表，都務必提前徵求當事人同意

拍照、錄音或錄影如果不公開，是不是就不需要事先取得同意？答案也是否定的。因爲拍照或錄影後，就算檔案只存在自己的相機或手機內，也已經侵犯了他人的肖像權及隱私權，並且仍有可能被第三人取得並使用的可能，所以爲了保護每個人的權益，應該在記錄影像或聲音之前先行取得同意。

(三)如果只有部分學生及家長同意，就要避免記錄到當事人的影像或聲音

如果有部分學生及家長不同意，還能拍照、錄音或錄影嗎？答案是可以的。因爲只要拍照、錄音或錄影就一定要取得當事人同意，但如有部分學生或家長不同意被記錄影像或聲音，則可以只針對同意者進行拍照、錄音或錄影，並避免不同意者入鏡，如果有聲音的部分也

應儘量避免。所以如果有直播課堂的需求，依照舉輕明重的原則，也一定要取得當事人事先同意。

(四)校園巡堂或巡視人員如果針對課堂拍照、錄音及錄影，也要遵守相關原則

校園巡堂或巡視人員如果要針對課堂拍照、錄音及錄影，也要取得同意嗎？答案也是肯定的。

(五)授課教師透過錄影的方式供其他教師觀課，也要取得學生及其家長同意

授課教師透過錄影的方式供其他教師觀課，也要取得學生及其家長同意嗎？答案也是肯定的。授課教師在錄影前應先取得學生及其家長同意，並同時告知影片的使用範圍。這些取得同意事項，有可能過去較未受到重視，然而就如《個人資料保護法》的公布和實施，這些事項應請特別注意，即使過去可以做的，也不代表現在仍然可以比照辦理。依現行法令規定不可以的，就應該特別注意避免，以免衍生爭議或困擾。作者認為要提醒我們教育人員謹慎地遵守這些規範，才能夠讓家長和學生及授課教師在安心、信任的氛圍下，分享課堂風景，促進彼此之專業成長。

二、觀課過程倫理規範的問題討論結果

(一) 觀課人員進入課堂觀課的位置應與授課教師討論後決定

觀課人員進入課堂觀課的位置需要先決定嗎？答案是肯定的。觀課人員觀察的位置，一般在教室後面較不干擾教與學之處，不過如果觀察個別學生或是小組，則需要坐或站在特定學生旁或是特定小組旁。這些位置的選擇應該在觀課前的會談進行討論與確認，應以不干擾課堂教學為優先考量，並在符合觀察焦點的目的下安排與規劃。

(二) 觀課人員主要任務為記錄課堂發生的事實行為

觀課人員可以協助學生學習嗎？答案大部分是否定的，除非授課教師有此邀請。觀課人員在入班觀課時，大部分是擔任「完全的觀察者」的角色，並以不干擾原則為前提，避免在課堂中出現影響教師教學或學生學習的行為。除了在授課教師的邀請或同意下，才能擔任協同教學或教學助理的角色，進而參與、介入或協助教師的教學或學生的學習。

三、觀課後倫理規範的問題討論結果

(一)觀課紀錄的著作權屬於觀課人員，但是授課講義、學習單等則屬於授課教師或學生所有

觀課資料的著作權誰屬呀？由於入班觀課取得的紀錄，很適合作為教學行動研究或其他教學研究的資料，所以觀課後如果需要運用或公開發表，需注意相關資料的著作權所屬，並做好匿名等保護個人隱私之措施。

觀課過程如記錄授課者之授課內容，這些記錄的資料著作權屬於觀課者。但授課內容，包含課程講義、簡報、學習單等，著作權屬於授課教師所有；學生所填寫的學習單及作品的著作權則屬於學生所有，如觀課後需要運用或公開發表，應先行取得當事人同意，並做好適當匿名等保護個人隱私之措施。

(二) 觀課紀錄不得作為授課教師評量的依據

觀課人員的觀課紀錄可以用來評量學生嗎？答案是否定的。觀課人員入班觀課，是為了記錄課堂事實資料，作為教師專業成長之依據，而不是為了協助授課教師評量學生。

例如觀察個別學生的課堂行為，可能出現不專心行為；或是觀

察小組討論時，記錄學生討論的發言次數一定有人多、有人少等等狀況。雖然記錄的是學生學習狀況的具體事實，但是如果把觀課紀錄當成評量學生的依據，或是作為教師處罰學生的原因，除了會導致學生對於授課教師及觀課人員的不信任之外，未來更可能無法順利的取得課堂事實資料，進而無法達成促進教師專業成長、並有效提升學生學習成效的方法。

如果觀課的結果只是教師作為改善教學、評估提升學生學習成效的依據，而不是用來處罰學生或評量學生的，這樣學生會表現得更加自然、更貼近平時上課的情形，這點對於授課教師非常重要，因為這會影響學生對觀課的認知與評價，以及是否能如實記錄到學生的課堂行為，務必要謹慎遵守這項規範。

貳、觀課倫理的具體內涵

根據前述的發展脈絡及相關問題討論結果，作者將各個原則的目的與具體措施說明如下。

一、觀課前

(一) 知情原則

觀課人員入班觀課前，由學校或授課教師決定公開授課日期及班級，並通知該班學生及其家長，再由學校公告相關資訊，包含時間、地點、觀課人員條件及人數限制與其他相關注意事項等，讓有意觀課人員參與。

(二) 取得同意原則

觀課人員之課堂行為，應事先與授課教師討論取得同意。觀課過程中如需拍照、錄音及錄影，應經當事人同意；如有部分當事人不同意者，不得對其拍照、錄影及錄音。

二、觀課過程

(一) 客觀原則

觀課人員應本於專業素養，運用適切之觀察技術與工具及觀課前會談共識，蒐集並記錄教與學過程的具體客觀事實資料。

(二) 不干擾原則

觀課人員於觀課中不得干擾教師教學與學生學習。

三、觀課後

(一) 專業對話原則

觀課人員於觀課後應本於蒐集的事實資料與授課教師專業對話與回饋，使授課教師與任教學生獲益。

(二) 權益保護原則

觀課取得之資料應適切使用並匿名處理，以維護授課教師及學生之個人肖像權、隱私權、著作權及智慧財產權等權益。觀課人員不應使用未經同意取得之資料。若經觀課前取得同意範圍之資料，應適切使用並匿名處理，以維護授課教師及學生之權益。

如同 TDO 十大主張中，首要為遵守觀課倫理，因為唯有在遵守前述的六項觀課倫理原則：知情、取得同意、客觀、不干擾、專業對話、權益保護等原則下，在進行公開授課時能確保授課教師、觀課人員的責任，營造尊重教師教學與學生學習的權益不受干擾。並且有效的教學觀察也應該在學生如常表現的情況下，才能取得客觀的課堂風景，進而使公開授課的實施更有效，才能達成提升教師教學品質與學生學習成效，形塑同儕共學教學文化的目標。

參考文獻

王金國、許中頤（2015）。觀課倫理～觀課時應重視的議題。**臺灣教育評論月刊，4(6)**，187-190。

教育部（2016）。**十二年國民基本教育課程綱要總綱（2014）**。

教育部國民及學前教育署（2016）。**高級中等學校實施校長及教師公開授課參考原則**。

教育部國民及學前教育署（2016）。**國民中學與國民小學實施校長及教師公開授課參考原則**。

陳子平（2010）。醫療上「充分說明與同意」之法理在刑法上的效應（上）、（下）。**月旦法學雜誌**，第**178**期，頁227-245；第**179**期，頁248-271。

雷皓明（2020）。肖像權定義是什麼？滿足3條件，按下快門你可能就侵權！。法律010。https://laws010.com/blog/intellectual-property-rights/copyright/copyright-05

臺灣高等法院（2014）。**103年度上字第847號民事判決**。

臺灣臺北地方法院（2014）。**102年度訴字第5031號民事判決**。

實務篇

第五章

素養導向為觀察焦點的
TDO觀課實例：1

前言

　　教師專業發展推動行之有年，曾經一度教師專業發展評鑑此一議題在各縣市如火如荼推動，甚至也有可能與教師分級制關聯在一起，而後因各種原因，評鑑的政策暫緩辦理，而後轉型教師專業發展及各種教師專業社群來接續辦理，此一政策雖然立意良善，但並非每位教師都認同。受限於時空背景及教育新思潮，教師專業發展評鑑的推動有其限制，執行不易，取而代之的是各類型的教師進修活動如雨後春筍般大量出現，一時之間全臺各地各種教師共備研習活動陸續辦理，受到許多教師的正向回饋與肯定，因此有另一種聲音出現，當教師願意自主學習，自然願意參與各項能夠讓自己教學成效提升的各種活動，如此，這也是教師專業發展。

　　而後，教師開放教室讓其他老師進班觀課的風氣也逐漸興起，也有愈來愈多的教師教學共備社群設立，一時之間老師樂於參加教學共備趴，且能在這樣的共同分享機制下得到許多教學上的新點子與想法，透過相互分享的方式，來解決自己教學上的問題與盲點，讓老師願意持續協力同行，在教師專業發展的道路上前進。

第一節　教學觀察（公開授課）的發展與沿革

壹、教師專業發展之意涵及現階段發展之概況

　　隨著再一次教育改革推動，新課綱上路後，中小學教職員包含校長每學年至少進行一次公開課，立意在學校同仁相互觀課，一起學習成長；但實際上推動不容易，受限於教學現場教師授課及各項教學工作繁雜及必須兼顧班級經營和作業批改，有時還得要處理學生的各種生活常規問題，回答親師溝通等額外事宜，能夠專注投入在同儕觀課上確實不容易。另外，老師在授課時雖然觀課的人數多，但觀課者

的觀課焦點不見得能切入核心，能看到教學者想要鎖定的焦點，教學者期待觀課者可以實質具體的給予建議，因為此公開課是學校規定辦理，觀課及議課人員短時間內要抓到重點不容易，觀課者看不到教學者的授課焦點，且與教學者之間互動不夠，彼此間也沒有共同背景知識，因此不知道教學者希望觀課者在教學進行時幫忙看的重點為何，也因此雖然觀課的時間投入了，也參與學校所規劃的教師公開課，但實際的效益卻不高。從另一個角度來看，教師公開授課及觀課、議課只是虛應一應故事罷了，大家都應該做，大家也都做了，但老師們卻不知道為什麼要做，這樣做有何意義，只是因為上級規定，學校只好照辦。

　　做任何事情都一樣，當你知道其中的意義時，或是你自己願意去做時，自然能夠得到事半功倍的效益。教師公開課及觀課也是如此，當老師想要提升自己的教學專業，解決課堂教學的相關問題，從自身出發，與同儕互動討論回饋分享，一起成長，自然能夠讓公開課及觀議課這檔事變得更有意義及具有效益。

　　因此，值此之時，探討教師公開課有其必要，如果能有一種模式能夠讓老師願意採行，自然能夠幫助教師專業發展，提升教學成效。

貳、現階段公開課推展之限制及TDO「授課教師主導的教學觀察」介紹

一、現階段公開課推展之限制

　　隨著新課綱開始施行，教師公開課已開始進行，但每位老師所認知的公開課有所不同。過往學校裡會定期辦理教學觀摩，由新進教師進行教學，或是由資深的教師擔任教學演示，但大致而言都是由學校行政處室規劃，而後隨著翻轉教育的熱潮興起，許多老師熱於開放教室讓學校同仁、外校教學夥伴及家長進班來參與課堂進行，這是屬於教師自主的公開課。通常老師願意開放教室，代表對於自己的教學都

有一定的信心，足以讓外界參考。由學校所規劃的公開課屬於制式規劃，雖有強制力，但老師們的參與及認知不見得會積極主動；由老師自發性的開放教室，雖然老師願意與同儕互動分享，但難免會在學校封閉思維之中給人有標新立異的觀感；老師願意開放教室值得讚賞，但若沒有同儕夥伴支持則無法堅持長久，此為其所遭遇的限制。行政主導的公開授課也面臨若干缺點。第一，僅是被動配合政策規定或行政需求等外在動因，而非源自自身的教學問題或專業成長需求，其教室大門是從外面被打開，因此較可能抱持敷衍應付或抗拒的心態，僅此一次，便宜行事，政策若不再要求時，勢必立即終止公開授課。第二，教師被排定公開授課的課堂，可能有相當長的等待時間，且未必是其最需要教學改進或專業成長之處；或者，相對的，教師發覺自己亟需教學改進或專業成長之處，但受限於公開授課的框架，可能不會思考隨時透過公開授課來尋求解決或成長，公開授課與專業成長需求之間形成脫節。第三，教師公開授課不在解決自身的教學問題或尋求專業成長，比較會擔心被他人窺知自己教學的缺點，因此刻意表現非常態的、教學觀摩式示範性的教學行為，無助於教師的問題解決或專業成長。第四，承辦公開授課行政事務的教育人員負擔較為沉重（賴光真、張民杰，2019）。

　　若有在上述兩者間的公開課進行折衷方式，則可以讓更多老師願意主動嘗試及積極參與投入，以收教師專業成長之成效。

二、TDO「授課教師主導的教學觀察」介紹

　　TDO「授課教師主導的教學觀察」（teacher-driven observation, TDO）是由授課教師主導，不一定是教師教學具有成效或是作為教學典範可以供人參考才進行，而是授課教師本身想要改進自己的教學成效，解決教學問題，由內而外的尋求同儕協助的一種觀課方式。TDO強調將授課教師置於自己教學專業學習成長的主導地位，為自己的教學專業學習成長負責（Kaufman & Grimm, 2013）。TDO特

別強調每次觀課僅只鎖定一個具體的焦點問題（focus question），這個焦點問題是教師最想知道、尚未解決或尚無答案的教或學相關事項，針對該焦點問題同時蒐集教學核心三要素——教師、學生、內容等資料（Kaufman & Grimm, 2013）。

教師主導的觀課有幾項優點。第一，觀課的安排源自教師自身需求的內在動因，是自己從裡面把教室大門打開，因此會抱持認真的心態，嚴謹的進行；在特定一次觀課之後，有機會追蹤實施後續觀課，或者做多次不同焦點問題的觀課；若教師體會到觀課效益，即使未來政策不再要求，也較有機會持續長久實施，落實真正的教學專業發展。第二，觀課能隨時、及時的啟動，且觀課的教學單元確實是其需要其他教師協助蒐集資料的所在，觀課與教師的需求緊密配合，對教師問題解決或專業成長較有效益。第三，授課教師比較不會避諱展現常態的、真實的教學行為，讓觀課教師得以看見授課實況，真正協助授課教師解決問題或專業成長。第四，授課教師主導整個觀課歷程，籌辦相關行政配套事宜，無須學校或社群的協調安排，承辦觀課行政事務的教育人員負擔可以酌減（賴光真、張民杰，2019）。

教師授課主導的教學觀察（teacher-driven observation, TDO）模式的公開授課，就是能讓教師願意專業自主發展的一種模式，強調將授課教師置於自己教學專業學習成長的主導地位，為自己的教學專業學習成長負責（Kaufman & Grimm, 2013）。觀課的需求是源自教師自身教學改進、問題解決或專業成長等內在動因，自主的發動並主導公開授課（賴光真、張民杰，2019）。

TDO 這種實施歷程與細節的安排，具有幾項優點。第一，不強調共同備課，無須另覓時間，節省觀課教師的時間心力，也不會排擠其他會議或社群活動的可用時間。第二，緊鄰觀課之前安排觀課前會談，除了不會有時間差之外，更可以告知觀課者課程脈絡與焦點問題，分派資料蒐集任務，告知資料蒐集方法，發給資料蒐集工具，乃至於釐清彼此的疑問等，有助於提升觀課與資料蒐集的效益。第三，

觀課三部曲都用最精簡的時間進行，節省授課教師與觀課教師的時間心力。至於其缺點，則主要是較不重視共同備課，無法發揮教師同儕這部分的共學效益（賴光真、張民杰，2019）。

王勝忠（2019）提及採用 TDO 方式來進行公開課，老師可以依自己熟悉、應付得來的方式來精進教學，不必受繁複表單及制式觀課規定所約束，老師會更願意配合學校所推行的公開授課政策。其中，公開課進行時的教學觀察由授課教師主導，每次觀課僅針對一個焦點來進行觀察，觀課者執行上沒有壓力，可以專心就教學者事先提出的教學重點來進行觀察與記錄。另外，這樣的觀課沒有教學評鑑的壓力，觀課者可以就教學者主觀需求，提供給教學者客觀觀課事實與教學建議，幫助教學者解答教學上的疑惑。除此之外，有別於制式化的觀課方式，統一的觀課紀錄表格限制了觀課者的觀察方向，由於觀察的面向多而繁複，反而無法就單一焦點來詳細觀察，透過 TDO 授課者主導的觀議課，更能符合教學者企圖教學精進的目標，單一且深入的觀察與回饋有助於教學者改善現況並解決教學上既有的問題。

綜上所述，現值教師公開課進行如火如荼的階段，教育主管機關有心要提升教師專業成長及教師教學成效值得肯定，如能推薦給現場教師一套可行的公開課進行模式，則可讓教師更願意參與公開課的進行，也更能夠在此一歷程之中更加事半功倍，在自身獲得成長的同時也願意幫助他人成長，讓學生受惠，而採用 TDO 來進行公開課則是可以選擇的方式之一。

參、以「自主行動」、「溝通互動」及「社會參與」概念進行備課、觀課、議課

教育部（2014）新課綱強調的核心素養即三面九向，其中三面意指「自主行動」、「溝通互動」及「社會參與」。此三面向的邏輯概念即為一從內而外的發展歷程，在於教師專業發展提升自我教學成效的公開課也可作為進行時的自我參照模式，如能藉由自己本身願意

提升教學效能而積極主動尋求同儕的協助與回饋，然後透過系統化的溝通討論及焦點明確的教學觀察達到高度互動，解決教學者本身的疑慮及澄清迷思概念，最後透過公開授課進而達到社會參與，讓更多人都可以參與其中，分享教學心得，讓更多教師願意以此方式來進行公開課，藉此達到教學相長，提升教學專業，也讓學生受惠。

以下就「自主行動」、「溝通互動」及「社會參與」三個面向來討論教師進行備課、觀課及議課時可以採行的進行方式。

一、自主行動：教學者主動提及希望提升教學成效的備觀議課

在進行備課、觀課及議課時，如能由教學者「自主行動」，主動提出邀請同儕夥伴一起來備課，然後進行觀課及議課，可以讓觀課者清楚了解整體的備課歷程，以及教學者想要解決課堂中的哪些問題，還有該堂課的教學目標為何。在備課討論的過程中，夥伴間彼此可以充分討論，立即給予建議或是提供解決的策略供教學者參考。也因為夥伴們一起共同備課，較之學校校方安排時程表讓沒有課的老師一同參與觀課的方式，效益更高。觀課的老師們很清楚擔任公開課老師的教學目標，以及該班學生的先備知識，以及為什麼老師的課程設計會這樣進行。觀課者與教學者有共同的背景知識，在觀課的過程中更能看到細節，且聚焦在教學者想要觀課者協助觀察的重點及細節，有助於提升教學成效，且能讓教學呈現更為精準。

通常在備課討論時，教學者可以與共同備課的夥伴分享自己想要解決的教學上的困難為何。例如，教學者在教學進行時總是無法有效掌握教學時間，以至於經常在下課前發現計畫要上的內容無法教完，這時，可以先行尋求同儕備課夥伴的協助，詢問可以如何有效解決。另外，請求夥伴們在觀課時特別針對此一焦點來進行教學觀察，課後議課討論時再給予回饋，如此一來，可以精確地就教學者本身的問題來進行討論與解決，有助於提升自身的教學成效。有別於以往由校方規劃、邀請的公開觀課進行方式，此舉教學者更為主動積極改善自己

的教學成效。

二、溝通互動：教學者及觀察者互動良好且友善回饋建議的
　　備觀議課

　　以往由學校安排的公開觀議課，依照學校公布的教師公開課時間來進行，沒有課務的老師自由選擇參加，只要達到每學年至少一次的公開課及觀議課要求即可。這樣的進行方式，老師參與觀課與議課的時間只有授課者教學的那一節課及課後的議課討論那一節課，總共大約兩節課的時間，在老師們每天忙碌的教學工作下，要能有效討論的確不容易。雖然說校方會提供給老師們觀課的觀察紀錄表，老師可以就表格上的欄位來進行觀察與書寫，或是觀課後再完成表格，但這樣的方式，老師必須分心在完成表格上，要能專注的進行教學觀察就顯得不容易。另外，在課前不知道授課老師主要的教學活動設計的想法及課堂教學目標以及想要解決的問題為何的情況之下進行議課討論，頂多只能就在課堂上所看到的實際情形來進行回饋分享，給予教學者建議，無法充分的給予教學者實質的建議及更深入的協助。

　　如能以充分「溝通互動」的方式來進行備課、觀課及議課，則可以授課者為中心來給予相關的協助，從備課開始，就教學前的準備、迷思概念的澄清、學生常見的學習問題等給予諮詢與經驗交流。教學時協助觀察學生的學習表現，以及留意授課者忽略、沒有注意到的細節，事先溝通將授課者想要觀課者幫助觀察的重點一一寫下來，教學者在教學時也可全心投入在教學呈現上，觀課者在觀察授課者教學時也可以更有方向，更能掌握觀課時要看的重點，如此一來，公開課的進行不會只是彼此完成自己任務的單方面進行，而是彼此有互動的互助歷程，可以幫助授課者了解自己在教學時的亮點，以及改善教學時未注意的細節。當然，協助觀課的老師也可以藉此思考自己的課堂是否也有此類似的情形，給予別人建議的同時，也同步修正自己的教學。

三、社會參與：教學者及觀察者彼此互為教學夥伴的備觀議課

公開課政策開始進行之後，筆者擔任學校教務主任工作，負責全校公開課業務，也因此得以走訪各班，有機會親自就進行公開課的每一位老師進行觀課。筆者觀察到一個普遍的現象，為了讓每位老師都有機會可以參與學校夥伴的公開課，所以身為業務單位的教務處於全校集會時會事先宣布本學年的公開課時間表，並鼓勵老師們可以參與觀課，互相學習成長。但實際來參與觀課的老師們通常都是以自己沒排課的時間為主來選擇觀課的夥伴，但是可能所觀察的課堂是與自己所教的年級不同，或是不同領域，雖說跨領域教學及混齡教學是目前重要的教育議題，透過不同科目交流互動可以學習不一樣的上課內容及上課方式，不同年段的老師互相觀課也可以知道各年齡層學生的學習發展，有助於課程設計的銜接，但總覺得少了那麼點教學者與觀課者的密切互動，還是有距離存在。

其中，令筆者印象深刻的，是一位中年級老師的公開課，當時來參與觀課的夥伴們是同學年的其他班級老師，他們為了給予彼此支持，特別事先調整課程，以利可以參與同學年夥伴們的公開課，所以該學年每位老師的公開課，同學年的老師們都到齊，也因為彼此熟稔，教學的科目與主題都相同，討論起來更為深入，且剛好可以解決彼此在課堂中所遇到的共同問題，在全校所有公開課中成效最佳。後來經筆者詢問，該學年老師們知道每位老師每學年都至少要辦理一次公開課，特別在學年會議中討論進行的方式，後來以教師專業學習社群的方式來進行每一次的備課討論，從暑假的學校備課日就開始討論準備，然後每一次的學年會議除討論學校所指定的議題之外，就是就每位老師的公開課來進行備課及焦點討論，也因為如此，才能在公開課及課後的議課時能更進一步的給予授課者建議，在解決夥伴們的問題及疑惑的同時，自己也改善了教學進行的方式，也發現了自己不曾發現的教學盲點。

　　這樣的同學年老師們的備觀議課形式就如同一個學習型組織，透過這樣的社群方式來進行，可以擴大參與的層面，也因為分工合作，整個學期的教學更省力，也更有效率。同學年的老師們就國語科責任分配，一個人負責一堂課，就同樣的教學內容用不一樣的授課方式來進行，有人分享將在公開課時進行國語科的分組合作學習的教學內容及方式，有人分享將在公開課時進行國語科的微型寫作教學如何呈現，另外也有老師分享如何進行國語習作的共同訂正教學如何進行，透過學習型組織的社群方式來辦理教師公開課及備觀議課，事先準備，夥伴們即如同一個學習社群，可以讓彼此都受惠、共好。

肆、以素養導向作為觀察焦點的TDO觀課進行方式

　　「自發、互動、共好」是新課綱素養導向教學的精神，目標在於讓學生在學習上能夠自動自發，與同儕互動，進而學習共好。授課教師主導的觀課進行方式，在觀課進行歷程的精神與之相同，希望教學者也能願意為了提升自己的教學成效，與觀課者互動，進而達到教學相長。

　　教學現場從十二年國教新課綱實行開始，要求教師每學年至少辦理一次的公開課，目的就是要提升教師教學專業，透過同儕共同備課，相互觀課、議課，達到提升教學成效。然而在教學現場制式化的公開課進行模式下，齊一的要求可以得到應有之成效，但成效有限。相對於目前正在進行的全校公開課進行模式，TDO 更能實質協助教師教學專業發展，主要是因為訴求教師主導，教師基於自身需求而主動為之，每次僅鎖定一個焦點問題，並對應思考資料蒐集方法或工具；而邀請前來的觀課教師，除考量勝任與否，更在觀課前會談告知課程脈絡、觀課焦點、資料蒐集方法，設計提供所需工具，並依循會談題綱嚴謹的討論（賴光真、張民杰，2019）。由於教學者在備課及教學的過程中，自己是最能知道教學準備重點及課程脈絡的人，如能以教學者為主來進行教學觀察及教學後的回饋會談，則更能幫助

教學者釐清教學脈絡，掌握觀課焦點，再由觀課者給予教學者友善回應及具有建設性的教學建議，則能達到讓教學者及觀察者彼此都有收穫、教學相長的效益。

第二節　TDO模式的公開授課實例

以下就筆者自身以 TDO 模式參與公開授課進行的方式來舉例，以南一版五上國語課〈做人做事做長久〉為例，就教學前的共同備課討論、教學時的觀課焦點觀察及教學後的議課回饋來進行說明，希冀藉由筆者的實際操作方式，可以作為現場教師進行公開課時的參考。

為了提升自身的語文教學能力，嘗試透過不同的教學方法來進行語文教學，筆者特別商請五年級學年老師一起備課，然後進行公開課，希望可以藉由夥伴們的討論與建議，在實際教學時獲得具建設性的建議，可以嘗試不同的語文教學方法，與夥伴們協力同行，教學相長，讓學生學習受益，因此特別加入五年級導師的國語科教學共同備課。我們採行的方式即如同教師專業社群，透過多次的備課討論及學年會議、領域會議共同研討一起備課，最後由夥伴們相互觀課來進行公開課。

壹、教學前的共同備課討論

雖說 TDO 模式不特別強調老師必須參與教學前的備課，但老師如能參與教學前的共同備課則更能了解授課教師課堂教學會怎麼進行，因此，在暑假期間已先告知五年級導師，筆者想要參與語文科教學共備，於是在開學前的備課日就進行了兩次的備課討論，每位老師分別分享自己過往的語文教學經驗及習慣的教學進行方式。其中有位老師提及曾經使用過心智圖教學法應用於課文理解上，學生反映普遍不錯，然而必須花更多的時間才有辦法完成課程，時間的掌握是那位

老師想要改善的地方。

另一位老師提到，一直以來都是使用同樣的版本，新學期挑戰選擇不同版本的教科書，希望可以讓自己的教學更新，有不一樣的教學嘗試。筆者則是分享素養導向的教學著重在將課堂所學應用於生活中，能讓學生在生活中學習，有效學習。恰巧筆者近來在研究作文教學，其中又以九宮格寫作思考法最有心得，於是就由筆者與夥伴們分享九宮格教學法，並舉例說明美國大聯盟的看板球星大谷翔平就是使用九宮格思考法來讓自己成為頂尖優秀選手，然後實際模擬微型演示教學，透過九宮格卡片帶領夥伴們進行第一課課文〈做人做事做長久〉的閱讀理解教學，透過實際的示範教學，引導夥伴們進行實際操作。夥伴們知道筆者的教學目標就是要讓學生快速地掌握課文重點，「態度」很重要，有良好的態度則可以有好的學習成果。

接著，讓夥伴們知道筆者怎麼進行課堂教學，筆者想知道這樣的教學方式，學生能否適應且是否可以完成筆者所設計的教學任務。經過充分的溝通與討論，實際演練一次後，夥伴老師們回應這樣的教學活動也可以在自己的班上嘗試使用，過程中我們充分討論有助於之後的實際教學觀課及焦點觀察。

貳、教學時的觀課焦點觀察

由於公開課前已經共同備課，且夥伴老師們都知道筆者想要使用九宮格思考法來指導學生進行課文重點摘要及關鍵字的尋找。開始上課前，筆者請夥伴老師們協助觀察是否每一位學生都能拿著九宮格任務卡完成課本關鍵語詞的尋找與書寫，然後與同學們交換分享自己所寫的答案。還有同學們是否能夠專注投入，因為教學者在進行教學設計時總是以自己過往經驗來進行設計，無法精確掌握學習者是否有足夠的能力完成學習任務。另外，老師的引導以及說明是否清楚，能否讓學生專注學習。有時候教學者太專注於自己的教學進度及內容，往往無法兼顧每一位學生的反應及學習進度，所以有必要請同儕觀課老

師給予協助，就這幾個焦點來進行觀察。

　　課堂開始進行時，觀課老師們一樣使用學校所發給的觀察表，但由於課前筆者事先充分的說明自己希望在公開課時夥伴們協助觀察的焦點，方便老師們在觀察時有所依循，也方便在觀課的同時進行重點記錄，以利後續議課時討論回饋。

　　在備課進行時的「微型教學」時，其中一班的老師就提及已經迫不及待想要觀看筆者的現場實際教學，這樣的回饋也讓筆者充滿信心。果不其然在實際教學時，同學們可以照著老師的引導與指令從課本中找到與良好「態度」相關的語詞，然後寫在九宮格任務卡上，接著老師引導學生在生活中自己可以有哪些良好的態度表現，也寫在另一張九宮格任務卡上。當學生都完成任務後，由老師引導學生分組討論，然後進行統整分享，由班上的幾位學生口頭分享自己的想法及在生活中可以落實的做法。課堂中同學們侃侃而談，都能夠將自己卡片上的內容說出來與大家分享。但也有幾位學生較為害羞，不習慣在眾人面前說話，不過在教學者的引導下，最後也都能順利的完成分享。

參、教學後的議課回饋與分享

　　由於筆者公開課後每位參與的老師都有課務，因此，筆者另外找了共同沒課的時間進行觀課後的回饋會談，由筆者先分享這堂課的教學心得。筆者覺得有事前的討論及演練，在實際教學時確實更順暢，在討論的引導部分也是得心應手，只是沒有考慮到不是每一位學生都能夠在講臺上侃侃而談，有些學生還是會因為害羞或是沒有經驗而無法立即完成老師交付的任務。

　　觀課的夥伴們分享了自己的觀課心得，大致都能依照課前討論時的觀課焦點來進行觀察心得分享，也能就觀課焦點具體地提出建議。其中有位老師提到將閱讀理解與口頭分享結合在一起的教學活動很不錯，筆者的課堂引導與示範也很清楚易懂，只是要讓學生上臺發表應該讓學生可以有更充裕的時間準備與討論，最好可以有機會在組間先

行練習，然後再上臺分享，如此一來，可以讓學生有更充分的準備，也讓學生可以順利完成老師所交付的任務。這樣的具體建議就筆者的認知而言是具有建設性的，也是有實質幫助的。後來的課堂活動進行時，筆者特別讓學生上臺分享前先在小組內進行模擬演練，並到各組給予建議，最後學生上臺時表現確實比上一堂課好許多。

另外一位老師提及，透過活動式的教學設計，有助於學生專注於課堂，且九宮格任務卡可以讓學生更有完成任務的責任感，所以整個課堂進行過程中學生都能高度專注。只是時間的掌握上應該要更確實，才能更有效率的完成整堂課的教學規劃。由於觀課夥伴老師的建議，也讓筆者在後來的教學進行時更注意時間的掌握，也會提醒學生每個活動的時間多少，更精準的掌握教學的節奏。

整體而言，同儕夥伴老師們對於這次的公開課給予很高的肯定，筆者自己也覺得相當受惠，原本都是自己進行教學準備，教學是否有效只能從課堂中學生的反應得知，至於比較細微的學生表現及態度方面，在短時間內真的無法立即察覺其中的細節。由於有夥伴們的協助觀察，並提出具體有效的建議，幫助筆者後續教學可以滾動修正，更為精進。

結語

就教師專業發展的真正落實而言，TDO 確實有其超越公開授課之處（賴光真、張民杰，2019）。TDO 較之目前老師們所進行的公開觀課而言，更符合目前素養導向教學的精神，老師自主行動，因為想要提升自己的教學成效，改善自己的既有教學問題，而想要行動尋求同儕夥伴教師的協助。另外，在備課及觀課方面，都能因為有社群夥伴可以溝通互動，在備課時更有信心及力量。最後在實際教學時，有夥伴的支持與給予建設性的回饋，得以破解教學盲點，發現更多以往沒有注意到的部分。以教師為主體的觀備議課較之齊頭式每人均要完成的公開課任務而言，更能從根基開始，讓老師願意協力同行，一

起精進，且能更加長久，對於教師教學專業生涯規劃與發展也有實質之效益，願意打從心裡接受同儕夥伴的建議，藉此讓自己的課程教學規劃與設計能力提升，聚焦教學的重點，就學生的學習需要及教學現場的動態改變進行持續修正，以達有效教學。

參考文獻

王勝忠（2019）。108課綱施行後教師公開授課的新取向。**臺灣教育評論月刊**，**8**(11)，178-183。

教育部（2014）。十二年國民基本教育課程綱要總綱，取自國家教育研究院。https://www.naer.edu.tw/files/15-1000-7944,c639-1.php?Lang=zh-tw

賴光真、張民杰（2019）。授課教師主導的教學觀察（TDO）與公開授課的分析比較。**臺灣教育評論月刊**，**8**(6)，73-80。

Kaufman, T. E., & Grimm, E. D. (2013). *The transparent teacher: Taking charge of your instruction with peer-collected classroom data.* San Francisco, CA: JohnWiley & Sons, Inc.

第六章

素養導向為觀察焦點的
TDO觀課實例：2

前言

面對新疫情的影響衝擊，許多突如其來的變化已成為社會常態，在此之際，學校教育不管就教學設計、課程發展、親師溝通等面向，也同樣受到極大影響。而學校身處快速變化的環境，教師如能應用公開授課的理念，將有助於自己對於環境適應與改進的能力（Collet & Keene, 2019）。職是之故，在教師專業發展已經扮演學校革新成功關鍵角色的前提之下，身處快速的變動環境，教師如能適切發揮公開授課的概念，追求個人持續專業成長，應當是為養成自己適應未來教育環境的重要能力。

第一節 ## 公開授課的演進意義與意涵

壹、公開授課的演進

我國的公開授課是由國內相關觀課做法的演進，也受到日本授業研究（Lesson study）的影響。其實授業研究本質即為一種教學的實踐，最早起源於日本的教育系統，倡導教師可以在課堂上進行協作的計畫、彼此觀察和分享結果（Kanellopoulou & Darra, 2019）。我國則在推動十二年國民教育政策下，也為提升教師專業對話及成長的契機，擬訂「國民中學與國民小學實施校長及教師公開授課參考原則」，規定每學年至少公開授課一次，得包括共同備課、接受教學觀察及專業回饋。可見，教師公開授課根本上包含共同備課、公開觀課以及共同議課等三個流程，也就是指教師在其平常授課的時段，邀請同儕針對自己的教學歷程，課前一同來討論教學者的困境，授課時再參與課堂觀察，課後也就觀察事實對話省思，其影響的成效經由實徵分析，已發現包含發展教學設計技能和能力，以應對虛擬環境中發生的挑戰（Huang, Lai, & Huang, 2021），以及有助於關注學生學習與

提供相互辯證的機會（Hervas & Medina, 2021）。教師公開授課不但已經成為國內外教師專業發展的趨勢，而且對於教學設計、專業對話及關注學習等方面皆有相當助益。

　　隨著教師公開授課成為教師專業發展重要思維的脈絡下，國際已開始倡導以授課教師主導的教學觀察（teacher-driven observation, TDO），作為教師參與公開授課的觀點。TDO 一詞主要由 Kaufman 與 Grimm（2013）在《透明的教師：透過同儕蒐集課堂資料精進教學》（*The transparent teacher: Taking charge of your instruction with peer-collected classroom data*）一書中所提倡，其重要背景認為，當教師為課堂上直接主導自己的專業發展，就可以擁有自我成長、效能與所有的工作滿意度。運用 TDO 技術，教師可以在自己的課堂當中發展專業學習。循此而論，Neuvonen（2017）研究發現，TDO 確實可以幫助教師反應出自己的教學經驗，促進教師的協作與建立正向積極的經驗。賴光真與張民杰（2019）也強調，TDO 更能實質協助教師教學專業發展，因為可以回應教師主導的需求，每次僅針對單一焦點，適切的選擇資料蒐集方法或工具。綜上所言，TDO 經由國外研究的提倡之後，也逐漸受到國內教育領域的關注，可以有效幫助教師參與公開授課，並成為教師進一步追求專業成長的有效途徑。

　　承上述，TDO 正因著重於教師在參與公開授課的不同歷程中，聚焦於特定的焦點，依此真實的回應授課教師的專業成長需求，所以具備促進教師反思、教師成長等應用價值。在此同時，國內在面對十二年國民教育政策推動之下，已經從能力本位轉化為素養本位，隨之而來素養導向教學即成為教學現場的核心議題。如同吳清山（2018）所言，素養導向教育為當前中、小學教育改革重要課題之一，現今已經朝向素養的學習架構，培養學生具備適應現在和未來社會所需的知識、能力和態度。具體而言，以素養為導向的教師共備觀議課，細節上即以關注學生核心素養之學習內容及學習表現為焦點，期望教師可以系統性的敘說把學生從不會教到會的歷程（劉世雄，

2018）。綜言之，順應 TDO 著重單一對話成長焦點的脈絡，素養導向教學的概念既以成為當前國內教育政策發展的主軸，理解及探究以素養導向為觀察焦點的公開授課，應深具其探究價值。

研究者環視國家圖書館學位論文及期刊索引系統，截至 2021 年 8 月底止，就 TDO 為篇名主題的相關研究，只有黃心瑜與王金國（2020）進行國小教師專業社群推行 TDO 公開授課之個案研究，以及 TDO 的概念闡述及分析比較（張民杰、賴光真，2019；賴光真、張民杰，2019）。可見以國內 TDO 為主題的研究仍屬開啟階段，特別以素養導向為焦點之議題更不多見。事實上，透過有效能的證據本位授業研究促進學生平等，不只已經成為世界授業研究學會 2020 年探究的主題（World Association of Lesson and Learning Studies, 2019），進一步如何從素養導向中獲取學生成長的證據，幫助教師找到公開授課的價值，更是教學現場重要的議題。整體來說，從 TDO 應用於公開授課的高度價值性著眼，並且以素養導向為觀察焦點來加以探討，一方面可以充實國內實徵研究及滿足教學現場的需求，另一方面也符應國際學術研究的潮流，同時授業研究也對應用導向的教師學習有積極作用（Vermunt, Vrikki, Warwick, Mercer, & van Halem, 2019）。所以，本文期望以實務應用的角度，探討以素養導向為觀察焦點之 TDO 教學實例，依此提出省思及建議，以作為未來學校推動教師公開授課的參考。

貳、公開授課的意義與內涵

公開授課一詞的界定，應與教學的本質息息相關。一般教學是指擁有特定知識、技能、態度等內容的人，有意把這些內容傳授給缺乏的人，為了達成這個目的而建立的互動關係（黃政傑，1997）。另一方面，教學也可稱為是一種教學者向學習者傳授特定知識、想法、事實、技能等相關資訊，以供學習者的學業和心理發展的過程（Briggs, 2019）。上述可知，教學可以泛稱為一種在教學者與學習者彼此之

間，爲了學習有關知識、技能與態度等內容，而產生互動的歷程。易言之，教學者、學習者以及有關知識、技能與態度的學習歷程，均屬於關鍵的概念。

　　循此而言，公開授課經由教師的協作、對話，並著重於教師專業的成長及學生學習的提升，實可稱爲從教學的本質概念一脈相承且深化發展（范熾文，2021）。如同 Willems（2019）所言，授業研究可以視爲一種強大的專業發展方法，會對教師的專業學習產生積極影響，教師的知識、技能、行爲與信念會有重大改善，授業研究會鼓勵教師追求專業成長，並反思自己的課堂實踐（Bayram & Canaran, 2019）。同時，觀課系統的目的在於理解與改進教學，最後要能夠持續發展（Bell, Dobbelaer, Klette, & Visscher, 2019）。可見教師公開授課是一種持續性的成長過程，而依據相關研究觀點（劉世雄，2017；顏國樑，2017；Ogegbo, Gaigher, & Salagaram, 2019），大致可以分爲共同備課、公開授課及共同議課等流程。依此可知，公開授課的核心意義乃依循教學的概念而來，對於教師的專業學習與反思皆有顯然的效益，同時進一步可以概分爲備課、觀課、議課等不同階段。

　　另外，進而就教師公開授課的備課、觀課、議課等各階段的核心內涵來說，第一以備課方面，備課是公開授課的重要起點，也是學教翻轉最重要的時刻（林文生，2019）。教師之間透過共同備課，可以在對話的過程中一起爲教學困境尋求適宜的教學策略。再就觀課方面，乃是指針對教師在課堂中的教學行爲，進行觀察與記錄，在觀課時也特別需要注意到觀課倫理（王金國，2015）。最後在議課方面，議課的目的是讓學校開展夥伴之間的合作，給予授課教師正向與具體的回饋，促進授課教師有反思和改善的方向，最終讓授課者與觀課者彼此都能教學相長（顏國樑，2017）。綜合上述，公開授課的內涵意指共同的備課、觀課及議課之間相互對應且各具重要原則，最終在於協助教師之間共同的專業成長。

參、TDO應用的多元價值

依據教師公開授課的意義與內涵，本文綜合相關文獻，發現如能結合 TDO 為應用概念，有其在教學需求、觀課焦點及事實對話等三面向的多元價值。分述如下。

一、教學需求方面

首先在教學需求方面，可以「回歸教師教學需求為主體」，教師在自己的課堂上主導專業的落實，化解專業的疏離感以及開放我們的教室，轉變為透明的教師（Kaufman & Grimm, 2013）。在主導的過程中不但可以減輕公開授課帶來負面評斷的壓力，而且在信任的氛圍中，亦可引導授課教師真實的反思教學所需改進之處。更重要的是，可以建立授課者與觀課者之間實踐性的交流，共同為學生學習與革新負起責任（Kusanagi, 2014）。

二、觀課焦點方面

再就觀課焦點方面，應用 TDO 為理念，將可以明確協助教師之間具有「一致性備、觀、議課的焦點」。誠如張民杰與賴光真（2019）所言，在 TDO 觀課前會談應說明觀課的焦點問題，在觀課時針對焦點問題進行觀察與資料蒐集，在觀課後回饋會談亦將根據觀課蒐集資料，省思與焦點問題之間的關聯，由此理解一致性的焦點問題，實為貫穿 TDO 備課、觀課、議課的共同主軸。張文權、盧家潔、劉家君、廖國文、姚清元（2019）就教學現場亦發現，建立友善的標準作業流程是面對教師公開授課困境的解決策略之一，也就是營造公開授課尊重、信任的實施程序。可見，如能圍繞於一致性的焦點問題，亦可建立公開授課明確依循的流程。

三、事實對話方面

第三以事實對話的觀點，教師在結合 TDO 參與公開授課時，所有的專業對話將「植基於事實性的回饋紀錄」，而非主觀評斷的回饋。在彼此對話的過程，建立在事實性的資料，舉凡時間、地點、行為、動作、語言等客觀性的資訊，將得以提升觀課者回饋的可信度，同時也有助於授課者更有效反思教學的作為。黃心瑜與王金國（2020）就認為，觀課後會談應聚焦於證據，透過推行 TDO 公開授課的觀察資料和教學改變，社群成員可以成為真正的夥伴，同時也較能讓公開授課呈現真實樣貌。可見，著重於事實性的回饋資料為基礎，對於專業對話的可信及有效程度，均可產生一定幫助。

肆、素養導向為觀察焦點之TDO意涵

在重視應用 TDO 於公開授課的背景中，可以理解一致性的問題焦點是為重要元素，而同時如果聚焦於素養導向，無疑更加彰顯素養導向教學的價值。實際上，素養概念及其相關的一切概念，對於教育各個層面都具有決定性的影響，因為代表身處不同情境，所能夠運用知識、能力和態度（Sarramona, 2007）。本文綜合相關文獻（王金國，2021；林永豐，2018；林佩璇、李俊湖，2019；范信賢，2016；詹惠雪、黃日鴻，2020），歸納發現「重視學習歷程與學習策略」、「重視情境與脈絡」、「整合知識、能力與態度」，以及「實踐力行」等四個面向，多屬素養導向教學之共同內涵。申言之，析論素養導向教學一詞，其意義可稱為以培養學生核心素養為主軸的教學模式，教師能夠扮演引導學生整合不同的知識、能力與態度的角色，在所營造情境脈絡化的學習環境中，學生可以運用學習策略，進而實踐成果展現出來。

從上所述，如果可以具體聚焦於素養導向教學的四個面向，作為教師觀察的一致性焦點問題，應是素養導向為觀察焦點之 TDO 核

心意義。舉例來說，在呼應公開授課教師對於素養導向教學的需求上，針對課堂當中學生可能就如何整合知識、能力與態度轉化爲策略性知識的問題，抑或是教師如何引導學生運用適切的學習策略、如何引導學生在情境脈絡裡學習、學生如何在學習任務上實踐力行呈現成果等不同問題，授課者與觀課者均可共同集思廣益，找尋適切的教學策略，提升自我的專業素養（Cajkler & Wood, 2016; Kaufman & Grimm, 2013）。基本上，在素養導向的教師公開授課時，教師應該引導學生整合核心知識成爲策略性知識，且於情境中應用出來，而分析學生的學習困境、了解學生的理解歷程、關照學生的學習需求等，皆屬素養導向教學之公開授課重要角度（劉世雄，2018，2020）。因此，爲呼應教師教學需求及學生學習困難等不同面向，由鉅觀的角度來看，教師主導選擇素養導向教學的四項共通內涵，作爲實行TDO的一致性焦點問題，應該可以歸類於素養導向爲觀察焦點之TDO內涵。另從微觀的角度思考，教師選擇關注學生在學習歷程中的學習內容與學習表現，或者理解其學習困境、學習目標的達成，亦屬重要內涵。

第二節　以素養導向爲觀察焦點的TDO實例與探究

依據素養導向爲觀察焦點的 TDO 意涵，本文選擇一所學校的跨領域教師專業學習社群爲個案[1]，此個案近年呼應十二年國民教育政策，致力透過公開授課的同儕觀察及專業對話，一起推動 DFC 校訂

---

[1] 此社群核心夥伴共包括八位教師，截至 110 學年度共運作 5 年時間，作者本身擔任此社群之召集人，均有參與備課、觀課與議課，且在社群的公開授課中倡導彼此的專業交流與情感支持。

課程[2]。換言之，本文介紹的TDO實例以個案學校之跨領域學習社群為基礎，任務年級與科目分別為七年級的校訂課程，教學單元為「當個地圖學家」。下列茲以共同備課、觀課及議課為脈絡[3]，依序說明。

壹、共同備課

在共同備課的內容，主要涵蓋課程脈絡、觀察焦點與相關配合事宜共三個面向，本文描述如下。

一、課程脈絡

首先在課程脈絡，授課教師選擇以DFC課程為主軸，此課程在個案學校被定位為跨領域本質的校訂課程，其整學期的課程地圖包含感受、想像、實踐與分享四階段。而本文所舉實例則位於感受階段，在此階段當中的一節課，教師設計以學生擔任地圖學家為情境脈絡，引導在先理解DFC的源由及感受階段的重要概念[4]之後，透過個人地圖觀察生活環境的方式，再進一步隨機分組成員及座位，討論地圖中相同及不同之處，並邀請各組同學發表，最後歸納全班想要改進之處。詳言之，此門課的學習目標，係依據綜-J-C1[5]的核心素養及相關學習內容與學習表現，參考雙向細目表的概念，發展為「學生能分享哭點[6]的內容，並能專心聆聽相同與不同之處，最後投票找出想要改進的哭點」。此外，其學習策略則採用分組合作學習，鼓勵學生透過

2　DFC為起源於印度發起的學習活動，意指Design for change，共含感受、想像、實踐、分享四步驟。要言之，係指引導學生感受身邊問題，再想像解決方案後加以實踐，最後予以省思、分享的過程。

3　本文雖以觀察焦點為主軸，但為協助讀者能夠理解整體TDO運作概況，仍一併呈現備課及議課的內容。

4　此部分係指學生在進行本文實例公開授課之前的先備知識及經驗。

5　綜-J-C1探索人與環境的關係，規劃服務學習，落實公民關懷的行動價值。

6　此處所指的哭點，係指在感受階段所引導學生觀察生活周邊所需改善之處。

學習單，引導小組討論並思考地圖中想要改進的地方[7]，而評量方式包含學習單實作評量及口頭回答[8]，具體包括學生能寫出地圖中笑點與哭點的內容；學生能專心聆聽別人分享共同與不同之處；學生能投票找到想要改進的哭點或笑點。

二、觀察焦點

因為在共同備課及說課的過程中，授課教師先說明本節課是以上次寒假時社群夥伴共備的教案為基礎，進一步結合班上的學生特性來完成教學設計。而進入觀察焦點的討論時，授課教師也提到因為自己是社會科老師，對於 DFC 這一種傾向活動性的課程較為陌生，而這一次更希望能夠符合素養導向教學的理念，所以對於身處「我是地圖學家」的學習情境，不同組別、性別、區域學生與教師互動的學習歷程不知道是否良好，同時授課教師過去也曾運用分組合作學習的策略在社會科教學，而此次應用於這一次的 DFC 公開授課，擔心是否能夠幫助學生達成學習目標。因此，順應授課教師所提出的公開課需求與學生學習困境，授課教師思考可否應用抄錄法、計算法與追蹤法，並以「語言流動量化分析表」、「教師專業發展規準觀察紀錄表」[9]作為觀課的工具，前者著重的師生語言互動，近似素養導向觀察焦點中微觀的學習表現，也就是在學習情境下的表現；相較之下，後者強調的分組合作學習則呼應較為鉅觀的學習策略。而觀課時不會影響學生的學習，更不會涉入教師教學，此種觀課工具，分別有助於分析蒐集師生在課堂互動及分組討論的情形。

7　此部分係指學生參與本文實例公開授課所運用的學習策略。

8　此部分係指教師進行本文實例公開授課所採行的評量方法。

9　此部分經由共備討論，同意以指標「A-2 掌握教材內容，實施教學活動，促進學生學習、A-3 運用適切教學策略與溝通技巧，幫助學生學習」為主要觀課的參考依據。

三、相關配合事宜

同時，觀課教師們也說明，將先調查好學生的分組座位及座號，盡可能記錄師生之間語言流動的情形。最後課程相關配合事宜，授課教師考量以不影響學生為原則，觀課教師皆位在教室後面，並定位為完全觀課人員，只能拍照，不得干擾學生分組討論，且同時約定後續觀課、議課的時間與地點。

貳、公開觀課

順應共同備課時教師所提出的需求，即確定以師生互動及分組合作學習情形為觀察焦點，以下茲分述兩種不同焦點、觀課工具之分析內容與結果。

一、師生互動的觀察焦點記錄

就師生互動方面，則以「語言流動量化分析表」為觀察工具，在學習歷程當中，發現教師對不同性別學生的語言流動次數相同（各約占 23 人次）；而在學生座位方面，教師與後方學生的語言流動次數較多（約占 33 人次）；另就發起對象方面，教師發起的語言流動次數相較於學生發起次數略多（約占 26 人次）；學生組別也發現到教師與兩側組別的學生語言流動次數較多（各約占 12 人次），如表 6-1 所示。整體師生語言流動共計有 46 次，其中 9 次師生無法有效流動，約占 19%。然而尚需考量教師統一問、學生搶答的情形，因此，師生流動尚屬於流暢的程度，有效語言流動比率約為 81%。

表 6-1 語言流動量化分析摘要表

教學單元：＿＿當個地圖學家＿＿；本次教學為第＿**1**＿節

一、「教師對學生」語言流動—觀察統計			二、內容分析
☑1. 學生性別	☑ 男	（23）人次／節	☑1. 語言流動的性別人數差異度不高 　　分析：不同性別的語言流動 　　　　　次數相同
	☑ 女	（23）人次／節	☐2. 語言流動的性別人數有特別喜好 　　分析：＿＿＿＿＿＿ ☐3. 其他 　　分析：＿＿＿＿＿＿
☑2. 學生座位	☐ 前方	（13）人次／節	☐1. 語言流動與學生座位差異度不高 　　分析：＿＿＿＿＿＿ ☑2. 語言流動與學生座位有特別關聯性 　　☐(1) 偏重前方座位的學生 　　☐(2) 偏重中間座位的學生 　　☑(3) 偏重後方座位的學生 　　分析：後方的語言流動次數較多
	☐ 中間	（　）人次／節	
	☑ 後方	（33）人次／節	☐3. 其他 　　分析：＿＿＿＿＿＿
☑3. 發起對象	☑ 教師發起	（26）人次／節	語言流動發起對象分析 ☑1. 教師發起的次數較多 ☐2. 學生發起的次數較多 ☐3. 教師或學生發起的次數無明顯差異 　　分析：教師發起的語言流動 　　　　　次數略多
	☐ 學生發起	（20）人次／節	

	☐ 第 1 組	（3）人次／節	☐1. 語言流動與學生組別差異度不高 分析：_____
	☐ 第 2 組	（6）人次／節	
	☐ 第 3 組	（4）人次／節	☑2. 語言流動與學生組別有特別關聯性
	☑ 第 4 組	（12）人次／節	☐(1) 偏重中間組別的學生 ☑(2) 偏重兩側組別的學生
☑4. 學生組別	☐ 第 5 組	（9）人次／節	分析：兩側組別語言流動次數較多
	☑ 第 6 組	（12）人次／節	☐3. 其他 分析：_____

資料來源：研究者歸納整理。

二、分組合作學習觀察焦點記錄

另依據分組合作學習情形，先做記錄之後（摘錄部分紀錄如表6-2），再對應「教師專業發展規準觀察紀錄表」，在學生合作討論當中，教師巧妙地將「動物森友會」的議題化為「熊貓生有繪」的課程主軸，成為有趣的議題發想，來喚起學生的動機。首先分享個人繪製地圖，來連結前幾節所提到於 DFC 感受階段所完成的學習單內容（包含對環境所滿意的笑點與不滿意的哭點），以維持學習動機。此外，教師藉由簡報的內容，再請同組的同學相互討論，找出地圖中的相同或不同之處。此時，各組多能相互表達想法並提出認同的原因[10]。雖有兩組因秩序不佳而未有結果，但老師在教室走動並適時介入，提醒同學討論規範。接著，授課教師提醒同學們合作學習時應具備專心聆聽的態度，並請各組同學發表各組所認同的共同哭點與相異

---

10 此部分代表已部分達成「學生能分享哭點的內容」的學習目標。

表 6-2 > 觀課摘要紀錄參考資料

	DFC 觀課紀錄；班級：7 年○班 授課教師：○○○；觀課教師：○○○		
主題	集合啦！ 熊貓生有繪	分組	分 6 組
授課內容 與流程紀錄	任務說明： 一、分享個人繪製地圖： 1. 說明哭／笑；2. 音量／語速；3. 聆聽／鼓勵 學生分享：其他同學鼓掌回饋 （未分享組別：老師指定，未加分） 即使聲音小，老師仍予以鼓勵	Think： 好樸實 好平靜 好穩定	
	二、找出圖中相同或不同之處： 1. 順序發言、專心聆聽 2. 異同：地點／感受 3. 先發言者可記錄並統整 老師說明，示範長短鈴聲 學生討論，老師巡組，並加以說明解答疑惑。 學生討論秩序佳，聲量適中，教室秩序控管得宜。 老師以鈴聲提醒同學。 小組發表：相同與相異點 1. 針對地點分辨；2. 針對感受 老師針對發表，做簡要的說明、結論。		
	三、選出組內想改變的哭點： 1. 個人先找出最想改變的點 2. 輪流說出想改變的哭點 3. 討論或投票選出哭點 小組討論，老師巡組並指導，了解結果。 （部分小組舉手投票表決） 發表：操場換 PU 跑道／營養午餐剩太多／體育館通 　　　風／廁所很臭／更衣間沒蓮蓬頭／導師辦公室 　　　反省		

點，再列出六點之後請全班投票決定[11]。最後，授課教師歸納本節課同學所投票共同的哭點及原因，並強調專心聆聽為合作學習的重要性，再預告下一階段將進入 DFC「我是小記者」主題，共同學習擔任記者的訪談技巧，同樣以專心聆聽的觀點來學習感受階段的不同原則。

參、共同議課

本文實例就共同議課方面，依據備課及觀課所關注的師生互動與分組合作學習為焦點問題，進而參酌聚焦思考法的事實、反應、詮釋及行動（Object, Reflective, Interpretive and Decisional, ORID）四個角度來綜合分析。ORID 係指事實證據、反應連結、詮釋收穫與行動策略的概念，可以逐漸拉高與掘深討論的層次（陳珮英，2018）。茲分析說明如下。

一、事實證據

首先在事實方面，經由語言流動量化分析在情境中的師生互動情形後發現，不同性別學生與教師之間的語言流動平均，在座位分類上，後方的語言流動次數較多，語言流動發起對象以教師居多，而語言流動與兩側學生的組別有特別關聯性，整體有效師生語言流動流暢，有效語言流動比率高於八成。而參酌教師專業發展規準，觀察分組合作學習情境後也發現，授課教師會運用時事議題來引起學生的學習動機，並結合既有的生活經驗來維持學習專注力，同時在學習情境中也有清楚運用分組合作學習策略，包含先分組分工、分組討論共同哭點、不同組間的分享對話，到最後各組的觀點歸納。綜合兩種觀察工具，也發現到分組合作討論時不能有效歸納的兩組，正好是語言流

---

11 此部分代表已達成「並能專心聆聽相同與不同之處，最後投票找出想要改進的哭點」的學習目標。

動比率較低的組別區域。

二、反應連結

在反應方面觀察不同性別、座位、對象與組別的語言流動，可以有效回應原先教師關注在「我是地圖學家」情境及師生互動學習的歷程中，不同背景學生與老師語言互動的焦點，同時依據教師專業規準中課程與教學的層面指標，也有助於理解到學生在分組合作學習歷程中，是否達成學習目標的概況。

三、詮釋收穫

在此部分授課教師則先提到自己的收穫，包含在「我是地圖學家」的師生互動學習情境中，沒有特別注意到會較為偏向後排、兩側座位的學生，也沒有想到學生在踴躍發言的情形下，會忽略一些學生，所以，授課教師在未來教學的啟發，認為可以建立「輪流發言的機制」作為學生學習表現的方式，例如先讓學生討論，再依教師的規定來發言，一方面可以避免學生踴躍發言受忽略的情形，另一方面也可以確保低成就學生的發言機會。同時，授課教師也反思後提到，未來分組合作學習的「參與態度」極待倡導，包含專注、傾聽、掌握時間、主動分享等，才能培養學生未來在 DFC 的實踐階段，可以在分組中有效的整合知識、能力與態度，來完成表現任務。在此同時，觀課教師也自我反思後，表達從備課、觀課到議課的過程，深刻體會到「客觀」及「多元」觀課資訊的重要性，量化可以有數據呈現，質性可以有行為發生的時間點證明，以及同儕紀錄佐證，更深入分析核心素養中的學習內容與學習表現。緣此，未來進行素養導向為焦點的公開授課時，應善用不同工具及人員，有助於更細緻地就素養導向教學的各個環節，蒐集教學事實與紀錄，獲得反思與成長。

四、行動策略

就下次授課擬採用的策略，因為授課及觀課教師都是屬於 DFC 教學社群夥伴，接下來都會遇到相近的課程內容，同樣在情境中合作學習時，宜特別留意過於偏重特定組別學生，以及有部分學生發言未受到回應的現象。依此教學事實，議課後思考可以參考「拼圖法」的策略，來觀察「學生的專注力」，也就是在預擬下一節要實行「訪談原則」的授課單元時，課前老師先訓練小組長，上課時同樣先異質分組，再指派學生學習不同訪談原則，接著到各訪談原則中的組別學習，最後回到各組來指導學習。上述做法，一來可以擴展學生全面參與專注的程度，讓每一位學生都有發表學習的機會；二來也協助學生熟悉對於分組合作學習策略的規範，也就是培養如何讓學習內容「表現」出來的素養，以作為後續課程在實務情境中整合知識、能力與態度的基礎。整體來說，教師在 TDO 共同議課時可以說是扮演「客觀交流者」與「反思成長者」的角色，客觀呈現觀課中的紀錄證據作為議課的基礎，進而著重彼此反思之處，以追求共好的專業成長！

第三節　以素養導向為觀察焦點的TDO省思與建議

本文分析實例中共同備課、公開授課以及共同議課的內涵之後，歸納計有 TDO 運用彈性、素養導向教學、教師專業學習社群與未來研究實務應用等四個層面的省思與建議，如下所述。

壹、在TDO運用彈性方面，發現許多環節的滾動性，建議教師可以靈活運用不同的環節

環視本文所列之 TDO 教學實例，發現一致性的觀察焦點確實有

益於觀課教師及授課教師彼此的同儕對話，藉由師生互動與分組合作學習的焦點，一同反思在情境對話及分組合作學習之中，不知不覺容易忽略的面向，同時經由不同觀課工具亦有益於探究共同的教學事實問題。然而依實例發現，其下一階段將運用不同的學習策略與觀察焦點，可見備課及議課中各個面向有其循環性，也就是說，在教學現場，此位授課教師已先在下一次的公開課確立觀課焦點方向。建議未來教師可以視 TDO 不同學習階段的教師需求，適時滾動備課中的課程脈絡與觀課焦點，抑或是議課時 ORID 順序性，以符合教師的專業成長需求。詳言之，共備的教學現場應視實際課程的脈絡進行，亦可依循之前公開課的共識，下一次先確定觀課焦點，再進行課程脈絡的討論，或者也可以在 ORID 議課時，先討論共同的詮釋收穫，再以觀察事實佐證。

貳、就素養導向觀察方面，看到循序漸進的可能性，建議教師可以主導逐步選擇單一焦點

依據本文所歸納的素養導向 TDO 意涵，在解決教師教學需求及學生學習困難前提下，教師可以主導選擇鉅觀的素養導向教學四個共通面向，而其實際涵蓋的面向廣泛深入，就其單一課堂的觀察，自然不易全面達成，因此，本文實例觀察焦點僅聚焦於師生互動及分組合作學習，後續課程可以再透過表現任務，呈現整合知識、能力與態度，以及實踐力行作為。可知，建議未來教師在參與以素養導向為觀察焦點的 TDO 時，先確立素養導向教學不同面向的共識，再循序推動。換言之，單一節課依據授課教師需求與教學單元定位，先選擇一個觀察焦點，後續課程再以不同面向為觀察焦點。此外，更細緻關注學習歷程中的學習內容與學習表現，意即探究學生學習的歷程，也是值得思考的方向，如同案例中教師反思以輪流發言機制作為下一堂課學生的學習表現方式，亦更有助於後續學習。

參、以教師學習社群方面，理解相輔相成的關聯性，建議教師可以透過社群作為支持力量

　　根據教學實例中看到，TDO公開課的備課乃是從教師社群寒假共備的教學規劃開始，再從議課內容也發現，後續學習策略的精進，也是本於教師社群彼此有共同的教學需求出發，特別以校訂課程而言，皆為每一位教師所初步嘗試的創新素養導向課程，更需要經由社群夥伴一同協作而成。由此可知，教師社群協作的落實乃是支持素養導向觀察焦點TDO的重要基礎。所以，建議將來學校應將教師專業學習社群與素養導向為觀察焦點的TDO兩者之間，視為相輔相成的關係，以素養導向為觀察焦點的TDO可以成為提升教師專業學習社群成長的動力，而相對透過教師專業學習社群的協作，應該是為教師公開授課可否促進教學精進的關鍵環節，教師應以社群作為公開觀課的支持力量。

肆、於未來研究實務應用方面，延伸量表建構的發展性，建議教師依此分析校內觀課困境

　　依照本文所歸納TDO具備教學需求、觀課焦點及事實對話等價值的概念思考，正與素養導向為觀察焦點的TDO實例對應，例如，回應教師的教學需求看到逐步選擇單一素養導向觀察焦點的可行性；在一致性的觀課焦點發現有助教學成長；經由不同工具的事實性記錄，探尋教學的忽略之處。是以，建議未來教育研究應用方面，可以奠基於此教學實例與文獻的對應結果，進一步運用德懷術或焦點團體座談發展TDO衡量指標，再透過量化統計分析，建構具信度與效度的測驗量表，即可深入分析教師在參與TDO的整體概況及差異情形。同時，教師也可累積校內運用經驗，建構校本的觀課運作指標，再進行校內問卷調查分析，了解植基於校本文化上的觀課困境，依此構思解決策略。

結語

　　目前教師身處訊息多元及文化改變的時代，運用公開授課來化解疏離及突破教學困境，儼然成為未來可行的途徑之一。而 TDO 強調回歸教師需求為主體，經由事實性的專業對話為平台，在一致性的焦點問題互動中共同成長，足見在教師情感的尊重面或認知、技能的專業面都予以兼顧。另以素養導向教學已成為國內教育政策核心趨勢下，更需要教師進而融合公開授課的理念加以推動。依此而論，本文就以探究 TDO 為教師公開授課模式為主要背景，並朝向以素養導向為觀察焦點，分述其主要概念及教學實例，最後提出相關反思與具體建議，期盼可以作為將來素養導向教學及教師公開授課的參考。

參考文獻

王金國（2015）。觀課倫理～觀課時應重視的議題。**臺灣教育評論月刊**，**4**(6)，187-190。

王金國（2021）。素養導向教學設計的問題分析與建議。**臺灣教育評論月刊**，**10**(1)，186-192。

吳清山（2018）。素養導向教師教育內涵建構及實踐之研究。**教育科學研究期刊**，**63**(4)，261-293。

林文生（2019）。從公開授課的實踐論教師必備的備課觀課議課素養。**臺灣教育評論月刊**，**8**(10)，37-43。

林永豐（2018）。素養導向教學設計的要領。載於周淑卿、吳璧純、林永豐、張景媛、陳美如（主編），**素養導向教學設計參考手冊**（頁1-4）。臺北市：教育部。

林佩璇、李俊湖（2019）。發展深度學習的素養導向教學。載於林永豐（主編），**邁向素養導向的課程教學改革**（頁33-50）。臺北市：五南。

范信賢（2016）。核心素養與十二年國民基本教育課程綱要：導讀《國民核心素養：十二年國教課程改革的DNA》。**教育脈動**，**5**，1-7。

范熾文（2021）。**國民中小學教師公開授課效能之研究：概念發展、量表建構與實踐運用**。科技部補助專題研究計畫成果報告。

張文權、盧家潔、劉家君、廖國文、姚清元（2019）。國中教師共備觀議課困境與策略之案例分析。**學校行政**，**121**，141-156。

張民杰、賴光真（2019）。從教室內把大門打開：授課教師主導的教學觀察（TDO）。**臺灣教育評論月刊**，**8**(7)，102-106。

陳珮英（2018）。跨領域素養導向課程設計工作坊之構思與實踐。**課程研究**，**13**(2)，21-42。

黃心瑜、王金國（2020）。國小教師專業社群推行授課教師主觀教學觀察（TDO）公開授課之個案研究。**學校行政，120**，93-114。

黃政傑（1997）。教學的意義與模式。載於黃政傑（主編），**教學原理**（頁1-26）。臺北市：師大書苑。

詹惠雪、黃日鴻（2020）。教師對素養導向課程設計的理解與實踐反思。**課程與教學，23**(3)，29-58。

劉世雄（2017）。臺灣國中教師對共同備課、公開觀課與集體議課的實施目的、關注內容以及專業成長知覺之研究。**當代教育研究，25**(2)，43-76。

劉世雄（2018）。**素養導向的教師共備觀議課**。臺北市：五南。

劉世雄（2020）。**素養導向的教學實務：教師共備觀議課的深度對話**。臺北市：五南。

賴光真、張民杰（2019）。授課教師主導的教學觀察（TDO）與公開授課的分析比較。**臺灣教育評論月刊，8**(6)，73-80。

顏國樑（2017）。國民中小學教師實施公開授課的做法、困境及因應策略。**新竹縣教育研究集刊，17**，1-18。

Bayram, I., & Canaran, Ö. (2019). An investigation of Turkish novice EFL teachers' perceptions of lesson study. *International Journal of Curriculum and Instruction, 11*(1), 172-189.

Bell, C. A., Dobbelaer, M. J., Klette, K., & Visscher, A. (2019). Qualities of classroom observation systems. *School Effectiveness and School Improvement, 30*(1), 3-29.

Briggs, B. P. (2019). Teaching methods as correlate of student performance in business studies in selected public secondary schools in Port Harcourt. *International Journal of Innovative Social & Science Education Research, 7*(2), 1-12.

Cajkler, W., & Wood, P. (2016). Adapting 'lesson study' to investigate classroom pedagogy in initial teacher education: what student-teachers think. *Cambridge Journal of Education, 46*(1), 1-18.

Collet, V. S., & Keene, E. O. (2019). *Collaborative lesson study: ReVisioning teacher professional development*. New York, NY: Teachers College Press.

Hervas, G., & Medina, J. L. (2021). Learning and developing during lesson study through professional conversations. *International Journal for Academic Development*, 1-15.

Huang, X., Lai, M. Y., & Huang, R. (2021). Teachers' learning through an online lesson study: An analysis from the expansive learning perspective. *International Journal for Lesson & Learning Studies, 10*(2), 202-216.

Kanellopoulou, E.-M., & Darra, M. (2019). The implementation of the lesson study in basic teacher education: A research review. *Higher Education Studies, 9*(3), 65-78.

Kaufman, T. E., & Grimm, E. D. (2013). *The transparent teacher: Taking charge of your instruction with peer-collected classroom data*. San Francisco, CA: John Wiley & Sons.

Kusanagi, K. N. (2014). The bureaucratising of lesson study: A Javanese vase. *Mathematics Teacher Education and Development, 16*(1), 1-17.

Neuvonen, K. (2017). *Experiences on peer observation: How do class teachers and subject teachers experience visiting a colleague's lesson in a Waldorf school?* (Master), Rudolf Steiner University College. Retrieved from https://steinerhoyskolen.wordpress.cshosted.no/wp-content/uploads/sites/16/2017/10/Kirsi-Neuvonen-Experiences-on-peer-observation-How-do-class-teachers-and-subject-teachers-experience-visiting-acolleague%E2%80%99s-lesson-in-a-Waldorf-school.pdf

Ogegbo, A. A., Gaigher, E., & Salagaram, T. (2019). Benefits and challenges of lesson study: A case of teaching physical sciences in South Africa. *South African Journal of Education, 39*(1), 1-9.

Sarramona, J. (2007). Las competencias profesionales del profesorado de secundaria. *The Professional Competences of Secondary School Teachers, 12*, 31-40.

Vermunt, J. D., Vrikki, M., Warwick, P., Mercer, N., & van Halem, N. (2019). The impact of lesson study professional development on the quality of teacher learning. *Teaching & Teacher Education, 81*, 61-73.

Willems, I. (2019). Lesson Study effectiveness for teachers' professional learning: A best evidence synthesis. *International Journal for Lesson and Learning Studies, 8*(4), 257-271.

World Association of Lesson and Learning Studies. (2019). World Association of Lesson and Learning Studies Annual Report 2019. Retrieved from https://drive.google.com/file/d/1JCQZ0F3Gq6YsF42vWfR-TUu3wiEUhHTi/view

第七章

素養導向為觀察焦點的
TDO觀課實例：3

第一節　生活課程的TDO觀課

　　生活課程是以主題統整教學模式規劃課程，重視以學生為學習的主體，培養自主思考，不以學科知識系統分割兒童的生活經驗，希望透過教師引導與協助，讓學童在脈絡化的課程探究中進行學習，將所習得的素養與能力遷移，在生活中實踐應用。因此，生活課程教師在學童學習時，經常扮演引導者與促進者的角色，學生是自主的或是被培養成為自主的學習者，教師在學習歷程會透過教學或多元評量策略或方式，關注學生學習狀況，蒐集學生學習證據，進而提供適切鷹架以協助學生減少學習落差，並給予學生適切的鼓勵與回饋，促進學習目標達成，提升學習成效。整體而言，生活課程素養教學模式可參見圖 7-1（摘錄自生活課程課程手冊）。

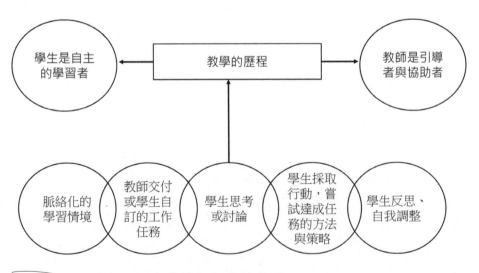

圖 7-1　「生活課程」素養導向教學模式圖

　　資料來源：國家教育研究院（吳璧純）（2018）。十二年國民基本教育國民小學生活課程課程綱要課程手冊，p.53，國家教育研究院。

　　由於關注生活課程素養教學的課室，教師如何透過提問或評量工具，引發與促進學生探究的問題意識，透過學習策略提升學生主動參與投入學習，是攸關素養教學推展的關鍵要素，因此也將此作為本年度社群共備增能與課程研討的目標。

　　首先，我們研讀概念為本的探究策略專書，透過課程共備後選用「四角辯論策略」融入教學活動設計，藉以觀察教師運用四角辯論的策略，對於學生參與和投入學習實質的效益，同時亦關注教師在課室中所進行的提問與引導，對於促進學習的成效。因此，我們將策略共備後的課程實際在課堂教學，並透過兩位共備的社群夥伴協助觀課，搭配由我們共同討論而設計符合我們這次觀看焦點的觀察記錄工具，進行課室學習證據的資料蒐集。最後，藉由觀課後進行一場彼此信任且真誠的議課對話，關注課堂中所記錄蒐集的客觀事實資料，分析學生課室中實際的學習表現，理解課室運用教學策略與引導提問對學習提升的實質效益，也作為彼此未來進行素養課程教學時，可學習與調整的方向。

壹、課程自備與共備思考

一、主題設計理念

　　秉持著生活課程素養教學的精神與設計原則，教學者規劃本次主題課程時，先思考著如何將「減塑」這個與孩子生活息息相關的學習主題，透過學習探究的歷程，讓環保意識從小扎根，對於主題課程先勾勒初步的課程想法。接著與社群夥伴共備對話，規劃讓學生有感的課程，並能主動涉入這個主題，引發對減塑議題的好奇與關注，運用策略讓孩子就不同觀點提出想法，覺察塑膠製品對於生活的正、負面影響，進而深入探詢一次性塑膠產生的影響與危害。最後研討如何減少使用一次性塑膠與減少危害的對話，共創蒐集與分享一次性塑膠減少與再利用的妙方，檢視如何從自己生活中實踐應用所學採取行動，

並能將學習歷程所學、所知、所感，覺察減塑的重要性，進而希望跟更多身邊的人推廣，因此進行宣傳海報製作與行動任務，最後也不忘在自己的生活中落實減塑行動，希望透過本課程活動學習歷程，讓孩子覺察與覺知減塑的意義與重要性，涵養對環境保護的情懷，並能在真實生活中實踐應用。

二、主題核心素養與主題軸

(一) 生活課程核心素養

生活 -E-C1：覺察自己、他人和環境的關係，體會生活禮儀與團體規範的意義，學習尊重他人、愛護生活環境及關懷生命，並於生活中實踐。同時能省思自己在團體中所應扮演的角色，在能力所及或與他人合作的情況下，為改善事情而努力或採取改進行動。

生活 -E-A1：透過自己與外界的連結，產生自我感知並能對自己有正向的看法，進而愛惜自己。同時透過對生活事物的探索與探究，體會與感受學習的樂趣，並能主動發現問題及解決問題，持續學習。

生活 -E-A2：學習各種探究人、事、物的方法並理解探究後所獲得的道理，增進系統思考與解決問題的能力。

(二) 生活課程主題軸

1.探究事理：藉由各種媒介，探索人、事、物的特性與關係；學習各種探究人、事、物的方法，並理解探究後所獲得的道理。

2.樂於學習：對生活事物充滿好奇與喜好探究之心，體會與感受學習的樂趣，並能主動發現問題及解決問題，持續學習。

三、主題核心概念與探究脈絡簡圖

(一) 主題核心概念

一次性塑膠、視角、矛盾衝突、減塑、選擇。

(二) 主題探究脈絡簡圖

本主題課程「減塑行不行」共 20 節課，分為三個單元，圖 7-2 僅呈現各單元中主要引領學生探究的脈絡核心提問，引發學生有感並主動涉入學習，並透過探索、體驗、合作與蒐集資料等歷程，習得與覺知減塑對自己與環境的關聯，將所知所感透過在家與在校宣導的實踐行動，實際展現學習內化的涵養。

單元一：塑膠生活停看聽
・多使用塑膠會比較幸福嗎？
・塑膠在生活中的應用與帶來哪些影響？
(6節)

單元二：減塑小偵探
・如何知道什麼是一次性塑膠？
・一次性塑膠對誰產生影響？
・如何兼具塑膠帶來的便利性與一次性塑膠的危害？
(6節)

單元三：減塑行動家
・生活中有哪些減塑與再利用的妙方？
・減塑與再利用如何從自身做起，也讓更多人知道？
(8節)

圖 7-2　「減塑行不行」主題課程脈絡簡圖

四、本次素養教學公開課關注內涵

本次課程期待涵養主題素養目標的學習歷程，學生不是被動的接收教師所灌輸的知識或網路上眾多的資訊，期待透過教師提問與引導，讓學生從真實生活經驗觀察、探索、發現問題、思考與解決問題、實作與共學合作等歷程，由內而外、由淺到深的進行探究學習，並能學習如何歸納所學加以累加深化，建立減塑的環保意識，展現實踐應用的行動力。

由此可知，生活課程素養學習的課室，如何導向素養學習目標，有賴於老師課堂上的引導提問，促進學生主動思考與提取想法。同時，老師也會透過學習評量或策略活動等方式，時時關注學生學習狀況並給予回饋，蒐集學生學習的證據，以期能在學習歷程中滾動式調整教學活動以促進學生學習，提升學習品質，這也是本次公開授課期待展現素養導向教與學的樣貌，落實在課堂的課室風景。

五、邀請觀察者

本次關注內涵在於蒐集關於生活課程素養教學課室實施情形，因此，授課者邀請兩位校內生活課程社群共備夥伴，協助擔任本次觀課教師，兩位均為二年級導師，其中一位觀察者即為授課班級導師，希望藉由不同觀察者記錄、蒐集更多關於本節素養課程學習的客觀事實證據，作為後續回饋與專業對話的資料。

貳、生活課程素養教學公開授課之三部曲

一、實施公開授課之首部曲——觀察前會談

授課者依據觀察前會談紀錄表各項目，與兩位觀察夥伴進行說明與討論，詳見表 7-1 觀察前會談紀錄表內容。以下僅就觀察焦點與觀察工具選取的思考，提出說明。

(一)觀察焦點確認

依據授課者所關注內涵，提出關於在本次觀課所關注的兩項觀課焦點：(1) 老師在課堂的提問、引導與回饋，是否能促進學生參與討論、思考與學習；(2) 學生參與並投入課室學習的情形。

(二)觀察工具選取

確認觀課焦點後，授課者與觀課教師研議如何選擇適宜的觀察工

具，蒐集與觀課焦點相關的課堂事實資料。我們一同翻閱了教育部教師專業發展實踐方案所提供觀察工具參考來源內容，參酌後擷取了某些觀察工具內指標的想法，並依據授課者的焦點，還有過去社群實施公開觀課操作觀察工具的實作經驗，自行設計符合本次素養教學觀課工具表單。經過觀課前共備討論，首先我們取用軼事紀錄表時間軸敘事的精神，但考量時間不是重點，而是關注課堂各活動中教與學的互動，因此將時間軸欄位調整為該節課學習歷程活動，並與授課者對話討論後，提出 (1) 老師在課堂的提問、引導與回饋，是否能促進學生參與討論、探究思考與學習；(2) 學生願意參與並投入課室學習的情形，作為本次觀課之觀察焦點。

接著針對上述兩項觀察焦點，研討出符合我們的觀察指標項目與紀錄內容格式，規劃出兩份觀察工具：「表 A：教師提問與引導促進學生學習之觀課紀錄表」、「表 B：學生參與投入學習之觀課紀錄表」。

表 7-1　公開授課／教學觀察──觀察前會談紀錄表

授課教師 （主導的教師）	呂淑娟	任教 年級	二 年級	任教領域 ／科目	生活課程
觀課人員 （認證教師）	生活社群共備教師：梁師、楊師				
備課社群 （選填）	看見好生活	教學單元		減塑行不行	
觀察前會談 日期	110 年 02 月 23 日	地點		204 班	

一、課程脈絡

(一) 課程核心素養與目標：

1. 生活課程核心素養：

生活 -E-A1、生活 -E-A2、生活 -E-C1。

2. 學習表現說明：

3-I-1-1 認真參與學習活動、工作及遊戲，展現積極投入的行為。

3-I-1-2 對生活周遭的環境和事物展現好奇心，並喜歡提出看法和問題。

3. 學習內容：

B-I-3 環境的探索與愛護。

4. 活動學習目標：

(1) 能分享生活中觀察到或使用塑膠品的經驗與想法。

(2) 能參與討論並提出關於塑膠產品對於生活帶來的影響。

(二) 學生經驗：

本次公開課班級二年級學生，人數 28 人，課堂活動常有機會需要與同儕討論或分組學習進行思考；從觀察學生平日到校攜帶的物品，可發現到塑膠產品被普遍使用，推估相關使用的經驗應不陌生；部分學生課後或假日會跟家人參與戶外活動，從生活中體驗學習，有的學生喜歡閱讀課外書籍或是在家長同意下瀏覽網路影片，從書籍或網路媒體涉略不同面向的生活經驗，因此對於減塑與環境議題的概念，應該多少都有接觸。

(三) 教師教學預定流程與策略：

本主題課程的第一節，授課者預定流程為：

二、觀察焦點 (由授課教師決定，不同觀課人員可安排不同觀察焦點或觀察任務) 及觀察工具 (請依觀察焦點選擇適切的觀察工具，可參考附件「觀察焦點與觀察工具的選擇」)：

(一) 觀察焦點：

1. 老師在課堂的提問、引導與回饋，是否能促進學生參與討論、探究思考與學習。

2. 學生參與投入學習的情形。

(二) 觀察工具：

與觀察者共備討論後，規劃出兩份觀察工具。本次公開授課共邀請兩位社群共備夥伴擔任觀察者，因此分別請觀察者依據不同觀察工具，協助蒐集素養課程課室教與學的客觀資料。

表 A：教師提問與引導促進學生學習之觀課紀錄表。（請梁師依據表 A 作為觀察工具）

表 B：學生參與投入學習之觀課紀錄表。（請楊師依據表 B 作為觀察工具）

1. 請學生談談日常吃早餐所裝盛的器皿材質，分享日常經驗。透過班級討論，讓孩子覺察光是使用早餐，塑膠產品就被大量地使用的現況。

2. 老師接著運用四角辯論策略，首先在教室四個角落先張貼四個端點字卡（非常同意、同意、不同意、非常不同意），在黑板上提出一個引發學生思考的可辯論式問題：「多使用塑膠會讓我們的生活更幸福嗎？」請學生運用便利貼記下自己選擇的端點與想法，接著依據自己所選擇的觀點，走向教室「非常同意、同意、不同意、非常不同意」其中一個端點，請同一個端點的學生圍成一圈，彼此分享與聆聽對於支持這個觀點的理由。

3. 請四個角落的學生依序輪流到臺前分享，說出支持該觀點的理由。同時老師在黑板以 T 型圖視覺化呈現方式，摘要記錄全班同意與不同意的理由，並引領學生進行意見的歸納，讓學生從不同觀點覺察塑膠製品對自己與環境帶來的便與不便，引發學生後續投入主題與探究學習的動能。

4. 下課前詢問經過本次課堂的分享討論學習後，是否有人想要調整自己關於使用塑膠的想法。

(四) 學生學習策略或方法：

1. 在四角辯論策略中使用便利貼表達意見。

2. 隨機與端點相同的同學合作討論與提出想法。 3. 藉由 T 型圖答案的討論，提出不同觀點，並覺察塑膠使用引發的矛盾衝突。 **(五) 教學評量方式：** 1. 口語評量。 2. 四角辯論想法便利貼。 3. 各端點組內分享（教師檢核表）。 4. T 型圖表。	

三、觀課相關配合事宜：

(一) 觀課人員觀課位置及角色（經授課教師同意）：

1. 觀課人員位在：教室 □ 前、□ 中、☑ 後或 □ 小組旁（請打勾）。

2. 觀課人員是 ☑ 完全觀課人員、□ 有部分的參與，參與事項：＿＿＿＿＿＿＿＿

3. 拍照或錄影：□ 皆無、☑ 皆有、□ 只錄影、□ 只拍照（請打勾）。

備註：拍照或錄影，如涉及揭露學生身分，請先徵求學生及其家長同意，同意
　　　書請參考附件「觀察焦點與觀察工具的選擇」。

(二) 預定公開授課／教學觀察日期與地點：

1. 日期：110 年 02 月 25 日 9:30～11:10

2. 地點：二年四班教室

(三) 回饋會談預定日期與地點：

（建議於公開授課／教學觀察後三天內完成會談為佳）

1. 日期：110 年 02 月 26 日 13 時 30 分

2. 地點：二年級辦公室

二、實施公開授課之第二部曲：教學觀察──觀察紀錄表

表 7-2 公開授課／教學觀察──觀察紀錄表

授課教師 （主導的教師）	呂淑娟	任教 年級	二年級	任教領域 ／科目	生活課程
觀課人員 （認證教師）	生活社群共備教師：梁師、楊師				
教學單元	減塑行不行				
公開授課／教學 觀察日期	110 年 2 月 25 日		地點	二年四班教室	
觀察工具名稱	本次公開課使用自行轉化之觀察紀錄表 表 A：教師提問與引導促進學生學習之觀課紀錄表 表 B：學生參與投入學習之觀課紀錄表				
注意事項： 1. 請檢附入班觀課所使用的觀察工具及紀錄（如使用量化工具需檢附原始資料）。 2. 請自行設計或參用附件「觀察焦點與觀察工具的選擇」所列之觀察工具，可依觀察焦點使用部分欄位或某規準，不必完整使用該紀錄表，亦可兩種以上工具兼用。					

表 7-3 A：教師提問與引導促進學生學習之觀課紀錄表

授課教師 （主導的教師）	呂淑娟	任教 年級	二 年級	任教領域 ／科目	生活課程
觀課人員 （認證教師）	梁師				
備課社群（選填）	看見好生活		教學單元	減塑行不行	
觀察前會談日期	110 年 02 月 23 日		地點	204 班	
觀課焦點	老師在課堂的提問、引導與回饋，是否能促進學生參與討論、探究思考與學習。				
教與學歷程	課堂觀察到具體客觀資料				
一、引起動機：吃早餐用了哪些材料的容器來裝？	1. 老師以吃早餐話題，例如：「大家早餐吃什麼？」全班學生很專注聆聽，半數以上學生舉手想分享答案，老師點選學生回答並記錄在黑板上。 2. 老師從學生的答案再進一步追問：「三明治是使用什麼東西裝呢？比如說紙盒。」「有使用餐具嗎？是哪種材料的餐具呢？」 全班學生會專注看著黑板上同學已提出的答案，問答間大約 3/4 以上學生舉手回應，老師點選大約十位主動舉手的學生回答。 3. 老師請全班看黑板答案，說說看哪種材料被使用的最多？學生發現光是吃早餐，被使用最多的是塑膠類的東西。				
二、四角辯論：多使用塑膠產品，讓我們生活更幸福？學生書寫便利貼，接著選擇一個端點（非常同意、同意、不同意、非常不同意）。	1. 從早餐使用餐具狀況，老師接著提出：「多使用塑膠產品，讓我們生活更幸福？」請學生思考後將想法記錄在便利貼上，學生可以有四種選擇來表示個人意見。 2. 老師用「oo」表示非常同意、「o」表示同意、「x」表示不同意、「xx」表示非常不同意。老師用「同意國、不同意國……」這樣的說法，說明不同端點的意義，並詢問是否有不懂的。全班學生都點頭表示清楚，才進行便利貼書寫。				

三、四角辯論：請各端點學生圍成一圈進行分享討論（老師巡視各組）。	1. 寫便利貼時間到，有學生提出只剩一個字（還沒寫完），老師立即給予回應說：「老師會再給你一些時間寫。」接著時間快到時，老師跟全班說：「待會時間到如果有人還是來不及寫完，也可以用說的來補充沒關係。」結果時間到時，學生都能接受與接續下一個活動。
	2. 全班帶著自己寫的便利貼走向選擇的端點，全班都能準確完成。老師請全班先拍拍手，讚美每個人都選了自己的位置，沒有因為好朋友的理由而影響自己的選擇，也補充說無論選擇哪個角落都沒有對錯。
	3. 請各端點學生圍成一個圈，每個人都能分享自己的想法，分享後可提問或補充；老師巡視關心各角落學生，各組都能順利進行組內分享。
	4. 老師巡視小組互相分享時，會穿插提出：「有誰先想到的可以先說」、「你可以等等再補充」。
	5. 老師能適時給予讚美，例如：「哇！你知道這個喔！好厲害！」「還有誰也知道這個？」
	6. 即使學生用詞有錯，老師也能接納與回應：「原來是這樣喔⋯⋯」
	7. 老師聽完一個學生發表，會繼續追問：「還有呢？」學生被引發不斷拋出想法，也看到其他學生接著主動提出想法。
四、四角辯論：請各端點學生上臺發表想法（老師歸納 T 型圖）。	1. 老師請各端點學生依序上臺發表，讓學生可以拿著便利貼說明。
	2. 老師會複述學生的話，跟學生確認是不是這個意思。當學生語意不清時，或有講錯的地方時，老師會協助與確認，讓他們能順利說完自己的意見。
	3. 當學生說完後，老師會將學生意見立即記在黑板上。當孩子看到自己的意見被寫在黑板上後，神情更專注與投入。
	4. 老師請學生在臺前站一排依序發表，同時提醒尊重聆聽別人的發表內容。發表前也要聆聽同組的答案，如果與其他同學提過意見相同，可以說「我的

	答案跟某某同學一樣」，或是接著補充不一樣的地方，因此要發表的學生會不時轉身張望黑板上老師記錄的答案，老師也會熱心地提醒學生關注他人發表的內容。
	5. 老師聽學生分享時，能同時記錄在黑板的 T 圖表上。聽見不同的答案時，例如有學生提出「塑化劑」名詞，老師會進一步追問，引導學生多說一點，或請臺下的同學補充關於他們所知道的塑化劑，鼓勵學生課後可以自己查資料找答案。
五、老師依據 T 型圖所呈現的摘要紀錄，讓學生覺察塑膠在生活中帶來的好處與壞處。	1. 老師將四個端點學生意見歸納成同意與不同意兩大區塊，並在黑板上書寫 T 型圖，用以記錄孩子在臺上分享的理由。除了都是用注音書寫易懂外，也能將學生所說的字詞如實寫下來（而不是使用老師給的語詞）。 2. 老師請學生看黑板所寫的，聚焦在 T 型圖上，並問學生發現了什麼？看著寫滿字的 T 型圖表，學生發表很踴躍，老師引導學生觀察大家的意見，發現關於使用塑膠雖然有帶來好處，例如比較堅固或很輕便，但也提出更多壞處，例如產生有毒空氣或汙染海洋，或讓身體吃到有毒的東西容易得到癌症……。
六、聽了別人說，想要改變答案的人？改變四角辯論的位置。	1. 老師提問：「透過同學的眼睛看到了塑膠用品有好處也有壞處，有沒有想改變答案的人？有的人請寫在粉色便利貼。」提出不同的思考路線，也激發了學生的主動意見： 有學生表示他原本同意，現在想要改成不同意，因為聽了同學說明塑膠有毒……。還有想問 19 號同學，水壺也是塑膠做的，但為什麼可以天天用？老師給予正向的回應，贊同學生的問題，鼓勵學生找更多資料來回答問題。
七、其他	整堂課老師的引導與提問很流暢，能順著學生的答案繼續下一段引導。

表 7-4 B：學生參與投入學習之觀課紀錄表

授課教師 （主導的教師）	呂淑娟	任教年級	二年級	任教領域 ／科目	生活 課程
觀課人員 （認證教師）	楊師				
備課社群 （選填）	看見好生活	教學單元		減塑行不行	
觀察前會談日期	110 年 2 月 23 日	地點		204 班	
觀課焦點	學生願意參與並投入課室學習的情形				

教學活動	學生表現	觀察到的具體客觀事實
一、引起動機：吃早餐用了哪些材料的容器來裝？	☐ 願意參與討論 ☐ 願意發表想法 ☑ 能專注聆聽 ☑ 能積極投入學習活動	1. 全班都能專心聆聽老師提問，並思考其問題。 2. 老師點選主動舉手的學生，請他們提出意見： 22 號：吃早餐會用到透明塑膠袋、鐵盤；06 號：免洗湯匙、免洗筷子、免洗叉子等等。
二、四角辯論：多使用塑膠產品，讓我們生活更幸福？學生書寫便利貼，接著選擇一個端點（非常同意、同意、不同意、非常不同意）。	☐ 願意參與討論 ☐ 願意發表想法 ☐ 能專注聆聽 ☑ 能積極投入學習活動	1. 全班都積極投入學習活動（聽完老師提問後，開始書寫便利貼，過程中都很安靜，學生都有聽懂老師的問題，知道活動內容是什麼）。 2. 全班寫完便利貼後，經由老師提示，站到貼有「非常同意、同意、不同意、非常不同意」紙張的四個角落，且四個角落都有站人，全班學生均能依老師的提示完成活動。 3. 老師看到學生站到四個端點後給予鼓勵，稱讚學生沒有因為好朋友或其他的干擾因素而影響自己的想法。

		4. 8號主動再舉手補充説明或產生有毒氣體時，自己也搞不清楚真正名稱是一氧化碳還是二氧化碳。老師給予鼓勵説：「你想告訴大家塑膠垃圾燒掉也會產生有毒空氣」，讓孩子能順利説完自己的意見。
三、四角辯論：請各端點學生圍成一圈進行分享討論（老師巡視各組）。	☑ 願意參與討論 ☑ 願意發表想法 ☑ 能專注聆聽 ☑ 能積極投入學習活動	在不同端點的學生，大家能圍成一圈，每位學生都能看著便利貼，發表自己的想法，沒有發表時也能專心聆聽其他同學發表。學生在端點內的討論答案舉例如下： 22號：如果塑膠吸管掉到海裡，可能會被烏龜吃掉，而插進鼻管，也會造成海裡汙染。 16號：如果使用寶特瓶喝水，可能會吃到塑化劑。 11號：使用塑膠產品若是拿去燒掉，會產生一些煙味，對地球不太好。 14號：發表時太小聲，老師鼓勵他完成。
四、四角辯論：請各端點學生上臺發表想法（老師歸納 T 型圖）。	☐ 願意參與討論 ☑ 願意發表想法 ☑ 能專注聆聽 ☑ 能積極投入學習活動	1. 學生上臺發表時，表情自然且有自信，非常踴躍的説出自己的想法，其他學生也能專心聆聽發表內容，因為要知道自己的想法別人有沒有講過，以免等等發表時有重複答案。 2. 老師會讓每個端點的學生均上臺參與討論的內容並提出想法。

五、老師依據T型圖所呈現的答案，讓孩子覺察使用塑膠在生活中帶來的好處與壞處。	☐ 願意參與討論 ☐ 願意發表想法 ☑ 能專注聆聽 ☑ 能積極投入學習活動	 全班歸納出關於同意和不同意多使用塑膠的理由如上圖所示。
六、聽了全班分享的想法，有沒有要改變答案的？改變四角辯論的位置。	☐ 願意參與討論 ☑ 願意發表想法 ☑ 能專注聆聽 ☐ 能積極投入學習活動	1. 12號：原本同意，但聽了同學說，靠近火源會產生毒氣，所以我要改成不同意。另外我也想問19號，水壺也是塑膠做的，但為什麼可以天天用？ 2. 12號說明完自己想改變答案的想法後，其他學生能專注聆聽，並思考其答案，因為有其他學生是認同的，有跟著點點頭並舉手準備問問題。
七、其他學生投入學習的表現（請導師觀察到是否某些學生現在更積極主動參與討論）	☐ 願意參與討論 ☑ 願意發表想法 ☐ 能專注聆聽 ☑ 能積極投入學習活動	1. 觀察到平時安靜的學生24號、28號、26號、16號等，因為老師安排的活動而主動發表與討論。 2. 具有特殊氣質的學生，在上生活課時更願意分享自己的生活經驗，如12號、8號、5號等說出其他同學沒有提到的想法，老師再給予鼓勵更能增強學生上課動機，更能參與活動。

三、實施公開授課之第三部曲

表 7-5 公開授課／教學觀察——觀察後回饋會談紀錄表

授課教師 （主導的教師）	呂淑娟	任教 年級	二年級	任教領域 ／科目	生活 課程
觀課人員 （認證教師）	生活社群共備教師：梁師、楊師				
教學單元	減塑行不行				
回饋會談日期	110 年 2 月 26 日	地點		二年級辦公室	

一、觀課人員說明觀察到的教與學具體事實

(一) 楊師：

1. 活動一學生能聽懂老師的問題，大多數主動舉手回答，關於吃早餐所使用到的餐具與器皿的生活經驗，老師會記錄下學生的答案，再追問還有其他的答案嗎？最後從黑板蒐集大家的答案後，老師讓學生發現光是早餐就使用到很多塑膠類的東西。

2. 老師清楚說明四角辯論的提問，以及四個端點的意義，並且確認學生理解後，才開始讓學生書寫便利貼。全班學生都能安靜專心書寫自己的想法便利貼，接著在老師的說明後都能依據自己的立場帶著便利貼走向選擇的端點。

3. 老師說明各端點任務後，各組幾乎都能開始圍成一圈，陸續輪流分享自己的意見。老師會巡視各組運作狀況，其中同意組的端點一開始學生還未能進行分享，老師有停留在該組並引導學生依據任務要求進行想法發表，並觀察發表情形給予鼓勵確認後，才接著走到其他組聆聽與關心各組學生發表狀況。

二、前述觀察資料與觀察焦點的關聯（即觀察資料能否回應觀察焦點的問題）

(一) 楊師：

1. 我覺得老師由生活主題切入（吃早餐使用的塑膠產品），很貼近學生生活，容易獲得共鳴，其實全班的專注程度非常高。

2. 透過老師說明黑板上的命題：「多使用塑膠產品，讓我們生活更幸福？」以及四個點的意義，學生皆能認真思考並記錄自己的意見在便利貼上，也因為有附加理由，當發表或分享時，學生都能在臺上有勇氣與主動發表。

3. 老師在各組發表前有告訴學生如何說明，如說話要大聲、看著大家的眼睛說。若同組有別的想法也可以補充，發表的過程時間掌握得宜。在發表時，學生能主動說出自己的意見，並且專注聆聽，課程參與度很高。

4. 老師請各端點的學生上臺聆聽老師說明，臺上每個人都願意開口並聆聽其他同學的意見。老師也會詢問學生意見，學生也能進一步補充自己的想法。

(二) 梁師：

1. 老師的提問吃早餐的經驗以及早餐所使用的餐具或包裝的材料，全班學生都能專注聆聽，許多學生也都主動舉手願意分享想法。

2. 關於四角辯論四個端點的策略說明，老師利用具體的圖示以及「同意國」等語彙，來說明策略方式，並跟學生確認是否有疑問後，才進行活動，而全班學生都能了解並專注思考進行書寫便利貼。

3. 老師先請全班為自己拍手鼓勵，並說明因為大家都能依據自己的想法，而沒有因為好朋友而改變立場，接著說明各端點小組每人的意見都是好的，不論選擇哪個端點都沒有對錯。

4. 面對學生的回應，老師不會立即給評論，並且都能一一接納並記錄在黑板上。針對學生提出的意見，老師有運用「請學生多說一點」或是「請其他學生補充說明」的方式引導學生思考與提出想法。

5. 在小組巡視時，老師能用簡單的話語，例如：「從誰開始分享都可以，誰準備好就可以先說……」，帶動小組內的分享。

6. 各組上臺分享時，老師會鼓勵學生聆聽與觀察他人的意見並進行補充，也會依據學生的回答追問或澄清。此外，書寫黑板時，老師用每個人都能看懂的注音來呈現。

(二) 梁師：

1. 教師從與學生聊生活經驗吃早餐事件切入，進而開啟一場生活討論課，讓學生能將自己的經驗很自然地願意在課堂上提出與他人互動討論。

2. 老師的引導問題、語句陳述、運用圖示等教學技巧，均十分接近低年級學生的心理年齡。

3. 寫便利貼時，老師會觀察學生完成程度，最後時間到也會關心學生說：「如果來不及寫完，也可以用說的來補充沒關係」，這讓學生都能安心進入下個活動。

4. 在小組巡視時，因為老師在小組中的加入，更能帶起學生間熱絡的分享與互動。

5. 書寫 T 型圖時，老師充分尊重每個學生的發言與意見，也會追問學生讓他們澄清想法或補充意見，感受到在老師引導下激發學生想表達的意願。

6. 來到整堂課的統整時間，老師仍能透過提問，激發學生的觀察與思考，不急著給答案，也讓孩子一步步的跟著踏進學習探索中。

(三) 授課者：

1. 我希望能從學生真實的吃早餐的生活經驗切入，讓學生能主動分享塑膠產品被使用在生活中的現況，從觀察紀錄中發現學生都能專注在這個話題上。

7. T型圖統整全班的答案後，老師請同學觀察全班的想法，說說看觀察到什麼，學生提出雖然使用塑膠有好處，但使用塑膠卻有更多不好的影響。

8. 老師提出：「有人要改變答案嗎？」鼓勵有不同意見的陳述。

三、授課教師與觀課人員分享公開授課／教學觀察彼此的收穫或對未來教與學的啟發

(一) 楊師：

1. 在使用四角辯論這個策略時，問題的篩選很重要。在這堂課中，老師使用了「使用塑膠能讓我們更幸福？」作為開端，成功引導學生進入課程討論，四個選項也都有人站，表述出來的理由都很正確，十分能支持學生自己的想法，所以在這個策略的運用上是成功的。

2. 我覺得這個四角辯論策略未來也滿適合使用在一些「公共議題」的討論，例如要不要使用核能發電，以及環境保育與建設問題等。

(二) 梁師：

1. 四角辯論的策略，加上便利貼的運用，讓每個孩子都有表達出自己的意見，尤其是能有四種選項可選擇，更能刺激學生的思考向度。這個教學策略確實能增進學生對課堂的「投入」。

2. 老師在引發學生發表與討論時，那種充滿好奇的表情與充分接納的細膩處理，是我在其他課堂中少見到的教師回應。這種充分的「傾聽與接納」，就是彰顯了以學生為本位的素養學習的教室。

2. 在四角辯論策略希望設計的命題能引發不同端點的想法，為了支持與引導學生放心與安心表達，課堂上我已運用了一些正向肯定與探詢式提問的技巧。而這次課堂的確也看到學生勇敢做選擇，四個角落都有學生，並提出背後的理由，我覺得引導的成效有看見發揮作用。

四、授課教師／觀課人員下次擬採取之教與學行動或策略（含下次的觀察焦點）

(一) 楊師：

1. 當使用四角辯論時，因為是四個小組同時進行，老師在巡視時，難免會有遺漏的部分，除了後續可以請學生上臺說明小組的共同意見外，也建議或許能搭配使用影音設備，將小組的討論過程錄影下來，老師更能知道學生在小組中是否有認真討論。

2. 在小組討論時，可以請學生將相同的理由圈起來，以利後續上臺發表時，能夠更節省時間，才不會一直重複相同的答案。

(二) 梁師：

對於學生在四個角落的小組分享時，這次課程三個角落都能直接進入討論模式，只有一組學生還需要老師多一點引導協助後才進入分享。或許未來可以思考多給予練習，培養即使隨時隨機編組都能自主與他人合作進行任務。

(三)授課者：

1. 四角辯論策略很久之前曾經在班上操作過，但也從中覺察到學生若無透過一些策略或教學工具，學生常常會因人（好朋友）而選擇或改變立場。這次是第二次使用這個策略，調整上次使用的不足處，這次改以先讓學生確認自己的觀點，再透過引導鼓勵讓學生安心選擇哪個角落都是好的。對於四個端點不清楚也多做了引導與確認，並請學生先記錄在便利貼上。觀察這次的引導與操作方式，學生從這個活動的確能安心做選擇，而且四個角落都有人選擇。

2. 透過便利貼事先記錄自己的理由，有助於學生在組內以及上臺分享，比較能表達自己的想法，對於他人提出的不同意見也都能聆聽差異。而最讓我感動的是學生藉由全班所歸納的 T 型圖呈現大家同意與不同意的理由，拓展更多元的視角看待使用塑膠這個議題，也吸引孩子關心使用塑膠製品帶給生活的便利性，同時衍生塑膠產品所帶來的負面影響，等待後續課程一一去探尋。

(三)授課者：

對於各端點學生在分組討論的協助，老師會透過巡視盡力關注，但難免還是有到達各組關心協助的時間差，或許未來可以有更不同的操作方式或策略工具搭配，協助學生自主進行討論，也方便老師了解學生學習的狀況。

第二節 從社群共備到TDO觀議課對於促進專業精進的反思

壹、楊師的反思

一、參與社群共備的看見

(一) 從無到有

在加入社群前，生活課程對於我而言是陌生的，總以為它是一個包含藝文、社會、自然的學科，只要將這些學科都上到即可稱作生活課程。新接任低年級導師這一年，恰巧遇上 108 課綱上路，上了無數的研習活動，從這些研習活動中，大約知道生活課程的主軸與課程設計，因從未教學過，所以總是模模糊糊的。幸好加入了生活社群，在淑娟老師與其他夥伴的腦力激盪下，設計出一系列的課程，從學習表現的設定到學習內容的產出，讓我更加了解生活課程不再只是單一領域，而是以主題統整的方式進行主題授課，每一個學習活動與學生的學習都會環環相扣的。

(二) 夥伴的分享

社群裡的夥伴每人專長都不同，有美術、資訊、音樂等，透過每一次的共備課程中，每個夥伴相互分享提供意見，從各種不同角度切入，讓整個課程設計可以更完整。在社群中，我們不斷的相互觀課，嘗試著開放自己教室讓其他人看見。我們不去評判教學的短處，而是透過焦點觀察，去審視整個教學活動中學生的學習品質與提高參與度，並從中調整教學策略，讓大家變得更好。

二、策略討論與修正

(一) 加入策略

在共備課程時，我們發現一套設計完整的課程，若是沒有吸引到學生，則很難激起教學火花，故我們學習運用教學策略，提升學生活動參與度，例如在影子遊戲中加入「胡搞瞎搞」策略，讓遊戲進行更加緊湊有趣；在減塑活動中加入「四角辯論」，更加激起學習興趣。

(二) 修正策略

然而在運用策略時，難免會遇到瓶頸，例如「四角辯論」的議題，若是屬於簡單的二分法就知道答案者，那便不適合使用此策略，建議結合環境、社會議題會更好。「四角辯論」中，有學生會看其他人意見而改變自己的想法，故夥伴們提出事先將想法寫在便利貼上，再到四角討論會更貼近學生初衷。

三、討論更符合觀察焦點而自創的觀察工具的內容與形式的歷程

觀課紀錄中有許多表格，但不見得都符合自己所需。像這次的減塑活動中，需要記錄每一個學生在課程中是否有參與討論、專心聆聽、主動發表等，故我們討論設計了針對觀察焦點的觀察紀錄表格，針對教師活動引導下對應學生可能的表現，需要予以實際客觀的記錄，較能觀察學生表現。

四、在經歷過社群的共備後的反思

發現我會從「希望學生學習到什麼」去回推，整個課程的設計是否能讓學生學習到這些內容，而不是當一個不會思考的教學者，只按照教科書內容去教學。學生學習狀況不見得會當下立見，但很榮幸能觀察到這兩年學生們的轉變，從哭哭啼啼到侃侃而談，從旁觀不知所

措到介入分析解決問題，這些進步都不是一蹴可幾，需要教師長期幫學生培養這些素養，未來我也會持續利用此方式進行教學。

貳、梁師的反思

踏出師培體系，執教 20 多年，這句「以學生為本位」的課程設計目標，幾乎也伴著我如影隨形，不曾忘記。教學生涯中，總是自認為了解我的孩子們，在備課的時候也總能預想他們在課堂中可能出現的狀況，實際在出現難題時也能做到及時教導孩子們應對的方式、解決的辦法……。想著我這樣的教學理念與方式就是「以學生為本位」的實踐，應該沒有辜負大學師培教育中老師們的諄諄叮嚀。直到進入淑娟老師公開授課的課堂，突然有種當頭棒喝的震撼，原來「以學生為本位」的課程是這樣的意思……。在淑娟老師的課堂中，除了看到她在「引起動機」時與學生學習上對話的模樣，深深被如此平易近人所吸引，還有觀察到：從學生習以為常的生活經驗出發，老師的提問一點也不突兀。

面對學生的答案，老師不幫忙解釋、不幫學生回答，只是順著孩子的語句接著問，讓學生說出自己曾看到、聽到、想到的生活經驗（答案）。

老師追問的方式也很巧妙，有時候只是承接孩子們的字字珠璣，有時候會給予及時讚美反饋，有時候是拿 A 學生的話去問 B 學生同不同意，因而製造出各種不同的思考與發表……。教室頓時像是被撒了仙水一般的草地，紛紛冒起一朵又一朵爭奇鬥艷的花。

曾經問過淑娟老師，這樣的一堂課沒有得到結論，學生到底在這堂課中學會了什麼？「這些都只是開始，是決定整個主題課程到最後成果呈現時很重要的養分來源，討論愈多，養分也就愈多……。」這個很妙的說法，也在我後來的教學過程中發現了，也理解到為了一個最終的教學目標，花了那麼多時間的鋪陳與討論，真的很值得。原來，「以學生為本位」就是一直讓學生回到自己，回到自己的生活經

驗去思考與表達，回到自己的生活情境中去找尋，用自己與同學互相討論出來的方法去試著解決看看，一旦成功，也會想到如何運用在自己的生活中。

今年我們的生活共備社群已邁入第四年。每一年我們都會為自己的社群設定一個共同努力的方向。在每一次課程的共備與執行中，我們總是不忘研討「以學生為本位」的提問方式與問題，也會時時刻刻互相提醒老師們不要急著加入意見，要忍住不幫孩子做解釋……。此外，我們也會不停地思索如何創新。在社群多次實施備觀議課的歷程，讓彼此的教學更豐富。

在議課的過程中，大家分享了在課堂上所覺察的客觀資料，也就幾個焦點進行意見交換，每個成員都在討論中獲得各自所需的養分。

我喜歡這樣的社群運作方式，在彼此相互尊重的前提下，我們常常針對教室中的某個焦點進行意見交換，然後再帶回各自的課堂去實踐，之後再延續討論……。這一路以來讓我徹底感受到教學是活化的、流動的，也期許自己能將這樣的心境帶給學生，希望每一節課堂中的孩子們，也能都能像老師一樣學得快樂又自然。

參、授課者的反思

跟著夥伴在共備生活課程、討論觀課焦點與觀察工具，總能讓自己對於某些認為已經理解的事情有更多的看見——看見原來不足的還有很多，看見共創思考解決學習困境的喜悅，看見共創出新的火花。素養導向教學是一個值得從不同面向去欣賞、去解構與觀察的課題，藉由共備到 TDO 觀議課歷程，我所看見的我們，是一群希望讓學生喜愛學習、樂於探究、懂得思考、學習有品質的教師夥伴團隊，透過課程共備牽起夥伴的心，打破班級界線，把彼此的學生當作是自己班的學生，大家的問題當成是自己所關心的問題，共同探詢更適合孩子們學習的策略或提問引導，在素養教學與評量的路上攜手前行。

參考文獻

吳璧純（2018）。十二年國民基本教育國民小學生活課程課程綱要
　　課程手冊。臺北市：國家教育研究院。

第八章

學科內容為觀察焦點的
TDO觀課實例

前言

本章共分成以下六節：第一節「教師專業發展與公開授課」、第二節「進行 TDO 觀課前的準備工作」、第三節「授課教師主導觀課前會談」、第四節「觀課教師入班的實境紀錄」、第五節「授課教師主導觀課後回饋會談」、第六節「授課教師主導觀察（TDO）的真心話」。

第一節 教師專業發展與公開授課

壹、教師專業評鑑開啟一扇窗

走進教專評鑑，先後通過初階、進階及教學輔導教師的認證，最大的收穫是從許多優秀講師的講授中，學到如何藉由觀課及事實資料，逐一檢視自己的教學結果。透過一次次打開教室的門，讓自己授課的樣態呈現在同儕夥伴教師清晰的紀錄中。經由一筆筆或質性或量化的紀錄分析，讓自己得以在授課前先審視自己的教學重點：提問時，能做到讓每個學生得到公平回答的機會嗎？進行學生分組學習時，能讓學生學到如何落實組內工作分配，以達到團隊合作的學習目標嗎？在每一次觀課後的資料分析或是與夥伴教師的觀課互評中，更清楚地看見自己教學的困境，使自己放下自以為是的教學專業偏執與傲慢，重新以學習者的態度逐步修正自己的教學。

貳、支持系統強化教師自主性

當教專評鑑轉型為支持系統之際，教師專業發展推動工作成為本校實習輔導組業務項目之一，為使教師支持系統與教師專業發展社群有所連結，在校長及教務主任支持下，學校立刻成立教學輔導教師專業社群，讓初任及代理等新進教師能透過教學輔導教師的陪伴，熟

悉學校校園文化且達到薪火相傳的目標。在一場爲校內教學輔導教師
與新進教師所舉辦的教專研習中，張教授民杰爲教師們打開一扇公開
觀課的大門，讓我們認識 Kaufman 與 Grimm（2013）所提倡的 TDO
（teacher-driven observation, TDO）觀課模式。這種非由外鑠我也，
直接由授課教師自主邀請同儕夥伴教師加入觀課前教學共備會談，入
班時藉由同儕夥伴教師的眼睛、耳朵與經驗，以合作型態協助授課
教師蒐集課堂資料，並於課後會談中給予回饋的方式，深深抓住我的
心。授課教師主導的教學觀察（TDO），不也就是在彰顯教師專業
的自主性嗎？

參、掌握主導公開授課的權利

　　隨著十二年國教課綱的推展，以及學生多元選修、加深加廣及自
主學習等課程的增加，跨學科、跨領域教學將成爲學校日後的課堂日
常，教師若一味想倚恃舊有的知識與經驗，只會更加孤立。是以，與
其被動接受公開授課的要求，何不主動接受並使一切的學習與改變更
符應自己的教學及成長，運用教學者爲主導的公開授課（TDO），
透過教師同儕夥伴的共備進行觀課前、中、後三部曲的系統歷程，交
流彼此的所學所思，互補短長，這就是《禮記 · 學記》所謂「教學
相長」。

　　卸下行政職，回到教師行列後，在學校安排下，我以教學輔導教
師身分與新進教師郝思文老師成爲夥伴教師。當教學 30 年的教師遇
見 3 年教職經驗的新進夥伴，更希望看到年輕教師能自主無礙地呈現
其教學熱情。因此，我們進行一場由授課教師郝老師主導的公開授課
（TDO）。謹以郝思文老師與我於 109 學年度所進行的同儕夥伴會
談共備紀錄及公開觀課（TDO）過程，供各位先進參酌。以下所謂
授課教師皆指郝思文老師，本人即是協助進行觀課教師。

第二節　進行TDO觀課前的準備工作

　　金秋送爽，在附中有著「西樓夕照」美名，且是日據時代古蹟級建築的西樓會議室裡，教務處實習輔導組長向大家說明召開期初教學輔導教師與夥伴教師相見歡的目的，是希望藉由教學輔導教師的力量協助新進夥伴教師融入附中大家庭，也希望透過大手牽小手，一起就課程教學、班級經營、備觀議課等，進行經驗的分享及交流。

　　眼前這位帶著眼鏡、高大羞澀的年輕老師，正是與我於 109 學年度一起進行共備與合作的夥伴教師。為能更快了解夥伴教師的教學歷程及所需協助處，我請夥伴教師簡述自己曾任教學校及行政工作，以及需要成長或協助的部分。當知曉郝老師在完成半年教學實習且經過教檢後，即先後在新北及臺北兩所高中擔任國文代理教師，並且承接圖書館讀服組長、學務處衛生組協行暨高二導師等行政業務，不免欣喜於這位不怕多做事且樂意學習、願意付出的教育新兵。至於針對課程內容強化個人教學分析及綜整力的成長部分，則建議可以利用備觀議課過程，細察教學問題與可成長或調整的方式。

　　近三個月的對話與晤談，在分享我的課程設計並邀請郝老師入班觀察我的教學活動及學生的學習表現後，郝老師也主動與我分享他如何進行費曼〈發現事理的樂趣〉一課的文章分析與說明文練習，讓學生透過教學活動習得質疑、詢問、不輕信的科學探究精神，以及發現新事理的 3W 法則思考法。

壹、建立對話是認識彼此的起點

　　對於極為熟稔的教師夥伴，直接對話是最平常的模式；但是對於初識者，交淺難言深，因此要建立對話就需先認識對方。我們的對話是由一次次的「寒暄」開始，也在「寒暄」中有了一個個由「教育實習經驗」、「教學甘苦談」到「教育看法」的話題。透過對話過程，

建立我們的信任關係，也使我更具體得知郝思文老師想要精進自己在國文教學與教材單元活動設計的部分，以及個人對於教學實踐上獲得學習與成長的期望。總言之，只要是溫暖、友善及尊重的對話態度，不管是「今天好嗎？」「某一課上得順利嗎？」或是「某課我想設計成一次學生的學習活動，想聽聽你的看法好嗎？」這些簡短的話題皆是彼此認識的起點。

貳、擁有信任是打開教室的鑰匙

熟悉的空間會讓人有安全感，當陌生人擅自進入時，人的情緒會由平和轉到焦躁，因為不明其所以，更不喜歡他人隨意地闖入窺伺。故當教師的教學領域有陌生人進入時，起身詢問是禮貌，大聲喝斥是警戒。因而，要說服授課教師自動將教室的門打開，不是容易的事。如果授課教師與觀課教師間缺乏信任，或是觀課教師無法讓授課教師擁有安全感，教室那扇緊閉的門所凸顯的是人類最基本的自我防衛機制。承前所言，日常對話只是奠定彼此相識的基礎，唯有透過專業性對話內容方能讓彼此的信賴感更加穩固。因此，我們經過：國文課程教學檔案的分享、共同備課時分享彼此在吳敬梓〈范進中舉〉與魯迅〈孔乙己〉的教學課程內容與活動設計、進行吳敬梓〈范進中舉〉一課有關聲音的溫度與魅力──「誰是最佳代言人」的教學活動示範與觀察，以及費曼〈發現事理的樂趣〉的教學實施成果討論與省思等多次專業對話。雙方開誠布公地分享與交流，這同儕夥伴共學關係一旦建立，信任便在點點滴滴的互動中茁壯。

參、找出問題是入班觀課的動力

今日，在尊重教師專業自主的前提下，教師本身即負有自主發現教師教學及學生學習問題的責任。如何在出現教師教學及學生學習問題的時候，或是在發現自己有需要同儕協助觀課的需求時，能夠請同儕教師入班觀課以協助記錄客觀具體的資料作為教學或課程調整的依

據？建立授課教師與觀課教師公開觀課的常態性模式，不僅能讓想突破教學困境的教師找到可提供協助的教師或教師群，也能夠讓觀課者經由教學觀察紀錄得到資料分析與回饋學習的機會。就如郝老師期望能針對自己在課程內容部分使個人教學分析及綜整力更加強化，便可透過備觀議課的方式，逐一察覺自己在教學分析的哪一塊面不足？是課文篇章段落內容、或是作者寫作技巧、還是思想脈絡，以及哪些方面的綜合整理能力等等，這樣才能找到教學問題癥結所在，進而找到提升自己學習或調整改善自己教學的方式。其實，當教師本身產生急需解決教學困頓的動能時，入班觀課便是找出教師教學問題的最佳途徑。

　　總之，授課教師與觀課教師在進行 TDO 觀課前，能做好對話與信任的工作，入班觀課便會隨著授課教師的需求成為一種自然的存在。因為唯有透過授課教師與觀課教師的對話與信任，方能激盪出同儕共學的火花，開啟彼此觀課的歷程。

第三節　授課教師主導觀課前會談

　　冬陽暖暖的午後，在行政辦公室進行觀課前會談的我們，由郝老師先分享他之前在班上進行費曼〈發現事理的樂趣〉知性文類教學活動實施的成果分析，發現學生是可以適時的在課堂上完成國寫練習的部分。因此，郝老師又針對琦君憶舊散文〈髻〉此一教學單元設計運用「人物書寫」及薩提爾「冰山理論」分析角色人物的外觀與言行，藉以推測角色人物的內在心理活動。

　　郝老師在會談中說明他希望能在課堂上達到的教學型態，並且希望觀課教師能夠透過教師移動紀錄表，記錄授課教師在學生進行自行閱讀並擷取資料工作，以及進行分組討論時，能否給予學生及時的修正與回饋。郝老師將授課班級座位表交給我並說明學生分組狀況後，

這場由授課教師所主導的公開觀課歷程正式展開。

壹、確定觀察焦點及工具

　　多數的教師在進行教學時，最先想的是這門課程或單元的教學目標是什麼？再思考會採行哪一項的教學策略？接續才是如何進行這個課程或單元的教學活動？學生的學習目標是什麼？學生該透過哪些學習策略以達到學習目標？最後便是如何評量學生的學習成果？再來則是根據學習評量成果分析教學中是否有需補強處？以上內容，我們統稱之為教學脈絡。

　　如果觀察前會談只有授課教師的教學脈絡，卻沒有觀察焦點，觀察教師就不知道該由何處進行最直接具體的觀察記錄。若是觀察焦點包含項目過多，也難以靠一雙眼睛逐一記錄。因此，確立觀察焦點是進行教學觀察的首要之務。若要確定觀察焦點，自然以授課教師為主，畢竟沒有人會比授課教師更清楚那節課的教學焦點。因而，讓授課教師提出所要觀察的焦點，才是符合授課者的教學需求。

　　在觀課前會談中，郝老師清楚表達其核心素養是依據系統思考與解決問題項目的具體內涵：「透過統整文本的意義和規律，培養深度思辨及系統思維的能力，體會文化底蘊，進而感知人生的困境，積極面對挑戰，以有效處理及解決人生的各種問題。」所以，針對這群在國中時已讀過琦君〈故鄉的桂花雨〉、〈下雨天真好〉、〈月光餅〉等散文作品的高一生，在簡單複習琦君生平以連結學生舊經驗後，連結「人物書寫」及薩提爾「冰山理論」新的知識，分析人物的外觀與言行以推測人物的內心狀態。最後透過「我做－大家做－你做」的方式，讓學生在課堂中運用薩提爾冰山理論為工具，自行由琦君〈髻〉這篇文章中，找出敘述琦君母親及姨娘兩個人物的髮型、飾品及語言行為等文句，以串連組織與省思評鑑等方式深掘人物內心的狀態，進而了解琦君母親身為「元配」以及姨娘作為「二房」，兩個人物角色間的衝突和隱藏於文句敘述背後的女性困境。待完成自行閱讀與學習

單上的問題填寫後，再進行分組學習活動，讓各組組員進行問題的討論與意見的交流。

郝老師想運用教室走動技巧協助學生在文章閱讀、分組分享與問題檢討三部分的學習，因此，觀察焦點確定在課程設計與教學層面指標 A-3-3 重點「運用口語、非口語、教室走動等溝通技巧，幫助學生學習」，觀察工具則採追蹤觀察紀錄法中的教師移動量化分析表。

貳、確定觀課資料蒐集方式

由於 TDO 的精神是由授課教師主導，觀課教師的工作則是協助授課教師進行資料的蒐集。因此在觀課資料的蒐集上，便是配合郝老師規劃的學生學習活動：文章閱讀、小組討論、回答問題，依序記錄郝老師當天課程的教室移動路線圖。

因應教師移動量化分析之用，我需要郝老師提供學生的座位表，以便進行教師移動路線圖的繪製與時間記錄，因此在向郝老師再次確定觀課班級的人數後，也確認當天學生的分組狀況及學生座位表。此外，郝老師還提出希望能有授課教師對於學生進行指導與回饋互動的數據資料，因此，我向郝老師提出可將授課教師對於學生進行指導與回饋互動的部分直接註記在教師移動路線圖的附註說明部分，如此既可讓教師移動時師生互動紀錄資料完備，也使彼此在觀課後會談的事實內容更有依據。教學觀察時，拍攝也是資料蒐集方式之一，但是基於觀課倫理，我們決定在課堂上不針對學生的活動進行拍攝。

觀課前會談中，授課教師直接告訴觀課教師所需的觀課資料，在資料蒐集方式確定後，可使觀課教師直接過濾課堂雜訊，避免無效紀錄。

參、授課教師主導觀課前會談實際運作

會談開始，在郝老師說明教學目標與時間流程的安排後，便提到觀課人員的觀課位置：「老師，請您協助觀察的這堂高一國文課，是

在第三節 10：10 到 11：00，我會事前交代同學將老師的觀課桌椅放在教室後面。」

「好的，那我方便在上課前五分鐘進入觀課教室準備嗎？」基於對學生學習空間的尊重，我希望在入班時不會打擾到學生的下課休息時間，所以請教郝老師何時入班較適宜。

「我會事先告訴全班同學那節課會有觀課老師入班，而且這男生班很是活潑，與老師的互動性相當好。所以，老師您在上課前入班是沒問題的。」

接著，郝老師進一步說明在第三節將進行的學生學習活動是符應自主行動核心素養系統思考與解決問題項目中的具體內涵「透過統整文本的意義和規律，培養深度思辨及系統思維的能力，體會文化底蘊，進而感知人生的困境，積極面對挑戰，以有效處理及解決人生的各種問題」。因而，採取讓學生自己先進行文章閱讀以擷取文本訊息，再讓學生將自己對於文中人物角色的感知與體會，跟同組同學甚至全班同學一起交流，其目的是希望學生能夠從別人的觀點，特別是與自己有不同背景的人的觀點來看這個世界，進而擴大自己的視野。因此，這個單元是讓學生練習如何將所學的「人物書寫」運用到琦君〈髻〉的分析，再融入小組合作學習，共同完成此次課程的學習任務。

聽完郝老師的說明，再看完郝老師準備發給學生的講義學習單上的問題設計後，我探問：「郝老師，依你所給的講義學習單內容以及剛剛的活動說明，我是不是需要整堂課五十分鐘都在你的教室裡呢？」

「是的，由於之前的課程雖也曾進行過學生學習活動，但是多次的經驗是有些學生的學習進度無法跟上，我不知道這是因為我的問題設計難度稍高，還是學生的程度有很大的差異，又或者在學生進行活動時有我沒注意到的問題。因此，在這五十分鐘的學生學習活動中，麻煩老師協助我蒐集我的課堂移動資料，我想了解是不是可以藉由教

室移動時適時給予學生指導，並且找到修正自己未曾察覺的學生學習狀況或自己的教學盲點。」

「所以，這次觀察的焦點不是學生的專注情形，也不是師生的語言流動，而是教師在移動時的路線與指導學生學習的關係嗎？我希望能有更明確的觀察焦點，以便更確切知道要蒐集哪些資料。」

郝老師點點頭：「我希望將這次的觀察焦點確定在自己的教師移動上。也就是當進行學生學習活動時，我能否透過教師移動掌握學生學習狀況，適時給予指導與回饋？」

「是否需要我協助記錄學生所提出的問題？」

「有關學生的提問，老師可以不用抄錄，只要在我對全班學生提出問題或進行補充說明時，標註時間及事由就可以了。重要的是，我想知道我以移動觀察學生時有哪些特別顯著的地方，對於學生學習活動的進行與指導又產生哪些影響？」

隨後，郝老師交給我一張學生座位表：「老師，這是進行觀課班級的座位表，小組討論是採兩兩一組的方式進行。請老師依學生進行 10 分鐘閱讀文章、依據學習單上的問題於課文中尋找答案、小組意見交流與回答題目的時間順序，記錄我在這三部分學生活動的過程中教師移動的狀況。請問老師，我們方便在觀課後第三天再一起議課嗎？」

「沒問題，我會在觀課時記錄你的教師移動路線，再根據量化數據進行教師移動量化分析，所以安排在觀課後第三天進行議課是非常適宜的。」

此次觀課前會談，便在下星期一第三節課於授課班級教室見的約定中結束。

第四節　觀課教師入班的實境紀錄

　　剛到四樓觀課教室外，便看到學生已將桌椅放置在教室後面。從走廊另一端走來的郝老師邀我入班，我們核對完觀課前會談時的觀課焦點後，上課的號角聲便響起。同學們紛紛回到自己的座位，郝老師要求同學們拿出課本和上星期五已經先發給同學們的學習單。

　　郝老師走下講臺，檢查學生們在假日中是否完成上星期五交代的作業。對於沒有完成作業的學生，郝老師小聲告誡並告訴同學們上課時間很緊湊，同學如果沒有在事先做好預習或準備的工作，可能無法在這節課中順利完成學習單上的問題討論與報告。我心裡不禁佩服郝老師：難怪要設計 10 分鐘的時間讓學生閱讀文章，原來是挪出 10 分鐘讓這些還未完成學習單作業的學生有補救的機會啊！學生們安靜地進行文章閱讀，郝老師也在教室裡巡視學生的學習狀況。

壹、觀課教師是披著斗篷的隱形人

　　多次擔任觀課教師，每次入班就提醒自己是整間教室的隱形人，不干擾教師的教與學生的學，但是要比上課的學生更專心，要專心於教學現場每一件與觀察焦點有關的資料蒐集與記錄。因為深怕自己稍不注意或不小心的遺失一筆佐證資料或是錯誤紀錄，會影響到觀課資料證據的完整性與正確性，如此則辜負了授課教師的委託與信任，也糟蹋了一場對授課教師而言應該有更多教學成長與收穫的備觀議過程。

　　先前之所以建議郝老師採用 TDO 進行觀課，除了讓郝老師因為能掌握自己的教學不致惶恐外，也因為這方式可以更確定授課教師的觀察焦點，也讓觀課教師清楚該蒐集哪些事實資料以符合授課教師之所需。

貳、觀課紀錄要具體看聽見

由於在觀課前會談，郝老師已將觀察焦點確定在「授課教師能否透過教師移動掌握學生學習狀況，適時給予指導與回饋」上，因此觀課時，身為觀課教師的我早將學生座位表多印幾份備用，依照時間順序追蹤郝老師於教室各處移動的足跡以記錄他在教室中的樣態，並且標註學生詢問老師問題或老師指導學生的時間點。

根據授課教師的移動現場，蒐集紀錄資料如下：

一、10：10到10：20，學生進行文章閱讀活動

授課教師由教室右側第一排及第二排中間的走道開始移動，先後停留在 38 號及 33 號同學身邊觀察他們的閱讀情形，再沿著原走道繼續往教室後排走以巡視學生的作業狀況。當授課教師繞到第六排後方，要順著第六排與第七排的走道折回講臺時，在 2 號同學身邊稍加停留以觀察其作業完成情況。

授課教師在巡視學生學習情況時，發現有學生因為不理解講義及學習單上「人物性格」、「心理狀態」、「兩轉一藏」的意思，所以未能完成講義上的內容，便在 10：15 走回講臺，在黑板上寫下「人物性格」、「心理狀態」、「兩轉一藏」，逐一解釋其意。這 10 分鐘內，授課教師的第一遍移動，主要是以教室左右兩側區域為主。

二、10：20到10：40，學生進行小組討論活動

授課教師走下講臺後，由教室左側第六排及第七排中間的走道開始移動。授課教師移動到第五排及第六排中間的走道，在 15 號同學身邊稍加停留回答學生的問題。10：25 發現第五排第二位 5 號同學沒有寫講義，授課教師再次走上講臺，告訴同學要好好完成作業，否則無法進行討論。

授課教師走下講臺後，從第三排及第四排中間走道開始移動，並

宣布同學兩兩一組進行討論時，如有疑問要問老師可以舉手，老師即會前去指導。小組討論活動進行過程，學生會於授課教師移動到自己組內時，舉手詢問教師問題。這20分鐘進行兩遍的教師移動，第二遍移動主要是以講臺前中及左後區域為主，第三遍教師移動則是以講臺前中以及右後區為主。此次授課教師移動時停留指導的次數達24次，接受指導的學生計有28人。

三、10：40到10：50，教師進行抽籤讓學生回答問題活動

授課教師回到講臺上，宣布小組討論時間到，要抽出回答問題的組別。隨即抽出30 & 22及4 & 31兩組同學分別回答兩題。授課教師直至下課皆在講臺上，未進行任何教師的移動。

參、量化數據及分析要客觀

觀課教師追蹤教師移動，除了依照時間畫下授課教師移動的足跡，更重要的是根據這些原始觀察紀錄填寫客觀具體事實，分析教師移動特別顯著處，進而將這些客觀的數據分析作為與授課教師進行觀課後回饋會談的證據資料。

一、教師移動與指導學生的關係

依照教師移動原始觀察紀錄分析，授課教師對於學生在小組討論時的指導部分特別顯著。教師三遍的移動中，因應學生的問題或教師發現的問題而停留指導學生的次數共有24次。授課教師對於12 & 35及28 & 38這兩組學生的指導次數最多，各有3次；對於7 & 32、18 & 23、30 & 22、15 & 34、16 & 13及21 & 2六組學生的指導次數各為2次；對於33 & 3、25 & 11、4 & 31、6 & 14、5 & 36及37 & 1六組學生的指導次數則是各1次；29 & 20、17 & 27、26 & 8、19 & 24及9 & 10五組學生，既未主動提問也沒有接受到授課教師的指導。

二、教師移動與方位偏好的關係

再以觀課教師面向講臺方向，來看授課教師移動區有無偏好某一方位的問題，由第一遍教師移動以教室左右兩側區為主，第二遍教師移動以講臺前中及左後區為主，第三遍教師移動以講臺前中以及右後區為主，可以看出授課教師移動路線是以教室的前中區域較為頻繁。

三、教師移動與學生學習活動的關係

授課教師從學生進行 10 分鐘閱讀時，即以移動來觀察學生是否完成學習單填寫內容，也因此讓授課教師發現班上仍有少數同學未能完成學習單。由於學生在進行分組討論與意見交流時，會舉手向授課教師提問，授課教師會隨時因應學生提問需求並觀察學生們是否確實進行組內討論，所以整個教師移動最頻繁的時間，是出現在進行各組學生問題討論與意見交流時。

第五節　授課教師主導觀課後回饋會談

109 年最後一天的下午，大家開心著即將到來的 110 年元旦連續假期，郝老師與我也以同樣的心情於行政辦公室進行觀課後會談。不同於之前分享各自教學歷程或心得感想的晤談方式，這次的會談我們多了一項祕密武器，那就是觀課時所蒐集的資料證據。

郝老師看到我手上的三份追蹤教師移動路線原始觀察表，說：「老師，謝謝您星期一撥空協助我進行入班觀課，現在可以請老師開始分享當時所記錄的教師移動資料嗎？」這場回饋會談的實際運作，便由郝老師的提問正式開啟。

壹、觀課教師進行資料證據分享

　　爲了使觀課後回饋會談能夠聚焦，我重述觀課前會談時所確定的觀察焦點：「好的，首先要說明的是這次的觀課焦點爲：進行學生學習活動時，授課教師能否透過教師移動掌握學生學習狀況，適時給予指導與回饋。」「沒錯。」郝老師點了點頭。「所以，根據先前提到的觀察工具，採用教師移動追蹤法蒐集資料證據。這50分鐘的課程中，郝老師的教學可以分成三個部分，分別是學生的文章閱讀、學生的小組討論、以抽籤決定回答問題的學生，這三部分的活動時間分別爲：10分鐘、20分鐘、20分鐘。所以這三張教師移動原始觀察，是我根據整節課的三部分的活動流程記錄下來的資料。」我先向郝老師說明自己設定觀課紀錄的方式。

　　「我所記錄的第一張教師移動路線原始觀察表，就是郝老師在學生進行10分鐘文章閱讀時的教師移動。移動方向是由靠教室外走廊的第一、二排走道開始，從教室前方走向教室後方，再由教室後方繞到靠校門窗邊的第六、七排走道。這段觀察學生閱讀狀況的時間裡，郝老師分別對6位學生進行閱讀指導，因爲發現學生不理解『人物性格』、『心理狀態』及『兩轉一藏』的意思以致無法回答學習單上的問題，便在黑板上寫下『人物性格』、『心理狀態』、『兩轉一藏』，對全班同學進行講解與引導。由第一部分的原始觀察紀錄看郝老師的這10分鐘教師移動區位，是以教室左右兩側區爲主。對於這部分的紀錄資料，不知道郝老師有沒有什麼問題？」「這部分的紀錄很清楚，請老師繼續分享接續的紀錄資料。」郝老師說完後，我繼續說明第二部分的觀察紀錄資料。

　　「第二張及第三張教師移動路線原始觀察表，便是要結束學生文章閱讀並進入到第二部分學生小組討論時的教師移動。第二張的教師移動路線是在講臺前中及左後區，適時給予11組學生指導與回饋。同時也發現有同學沒有完成學習單，老師告訴同學需把握時間完成書

寫項目。第三張的教師移動是在講臺前中以及右後區，適時給予 4 組學生指導與回饋。」

「10：38 郝老師提醒小組討論交流時間將於 2 分鐘後結束，時間一結束即刻抽籤決定回答問題的組別。10：40 移動至講臺抽出兩組學生分別回答學習單兩項問題一直到下課，老師就在教室前講臺附近移動。以上是我的觀察紀錄資料說明。」

我說明完所記錄的資料後，郝老師追問：「老師，根據您剛剛的證據資料，可以計算出我在教師移動時指導學生的次數，以及未特別指導的學生嗎？」其實，我已在另一張教師移動量化分析表中完成了剛剛郝老師所提的統計資料。「有的，根據量化數據所做的分析，教師移動停留所指導的次數共有 24 次，受到注意且給予適當指導與回饋的組別有 14 組，未受到指導的組別有 5 組。也就是說在這次的學生學習活動中，因授課教師的教師移動使得 28 位學生受到教師的指導與回饋，比率為 73.68%。」

「在進行小組討論活動時，我發現有七成多學生在討論時有受到老師的關注與指導，其中接受 3 次指導的學生有兩組，接受 2 次和 1 次指導的學生各有六組，但是有五組學生沒有受到老師的指導。還有，學生進行組員討論與意見交流，以及老師因應學生提問需求及觀察學生能否確實進行討論時，是教師移動最頻繁的時間點。」

貳、授課教師自主檢視教學與反思

郝老師在聽完我的觀察說明後，隨即檢視自己在上課前 10 分鐘安排文章閱讀的脈絡發展與結果。

「我這部分的安排，主要是讓學生練習查找資料，但是在第一次巡視時發現學生在資料擷取的部分有無法獨力完成的部分，所以才會立刻指引學生思考方向並提醒同學務必掌握時間完成。」

「面對學生這種在資料擷取上遇到困難的狀況，不知道郝老師在教學上有沒有什麼調整的方式？」當我探問郝老師的做法時，也明白

這是國文老師常遇到的教學問題。

「或許在規劃學生學習單的習作或題目時，可以先由老師示範如何擷取資料以完成一題的作業題，再讓學生一起做一遍。在題目的設計上，也可以避免使用一些艱澀用語，或是先說明學習單上『人物性格』、『心理狀態』、『兩轉一藏』這些專用語的意思，這樣就可避免學生因不懂題目專用語而不知如何回答問題的困擾。」

「郝老師，我想知道為什麼在你行走移動時，有時候會對某些組別學生的指導數多且時間長，有些學生就沒有停下來指導呢？」

郝老師看著手上的分析資料及分組名單，「我在各組間行走時的觀察與指引，較傾向於走向平時上課反應較佳或對文章解讀有誤的學生。至於經過卻沒有停下來指導的五組學生，是因我觀察到他們都已完成學習單的書寫，而且這些學生平時也是比較安靜。」

參、授課教師與觀課教師共享收穫

我們透過這樣的回饋會談，省察該如何調整教學，以使日後進行類似的教學活動時能更加精緻。我們也分享著這次觀課後的收穫或對未來教與學的啟發。

在這次觀察中，我們發現教師在進行教學時，與反應活絡或學習專注力不佳的學生互動較多，因此在觀察學生分組討論時，容易將關注焦點落在與老師互動較緊密的學生身上，像是會回應問題或提問的學生，或是學習被動且疏懶的學生。相形之下，較沉默或表現平穩但不突出的學生所獲得的教師關注度便較少。時時省察教學時自己與學生的互動行為，注意自己對於學生學習關注的比例原則，甚至在安排學生分組討論活動前，先規劃好的教室移動路線，以避免產生移動偏向太大的問題等，都是我們在這次觀課過程中共同學習到的地方。

「經過這次會談的觀察資料分析，我發現可以在下一次學生分組討論時，多設計一些高層次思考或開放性的問題，例如：琦君的母親與姨娘之間因爭奪丈夫的愛產生糾葛與恩怨，而造成家庭紛爭的這位

丈夫又怎麼可能全無過失？因此，可以將討論題目延伸至家庭議題，甚至可以請同學們透過對家中父母互動過程的觀察，發表自己對於未來另一半的想法。我想這種問題討論方式，應該可以使學生對於人生議題有更深的感知與思辨。」郝思文老師在會談結束前提出未來自己可以採取的教學行動。「這也可作為下次教學觀察的焦點。」我們發現這次回饋會談中擬調整與待改進的部分，已為我們拉開下一次教學觀察的序幕！

第六節 授課教師主導觀察（TDO）的真心話

「評鑑」二字，似乎總帶有一些權威性以及批判性的色彩，受評鑑者要盡力在所有評鑑指標中表現得盡善盡美，而通過評鑑則是一切行為的最終目標。因此，第一次聽到「教師專業發展評鑑」時，其實我是非常緊張與焦慮的。我在教育現場仍屬初出茅廬的「菜鳥教師」，若在教學時臺下的委員嚴肅的記錄著教學流程中的種種缺失，光是想像就覺得不寒而慄。

當然，以上的內容純屬我的「腦內劇場」，我是多慮了。經由夥伴老師翠雲老師的介紹後，方才了解「教師專業發展」已是支持系統，而且可以採用 TDO 模式，也就是「授課教師主導的公開授課」（teacher driven observation），意即由授課教師本人主導包括備課、觀察焦點選擇、觀課以及議課等整套流程。與傳統的觀課方式最大的不同，在於 TDO 模式下的授課教師可以自行決定希望夥伴教師幫自己觀察的「焦點」。於是觀課的主題性變得清晰明朗，評鑑成為一種協助授課教師「精進」自己教學的方式，而不是具批判性的價值判斷。

第一次觀察時，我與夥伴教師翠雲老師使用「教師移動量化分析表」，並請翠雲老師幫我觀察在〈髻〉這一課的教學活動中，自己的

班級控制與在教室移動的路線及協助學生的狀況是否有所偏頗。整堂課的運作脈絡，以及學生在本次課堂前的先備知識，在課前說課時便已先行完成，故評鑑的主題便可以很清楚的聚焦在「教師於課堂活動時對班級的掌握度」這個焦點上；第二次的觀察則是由我負責幫翠雲老師觀察在〈晚遊六橋待月記〉的課程中，是否能運用適切教學策略與溝通技巧，幫助學生學習，以及能否建立課堂規範，並適切回應學生的行為表現。此次使用的是105年版的規準觀察紀錄表，根據授課教師希望被觀察的焦點選擇相對應的指標條目，並具體記錄相關的教學行為。

根據授課教師選擇的觀察焦點，觀察者使用的評鑑量表也有所不同。於是我們可以看出TDO模式下的教師專業發展評鑑是一種為了授課教師高度客製化的評鑑方式，目的並非批判性地評價教師的教學，而是協助教師更加精進教學活動中的特定環節，而這一切都由授課教師本人進行主導。在這樣的評鑑方式下，觀察者與被觀察者之間的關係不再是上對下的「監督指導」，而是相對而言更加平行的「協助共行」。對於教學經驗尚不充分的我而言，這樣的方式不只能促使我在說課時先行解構並歸納出自己的各項教學環節，有助於建立更清晰且有效的教學脈絡，在心態上亦能更加從容；我們也有幸能透過這樣嶄新的方式，承接夥伴教師彌足珍貴的豐富教學經驗，加以精進與鞭策自己的教學。

在未來，菜鳥教師也終將會成為世代傳承中的一環，但我想不論身處何方，TDO的模式與其精神也許能使我們憶起，當初那個躊躇滿志又略顯青澀，即將踏入教室的熱血教師。而熱血的菜鳥在通往精熟的崎嶇道路上，若得夥伴互助與扶持，何其有幸！

參考文獻

張民杰、賴光眞（2019）。從教室內把大門打開：授課教師主導的教學觀察（TDO）。**臺灣教育評論月刊，8**(7)，102-106。

賴光眞、賴文堅、葉坤靈、張民杰（譯）（2019）。**透明的教師——以同儕蒐集課堂資料精進教學**（原作者：T. E. Kaufman & E. D. Grimm）。臺北市：五南。（原作出版年：2013）

第九章

小組討論為觀察焦點的 TDO觀課實例

前言

　　「工欲善其事，必先利其器」，本章介紹小組討論為觀察焦點的觀察工具。教學現場有愈來愈多教師運用小組討論提升教學品質與學生學習成效，然而看似充滿互動的小組教學，能否讓每位學生獲得公平的學習機會？真正達成提升學習成效的目標？或者只是更不公平的讓某些學生主導學習，有些學生在看似公平學習下反而失去更多學習機會？本章提供「小組討論公平性觀察表」的介紹、說明教學觀察工具的使用時機與方式，以及使用時的限制與注意事項。期待能對想要了解小組討論教學公平性的教師，提供有效且實用的資訊。

第一節 合作學習與小組討論的公平性觀察

壹、合作學習，教室新風情

　　十二年國民基本教育以「自發、互動、共好」為理念，強調學生是主動的學習者，學校教育應善誘學生學習動機與熱情，引導學生開展自我與他人、與社會、與自然的各種互動能力（教育部，2014）。「分組合作學習」強調「學習者中心」，重視學習者積極參與、主動學習，以及學習小組成員的互動與互助（張新仁，2016），此與十二年國教理念不謀而合。同儕合作不僅能增進學生學習成效，超越獨立的個別表現，更培養學生在知識領域的協同合作的習性與能力（黃永和，2013a）。因著教育思潮的改變與十二年國教的實踐，許多教師在教學中運用分組合作學習，改變了長期以來教師單向講述、學生被動聽講的教學型態，轉變成「以學生為中心」，促使學生積極主動參與學習，進而提升學習成效。

　　在教學實務上，為了促成每位學生的參與，有些教師安排「人人都是長」，讓班級事務事事有人做、人人有事做，提升每位學生存在

的意義與價值，促進對班級的認同與向心力（黃永和，2013b）。這理念也被教師廣泛運用在小組討論中，透過安排小組成員角色，期盼每位學生都參與學習並在合作討論中獲得更大的學習成效。然而，黃永和（2013b）也指出，如果老師只是將學生分組，就期待學生能自動自發聚在一起討論，那是過度樂觀的事情。小組成員的凝聚力及相互質疑挑戰的刺激雖然能促進小組學習成功，但是小組成員若有依賴他人或不積極貢獻於小組活動，則會降低小組學習成效（林朝順、鄒國英，2005）。依據我在教學現場的觀察發現，即使教師採取小組討論的教學，學生也看似熱烈討論，然而，討論的內容真的聚焦在教師期待的學習目標上嗎？每位學生都獲得公平的學習機會嗎？我也曾聽聞教師憂心忡忡地說：「原本小組討論的教學設計，是期望讓每位學生都能在討論的互動中，彼此共好的學習。然而，會不會造成強勢的學生主導了討論與發表，弱勢學生的學習機會變得更少，甚至形成更不公平的學習情境？」

貳、小組討論公平性觀察，學習與教學雙贏

　　小組討論是分組合作學習中常用的方式，也是促進學習的有效策略。教師若要了解自己使用此策略是否達到預期成效，而非表面效度，就需要合適的工具協助蒐集具體的資料。國立臺灣師範大學教師發展辦公室研訂的「小組討論公平性觀察表」，正是幫助教師獲得此資訊的好工具。

　　透過小組討論公平性觀察表，教師可以從觀察紀錄中評估每位學生的參與次數，進而了解每位學生在小組討論中的參與程度，以及參與中同儕給予的正向或負向的回應及互動關係。也可以藉由學生與組員間互動的質性描述，了解學生在小組討論中的參與機會及被組員接納的狀態。藉此幫助教師進行課程與教學規劃的調整，更可以進一步探討個別學生的問題，進行組員或教學策略調整、蒐集被排擠或未獲得公平學習機會學生的相關資料，進而對症下藥，促使每位學生都獲

得最棒的學習，教師也可據以調整小組討論的進行方式，促成教師教學與學生學習的雙贏。

一、使用時機

1.進行小組討論教學時。

2.教學者想要獲得「小組討論公平性」的具體資訊時。

本觀察工具是用以觀察記錄小組討論時的成員關係：獲得每位學生是否有公平學習機會、組員彼此平等接納對待、是否有人被排擠孤立等質性與量化資料。本觀察表適用的時機在於教師有規劃小組討論教學時使用，若該節課教師未安排有小組討論，就不適用。

二、使用方式

(一) 認識觀察紀錄表

國立臺灣師範大學教師發展辦公室研發了兩種小組討論公平性觀察表（請參閱附錄六工具 20、工具 21），第一種是全組成員的觀察紀錄表，第二種是個別成員的觀察紀錄表。

這兩種工具的目的都在蒐集小組討論中，學生參與的公平性資料。全組成員觀察表用以觀察與記錄小組中每位成員的表現；個別成員則指觀察小組中教學者期待觀課者協助觀察的某一位學生。簡言之，全組成員觀察表必須同時觀察、記錄整個小組的學生，個別成員觀察表則僅聚焦在某一位學生。

這兩種表件除了觀察的人數不同外，其餘內容大致相同（見表9-1）。和其他教學觀察工具相似，都必須先填寫觀課的基本資料，包含授課教師、觀課人員、教學單元、教學節次與觀察日期等。

表 9-1 小組討論公平性觀察表的基本資料

授課教師 （主導的教師）		任教 年級		任教領域 ／科目	
觀課人員 （認證教師）					
教學單元		教學節次	共＿＿＿節 本次教學為第＿＿＿節		
公開授課／教 學觀察日期	＿＿＿年＿＿＿月＿＿＿日	地點			

這些基本資料可以在共備或是觀察前會談中獲得。表件中也提供觀課紀錄的內涵相關名詞解釋，如表 9-2。

表 9-2 小組討論公平性觀察表的名詞解釋

一、名詞解釋	
類別	說明
正向發言	觀察對象的發言受到同儕期待、傾聽與重視。
負向發言	觀察對象的發言受到同儕忽視、輕視或藐視。
參與機會	觀察對象在小組討論時，教具教材的使用機會、身體位置的接近性，以及參與小組任務的重要性與價值性之平等情形。
成員互動	在小組討論時，觀察對象與其他成員之間的互動，是否具有公平表達機會、平等接納對待，沒有排擠等情形。

(二) 可以將此觀察內涵分為質性和量化兩種類別

1. 量化的描述

以畫記方式記錄，只要有欲觀察的行為出現，就畫記一次。量化的記錄對象是被觀察者的發言，分為「正向發言」、「負向發言」兩

個向度進行畫記。以下分別說明：

(1) 正向發言：觀察對象的發言受到同儕期待與重視

小組討論時，觀察學生發言後，如果同組的學生給予正向的語言或肢體的回應，觀察者就在此欄位中畫記一次。例如學生發言之後，同組同學說：「你說的真棒！」「我同意你的想法。」或者同組學生在觀察對象發言後，給予微笑、點頭的回應，都可以做一次「正向發言」的記錄。

(2) 負向發言：觀察對象的發言受到同儕忽視、輕視或藐視

意指學生發言後，同組的學生給予負面的語言或肢體回應，或者組員忽略、孤立被觀察對象。例如被觀察對象發言後，組員說：「我不想聽你說……」；其他組員對被觀察者表現出鄙視的態度；或被觀察者發表想法時，組員仍然自己討論，完全無視他的存在。如果出現這些現象，就在「負向發言」的欄位中記錄一次。

2. 質性的描述

從與同學的肢體互動、距離、學習媒材或工具的接近來描述。這些觀察記錄的資料可以幫助教師除了量化數字化，還能看見被觀察對象的具體表現，有助於教學者掌握被觀察學生的學習情形。可以從「參與機會」與「成員互動」兩個向度來描述學生的參與。以下分別說明：

(1) 參與機會

觀察對象在小組討論時，教具教材的使用機會、身體位置的接近性，以及參與小組任務的重要性與價值性之平等情形。

(2) 成員互動

在小組討論時，觀察對象與其他成員之間的互動，是否具有公平表達機會、平等接納對待，沒有排擠等情形。

3. 量化觀察小提醒

有些老師使用本工具進行記錄時提出一些疑問，在此也分享給老師們參考。

如果被觀察對象發言之後，同組的組員沒有給予積極的讚美或身體的回應，也沒有給予負面的言詞與態度，那應該要記錄在正向或負向發言呢？

(1) 如果被觀察者發言後，沒有得到組員積極正向的回應，也沒有被負向對待，但是小組的討論自然地繼續進行，建議此時可以畫記在正向發言的欄位中。

(2) 正向或負向的發言畫記，不是依據被觀察者發言內容的正確與否來畫記，而是以被觀察者發言後組員的對待態度來決定。例如被觀察對象發表想法時，內容是錯誤的，組員以正向接納的態度說：「我覺得這裡的答案應該是……比較合理。」此時雖然發言的內容錯誤，但是組員以正向的態度來應對他，觀察者就可以在「正向發言」的欄位中畫記一次。

(三) 進行的程序

以小組討論為教學觀察焦點的工具使用程序，和我們熟知的教學觀察三部曲程序相同，只是依據此工具的特性稍有不同。以下分別說明。

1. 觀察前會談

在觀察前會談（或教師共備）時，可從課程與教學設計、教師關注的焦點以及教學觀察的進行方式等三方面進行討論。

(1) 課程與教學設計

教學者與觀課教師透過共備或觀察前會談，了解教學脈絡，包含學習目標、教師採用的教學策略，包含小組討論形式與使用時機等。

觀察前會談(共備)
•課程教學脈絡
•形成關注焦點
•確定觀課方式

教學觀察中
•依觀察焦點聚焦觀察
•依觀察焦點選用工具
•儘量靠近觀察的小組

回饋會談
•教學者主導會談
•依具體事實討論
•彼此學習與感謝

Title Text

小組討論公平性
教學觀察
進行程序

圖 9-1 小組討論公平性教學觀察進行程序

　　觀課教師掌握教學脈絡，有助於教學觀察時，理解教學者的教學，以及掌握學生在小組討論中的發言與師生間的互動。知道教學者運用小組討論的時機與形式，也有助於觀課者知道何時或如何進行觀察與記錄。

　　以我進行校訂課程「校園主題地圖」單元的教學為例，觀課教師藉由我的教學活動設計以及觀察前會談，知道這節課我將會有 3 次的小組討論，有 2 次為兩兩配對討論，1 次為 4 人小組的討論。事先掌握這些教學脈絡，觀課者就可以知道何時我會進行小組討論、該次討論的小組人數與學習目標為何。

表 9-3 文化走讀課程設計（節錄）

	課業學習目標	社會技巧目標	
學習目標	A1. 學童透過走讀與觀察，在學校地圖中記錄東華附小有特色的景點及其位置。 A2. 透過小組分享（RoundRobin），與組員分享觀察與記錄的策略；經由組內討論後，學生評估修正觀察與記錄方式，實際運用在校園觀察與記錄中。	□S1 專注 □S2 傾聽 □S3 輪流發言 □S4 主動分享 □S5 互相鼓勵 □S6 互相幫助	□S7 掌握時間 ■S8 切合主題 □S9 對事不對人 □S10 達成共識 □ 其他（請說明）： _____
設計理念	帶著孩子在校園裡觀察、記錄。藉由覺察與自身相關的校園生活，找出主題，整合學童在社會課已經學習並具有認識地圖的相關知識，帶領孩子展現規劃與執行力，繪製一份東華附小主題特色地圖。本次學習任務是學童個人完成。但在完成任務的歷程中，希望引導孩子學習與別人分享執行任務的歷程、有效的策略。讓孩子們延續過去課程中一直強調的自我精進（A1），也要學習規劃實踐（A3），更要促成人際關係與團隊合作（C2）的核心素養。		
教材分析	這個單元的學習任務如下： 任務一：認識主題地圖（1 節） 事先準備不同的主題地圖。透過觀察、比較，覺察主題地圖的內容與繪製方式 任務二：我是校園觀察大師（3 節） 透過實地走讀校園，觀察並將預計繪製的主題地圖的景點，記錄在東華附小地圖上的正確位置，並描繪出其特色。 第二節　決定校園地圖的主題與實地觀察（將校園分為三大區塊，觀察第一區）。 第三節　分享觀察歷程與記錄方式，相互學習並評估修正觀察記錄方式後，再次實地觀察（觀察第二區）。（本次公開授課節次） 第四節　實地觀察校園第三區，並進行資料的彙整與繪製地圖的規劃。 任務三：繪製東華附小主題地圖（3 節） 依據觀察結果，規劃並繪製東華附小主題地圖。 任務四：東華附小主題地圖發表會（1 節） 透過組內分享及拼圖法，與同學分享自己設計的地圖，並分享創作的歷程。		

合作學習的教學流程				
項次	教學目標編號	教學活動（含教師教導與學生學習活動）	（對應目標的）學習評量	時間
小組討論 1： 1	A1 A2	**分享觀察歷程與記錄方式** 1. 教師引導學童個別回想上次觀察校園地圖時使用的策略與記錄方式，並且自我評估使用方式的優點與困難。 2. 透過組內兩兩配對分享擬定的校園地圖主題，以及上週觀察記錄的歷程。 為了增加分享的機會，先同組左右組員分享，再對面的同學分享。	依據自己的學習紀錄，說出觀察與記錄的方式	5
小組討論 2： 2	A2	**觀察與記錄方式的分享與修正** 1. 透過小組先以 RoundRobin 説自己的想法，學習依據組內編號順序（1-2-3-4）每人 30 秒分享，老師計時，30 秒時間到即停止發言。 2. 再共同討論彙整出觀察記錄的好方法，檢視修改自己的觀察與記錄方式（3 分鐘）。 3. 教師指定每組的 N 號代表全組發表剛才討論的結果。如果別組已經分享過的策略即不再重複説。	參與小組的討論，並且在他人分享時專注與尊重（眼神看發表人，不對事不對人的討論）	10
小組討論 3： 3	A1 A2	**實地校園觀察與記錄（第二區）** 1. 依據討論與修正的策略進行實地觀察與記錄。 2. 兩兩配對分享今天已修正後的策略觀察與記錄的結果與感受。	1. 正確標示景點在地圖上的位置 2. 以文字、圖案或多元方式記錄主題景點的特色	22
4	A1	**統整與省思** 教師引導學生統整今日的學習，並請學生自我評估今日的學習表現。		3

(2) 關注焦點

由教學者主動提出希望觀課者協助觀察哪一組或是哪位個別的學生，以及觀察的注意事項。

如果教學者想了解在小組討論的教學中，學生是否都能公平的參與，教學者可以邀請觀課者就教學者指定的小組進行觀察記錄。此時可使用的工具為「小組討論公平性全組成員觀察紀錄表」。

如果教學者已經明確想知道某位學生在小組討論中的公平性參與，便可在此時請觀課者聚焦該個別的學生。或者經由全組成員觀察後，發現其中某位同學有不公平的學習機會，或者其他想進一步了解的問題，此時可以使用的工具為「小組討論公平性個別成員觀察紀錄表」，針對焦點學生進行教學觀察記錄。

進行小組觀察時，最好能事先知道每位學生在小組中擔任的角色或編號，方便記錄的進行以及回饋會談的聚焦討論。以下面吳老師進行的三年級音樂課的觀察紀錄表為例，觀課教師和教學者在觀課前的討論中，知道小組學生的角色分配為樂器長、關主、發表長和組員，因此先將學生擔任的職務名稱記在第一欄中，如表 9-4。

表 9-4　記錄學生編號或擔任職務的觀察表

二、觀察記錄			
學生編號 擔任職務	類別	出現 次數	整體觀察分析 （觀察對象於整個觀察過程之狀態）
1. 樂器長	正向 發言	⊘⊘⊘⊘⊘ ⊘	**A. 參與機會：** 1. 接收到老師指令後，立即發表想法。 2. 所提出的意見被組員接納，組員會用點頭或複述的方式回應，組員也會接續補充想法。 3. 小組裡第一個選樂器的人。 4. 討論時靠近某同性同學，離兩位異性遠。
	負向 發言	⊘⊘	**B. 成員互動：** 1. 打斷組員的發言，說明自己的想法。 2. 制止組員選樂器，直接分配樂器。

2. 關主	正向 發言	○○○○	**A. 參與機會：** 1. 同意樂器長的意見，重複說了一次後，轉頭問另外兩位組員想法。 2. 補充剛剛樂器長的意見，並確認對方的答案是不是這個意思。 3. 離樂器長的距離最近。
	負向 發言	○	**B. 成員互動：** 1. 向老師表示同組的某同學沒有參與。 2. 對離開小組的發表長有情緒，說「這樣會害我們討論不出來」。
3. 發表長	正向 發言	○○	**A. 參與機會：** 1. 第一個問題有表達自己的想法。 2. 表示想口號不好玩。 3. 離同組組員遠。 4. 還沒開始練習就摸樂器，被樂器長制止。
	負向 發言	○○○○○	**B. 成員互動：** 1. 有兩次發表自己想法，組員沒有回應。 2. 質疑組員答案，認為要再想另外的答案，組員沒有回應。 樂器長與關主勸告要專心討論，該生離開到前面一組看別組討論。
4. 組員	正向 發言	○	**A. 參與機會：** 1. 很少發表，樂器長或關主問想法時，回答對或不對、贊成還是不贊成。 2. 離同組組員遠。 3. 小組討論時，會看窗外或前面一組的同學。 4. 表示「我不會」及「隨便」。
	負向 發言	○○	**B. 成員互動：** 1. 樂器長與關主刻意詢問意見，需要問兩、三次會簡短回答，問完數秒後或是被追問才回答。 2. 同組員把最後沒人選的樂器給該位學生。

(3) 觀課的進行方式

在觀察前會談中，觀察者可以和教學者確定觀察的小組或個人外，也可以討論教學中觀察者的位置。由於小組討論公平性的觀察，需要觀察學生發言的內容與彼此的回應，因此，建議觀察者的位置與觀察的小組或個別學生儘量接近，否則不容易聽到小組間對話的內容，也不易判斷其為正向或負向的發言。

觀課中是否要借助錄影設備的協助，也可以在觀察前的會談中進行討論。如果想要深入了解學生在小組討論中學習的情形，怕觀課時無法同步記錄所有的過程，可以採錄影方式輔佐。如果已經嫻熟此工具的使用，則可以直接在觀課中以觀察表進行記錄。

公開授課的目的在協助教師彼此學習與藉由觀課者友善的眼，協助發現教學者關注的問題。在剛開始不熟悉工具使用或者想要蒐集更完整的資料時，可以考慮錄影。如果熟悉觀察工具了，或者期待觀課與記錄是一種教學日常，可以期待朝向隨時可進行，不必採刻意花另外時間反覆觀看影片的方式。簡言之，若觀課成為日常，在觀課中即隨手完成記錄，錄影就不是一定必要的選項。

記得 2011 年我參加教育部教師專業發展評鑑參訪團到美國波士頓參訪時，我很震撼的發現，觀課是該校校長的日常。有一位校長分享他經常都是帶著一張紀錄紙，就進入教室觀課並記錄（校長皆受過嚴謹的教學觀察的課程與訓練）。沒有錄影，但是他們最重視的是觀課後和教師分享所觀察到的事實，交換彼此對教學的想法和學習。教學觀察不是用以檢驗或評分教師的表現，而是真真切切的聚焦在教師間的共好，一起為教學獲得更好的品質而努力。

2. 記錄方式

可以採用臺師大發展的工具進行記錄，老師們也可以依據教學者的需求或教學現場的狀況進行客製化調整。例如，我會依據小組成員座位的相對位置設計表格進行記錄。以圖 9-2 為例，教學者安排三人

一組的方式進行討論，我依據他們實際座位的相對位置記錄，可以幫助我更方便記錄是哪位學生發表，以及其獲得組員的正向或負向回應的次數。

組員2 O	O 主持人
	O 組員1

圖 9-2 三人小組位置圖

表 9-5 依小組討論位置客製化的紀錄表

組員2	正向發言：0 負向發言：2	主持人	正向發言：5 負向發言：2	A.參與機會：和組員1不斷對話，說的內容是昨天去哪裡做些什麼。和老師要求討論的主題完全無關。 B.成員互動：和組員1不斷對話，也笑得很開心。用不好的口氣催促組員2快點講。
	A.參與機會：一開始針對老師給他的問題提出想法，兩位成員不理他。兩位成員一直說話，有想開口說話又收回，沒機會插話。 B.成員互動：前兩次發言被兩位成員拒絕及忽略後，坐得遠遠的，沒有再說話，眼睛看著兩位成員。	組員1	正向發言：7 負向發言：2	A.參與機會：和主持人不斷對話，說的內容是昨天去哪裡做些什麼。和老師要求討論的主題無關。 B.成員互動：只和主持人說話，完全沒有和組員2互動。

3. 回饋會談

　　小組討論公平性觀察回饋會談的進行方式與一般的教學觀察相同。茲將進行時的注意事項羅列於後：

　　(1) 由教學者主導回饋會談的討論。

　　(2) 觀察者呈現觀察紀錄的具體事實。

　　(3) 依據觀察紀錄進行討論，教學者與觀察者依據教學觀察紀錄進行省思，與日後教學的調整討論。

　　(4) 彼此感謝與回饋在此次觀察中彼此的學習與收穫。

　　回饋會談是教學觀察中很重要的環節，我從許多參與觀課教師的分享中得知，透過這個階段的討論，很能幫助教學者及觀課者的專業成長。

　　回饋會談的目的是教師的專業成長與發現問題改善教學、提升學生學習成效。教學觀察中所獲得的具體事實資料，是協助教師聚焦教學問題的改善或提升成效的討論，不是用觀察紀錄來檢驗或評估教師表現。回饋會談歷程由教學者主導。以前述表 9-4 的觀察紀錄為例，觀察前會談時，教師希望我協助「關注教學中學生是否真的都能參與分組學習，且討論與教學習目標相關的內容」，商議觀課的位置在教室的後面，因此選擇最靠近觀察者的小組為觀察對象。

　　回饋會談時，與教學者分享我的觀察紀錄。我們發現該組的組員 2 完全被排擠，而主持人及組員 1 雖然彼此間有許多對話，卻沒有聚焦在教師給予的任務上。原本我以為組員 2 是學習弱勢的學生，沒想到老師說，其實組員 2 是班上成績和學習表現最優秀的同學，另外兩位學生反而是學習力較弱的學生。老師說他很驚訝看到這樣的事實，因為平日看學生都有「在討論的樣子」，因為今天的教學觀察紀錄才發現，不一定每位學生都有參加討論，有討論的學生也不一定都說跟教學相關的話。於是，教學者決定日後教學將做以下的調整：

　　(1) 分組時要留意成員的組合。

(2) 給予學生小組討論時，要更精確說明任務的內容，並且給予每位學生明確的分工。

(3) 讓學生將討論內容書寫下來（例如寫在白板上）再進行發表，以確保學生參與討論與完成教師指派任務的學習動機和達成度。

(4) 小組討論時，教師行間巡視以隨時發現與掌握學生的學習狀態。

最後，我們彼此感謝在這次觀課中的學習後，結束這一場的教學觀察。

在這個案例中，我們可以發現觀察焦點由教學者決定，藉由觀課教師的紀錄幫助教師發現教學中小組討論公平性的問題，並在對話與省思中，教學者提出未來教學調整的想法，並且彼此獲得學習。

此案例再次提醒我們，看似學生熱烈參與小組討論的樣子，其實可能與我們看到的表象不同。透過小組討論公平性觀察，幫助教師覺察問題並思考解決方案。

【回饋會談小提醒】

教學觀察不是檢驗，而是改善；教學觀察是友善的眼，為我們記錄教師教學中可能無法看見的事實。回饋會談是達成上述理想境界的重要階段。

教學觀察的事實記錄，是用來協助教學者覺察教學的問題與改善教學。以表 9-6 的紀錄為例。

在依據此觀察紀錄進行回饋會談時，老師發現因為角色分派造成某些學生參與機會的不公平。以本紀錄來說，記錄員專注於執行工作，雖然也在學習中，但他幾乎沒有參與發言，在量化紀錄上看起來就會是最沒有公平參與機會的人。在回饋會談中，教學者反思提出教學的調整，日後規劃小組討論時的角色分工，要讓學生輪流擔任，否則學生長期擔任某角色，有可能造成另一種學習上的不公平。

表 9-6 小組成員發言紀錄（節錄）

二、觀察紀錄			
學生編號 擔任職務	類別	出現 次數	整體觀察分析 （觀察對象對於整個觀察過程之狀態）
組長 1	正向發言	5	**A.參與機會**：先分配任務，但採隨機發言，意見相左時會提出疑問。
	負向發言	1	**B.成員互動**：會附和主述者並提出更好的詞句修正，互動良好。
記錄員 2	正向發言	2	**A.參與機會**：邊記錄邊修正，並適時提出個人意見。
	負向發言	1	**B.成員互動**：較少互動，大多在寫大家的發言內容。
報告員 3	正向發言	8	**A.參與機會**：十分投入討論及文詞內容修正，為主述者。
	負向發言	0	**B.成員互動**：一起討論，說明自己的想法和意見，例如：「不是吧！因為……」互動良好。
檢查員 4	正向發言	3	**A.參與機會**：專注聆聽，並會複述組員矛盾的語言，刺激及反問發言者。
	負向發言	1	**B.成員互動**：有時說話語氣較誇張，會令其他組員不想理會。

　　有時，被組員忽視的那個人，很有可能不是因為小組成員排擠他，而是因為他是小組討論的秩序破壞者，所有的發言都與討論主題無關，因此，組員為了順利完成任務，便不搭理他。因此，不能僅從畫記或是否有參與機會來看。如果教師在觀察中發現有此情形，可能必須利用個別觀察表，或是運用不同的教學觀察工具進行觀察，以發現問題對症下藥，對該生進行學習的輔導，或改變教學策略。

第二節　小組討論公平性紀錄表的運用與限制

工欲善其事，必先利其器，選擇合宜適切的工具。近年來，呼應教育思潮與教育需求，小組討論被廣泛運用在教學中。小組討論公平性觀察表提供教師有效工具，在教學觀察中了解學生小組討論的樣貌並協助改善教學。但它並非萬靈丹，在使用上有些限制與注意事項，分別說明如下。

壹、僅能使用在有小組討論教學的教學觀察中

本工具是針對有「小組討論」的教學觀察而設計，因此只適用於有小組討論教學的教學觀察中。

貳、課程共備或觀察前會談有助教學觀察的品質與成效

不了解教學脈絡的教學觀察，成效一定大打折扣，甚至造成觀察記錄的困擾。運用課程共備或觀察前會談，掌握教學的脈絡，小組進行的形式與時機，有助於提升教學觀察的效益。

參、觀察表件格式與內容可依情境需求調整

教師在同一節課，安排的小組討論形式也可能有不同的變化，比如有時兩兩配對，也會有四人小組或其他形式。如果同一次的教學觀察中，教師會運用多種小組討論，觀課教師可以事先依據小組討論的形式準備小組觀察表。

以表 9-3 的文化走讀課的教學設計為例，在這堂課中規劃有三次小組討論，每次的分組人數略有不同，因此事先調整小組觀察紀錄表如下：

表 9-7 同一節課運用不同形式小組討論的客製化觀察表

	學生編號 擔任職務	類別	出現次數	整體觀察分析 （觀察對象於整個觀察過程之狀態）
第一次討論：2人配對	甲生	正向發言		A. 參與機會： B. 成員互動：
		負向發言		
	乙生	正向發言		A. 參與機會： B. 成員互動：
		負向發言		
第二次討論：4人小組	甲生	正向發言		A. 參與機會： B. 成員互動：
		負向發言		
	乙生	正向發言		A. 參與機會： B. 成員互動：
		負向發言		
	丙生	正向發言		A. 參與機會： B. 成員互動：
		負向發言		
	丁生	正向發言		A. 參與機會： B. 成員互動：
		負向發言		
第三次討論：2人配對	甲生	正向發言		A. 參與機會： B. 成員互動：
		負向發言		
	乙生	正向發言		A. 參與機會： B. 成員互動：
		負向發言		

肆、聚焦觀察焦點

觀察時一心多用，不易面面俱到，建議一次只關注一個焦點。有些老師進行小組公平性觀察時，會被教師的教學內容、某生有沒有獲得有效學習、老師有沒有適時評量學生、班級經營策略等所吸引，就想要通通記錄下來。然而即使是很有經驗的教師，也不容易在教學的當下同時記錄這麼多面向。建議教師以觀察前會談中，教學教師所期待的焦點（在本章中描述的焦點即是小組討論的公平性）進行觀察與記錄。如果教師在觀察中有發現其他有趣且值得進一步觀察的焦點，回饋會談中可以就所看到的現象提出討論，作爲下一次教學觀察的焦點。

如果在教學前教學者已經有不同面向的觀察需求，也可以同時邀請不同的觀察者進入課堂觀課，每位觀察者有不同的觀察焦點。但是，觀課的人數不宜過多，以不干擾課堂的進行爲原則。

伍、關注教師需求，沒有對錯

教學觀察工具的使用是爲了協助教師更深入了解教學，解決問題，因此希望是教師方便使用、隨手可記，以方便且有效聚焦教學者所關注的問題，因此，著重教師在使用時能否掌握關注焦點獲得有用的證據資料。有些老師在討論觀察紀錄表時會擔心的詢問說：「不知道我這樣記錄對不對？」其實，只要是依據教學教師的需求，藉由工具的協助能更方便的聚焦關注焦點、蒐集到教學現場的具體資料，都是好的方法。可以依據教學者的需求調整觀察表件內容與形式，即使是觀察前擬訂的記錄格式，在觀察中發現有突發狀況需要調整，也是可以的。

眼見不爲憑，讓證據與回饋會談的對話釐清眞相。看似熱鬧的小組討論的課堂，經由小組討論公平性的教學觀察，更能深入獲得學生參與的機會與彼此間互動公平性的資料，不僅能提供學生公平的學習機會，更有助於教師教學專業與學生學習成效的提升。

參考文獻

林朝順、鄒國英（2005）。以專家觀察方式探討小組學習問題。**輔仁醫學期刊，3**(4)，191-201。

張新仁（2016）。一宗化萬法、萬變不離其宗，載於張新仁、王金國、黃永和、田耐青、汪履維、林美惠主編，**分組合作學習進階教學手冊**（頁3-24）。臺北市：教育部。

教育部（2014）。十二年國民基本教育課程綱要總綱。臺北市：作者。

黃永和（2013a）。合作學習「角色安排」的意義與功能。**國民教育，54**(1)，96-104。

黃永和（2013b）。合作學習的教學實務議題探析。**國民教育，53**(5)，78-88。

第十章

以學生為主體的公開授課技巧

前言

　　為提升教學品質與學生學習成效，形塑同儕共學的共好文化，十二年國教總綱開宗明義闡述：「校長及每位教師每學年應在學校或社群整體規劃下，至少公開授課一次，並進行專業回饋。」（總綱，頁36）為符應教育部總綱立意宗旨，自108學年度起，高級中等以下學校，公開授課成為每學年必辦事項，也成為教師打開教室之門的年度盛事。

　　當公開授課成為十二年國教之必要，影響政策成敗的關鍵，已然從政策方針的制定，下放至教師們的面對態度。選擇用什麼樣的角度看待公開授課，不僅攸關公開授課的實質成敗，也左右著公開授課落實與否的關鍵。

　　根據總綱內容的分野，一學年至少實施一次的公開授課，屬於教師專業發展的範疇。因之，對於促成教師專業發展的終極目標而言，公開授課是歷程，也是手段。然而，倘若教師們以「因為規定所以不得不」的抗拒心態面對公開授課，甚或以流於儀式的例行態度漠然處之，行之如儀的結果，將讓公開授課徒留儀式的軀殼而缺乏專業發展的靈魂，手段與目的一旦錯置，無疑宣判著公開授課的實質結束。

　　為何公開授課會成為不少教育工作者害怕或者抗拒的政策？其中的關鍵因素，與許多教師認為公開授課就是「看老師」的窠臼思維脫不了干係。「公開授課等於觀察老師的教學成敗」、「教學觀察就是看老師教得好不好」、「專業回饋就是為老師打教學成績」，類似的觀點如同有色眼鏡，為公開授課蒙上刻板印象，也讓教師們更加印證了心中的恐懼猜測。

　　然而，公開授課從來就不等同於「看老師」，更非是「為教學打成績」。作為促進教師專業發展的途徑之一，公開授課的真正目的，在於教育實踐與省思回饋。對於教育工作者而言，所有的專業成長，最終都需落實於課堂教學中，唯有在課堂中實踐所學，專業才能扎實

發展，成長也才得以尋得實證回饋的根。

　　為了繪出教學的實質輪廓，除了關心教師的教學方法，學生如何學習，將成觀議課中不可或缺的一環。教學離不開學生，公開授課也無法將學生的學習行為摒除於外。同樣的教法，等量的引導，為何學生們總有不同的學習成果？到底是哪個環節影響了孩子的學習成效？對於學習落後的孩子，什麼樣的教學策略能幫助他？什麼樣的教學設計又對注意力容易分散的孩子有所助益？一連串的疑問，於公開授課的大門前，幻化為教師亟欲知曉的觀察焦點，也成了專業發展的敲門磚。

　　然而，一旦開始尋找觀察焦點的疑惑解方，才發現即使教學觀察技巧已發展多年，針對個別學生課堂行為的觀察工具卻付之闕如。為了回應教師專業成長需求，也為了輝映「成就每一個孩子」的新課綱願景，國立臺灣師範大學教師發展辦公室在 109 年引進兩種「個別學生課堂行為」觀察工具，希冀透過觀察個別學生在課堂學習上的行為表現，為同樣對個別學生課堂學習情事存疑的教師們，探詢可能的切入解方。

　　為了讓「個別學生課堂行為時間軸紀錄表」與「個別學生課堂行為發生頻率紀錄表」兩種以學生為主體的觀察工具，更貼近臺灣教育工作者的使用習慣，也更適切目前教育的環境文化與氛圍，因緣際會之下，我與幾位夥伴一同參與了這兩個工具的試作與調修工程。在試作階段，我們曾於國中與國小兩種不同學習階段別的課室，觀察過領域與彈性、考科與非考科、室內與戶外課堂等不同授課領域科別，發現經過調修之後兩種工具皆可適用之。

　　聚焦於個別學生的觀察工具，提供了解特定學生焦點問題的可能出口，也為汲營於探究學生學習問題的教育工作者，開啟了另一個以觀察實證資料佐證的對話窗口。

　　目前，「個別學生課堂行為時間軸紀錄表」和「個別學生課堂行為發生頻率紀錄表」已分別列入「三階回饋人才認證手冊附件──觀

察焦點與觀點工具」之第 18 與 19 項（中小學教師專業發展專業人才培訓認證中心，2019），俾利教學現場觀課之用。

第一節　個別學生觀察紀錄

壹、個別學生觀察紀錄工具內容與使用介紹

　　欲觀察個別學生的課堂行為，可從行為發生的時間軸以及發生頻率兩種記錄方式入手。透過定時且量化的記錄模式，客觀具體呈現學生在課堂上的行為表現，再從學生行為內容分類、對應發生的時間或出現頻率，析離出學生的課堂學習樣態，以作為教師課程設計與教學實施的實證參考依據。

　　以下將分別就工具內容、實施流程與應用情境等三大面向，介紹兩種個別學生觀察紀錄工具。

一、工具18：個別學生課堂行為時間軸紀錄表

　　「個別學生課堂行為時間軸紀錄表」修改自 Anna Garito & Eunice Eunhee Jang（2010）與 Shannon（2018）（以下簡稱「工具18」），主要在記錄特定學生於課堂時間中的行為表現，藉由課堂時間軸的發展，每 30 秒定次記錄教學情境、特性學生與對照學生行為代碼等三種線索，以蒐羅標的學生的行為表徵數據，作為教師反思課程教學規劃參酌依據。

(一) 工具內容

　　工具 18 由觀課人員記錄填寫。除了觀課基本的時空與單元資料外，工具內容主要由課堂時間、教學情境、學生行為三大面向交織而成。

1. 課堂時間

課堂時間以一節課的長度為記錄範圍，從上課初始，每 30 秒時距依序記錄一次，直至課程時間結束為止。因課堂教學行為具即時與快速性，有時在 30 秒的觀察時距中，可能會出現不只一種的教學情境或學生行為，為降低觀察與記錄的難度，在 30 秒的觀察時距中，不論教學情境或學生行為歷經多少次的變化，皆以時距結束前的最後 5 秒的記錄依據即可。

據此，以國小一節課 40 分鐘計算，使用此工具完整記錄下來，共可蒐集到 80 次的時間資料；國中一節 45 分鐘則可蒐集到 90 次的記錄數據，依此類推。假使因故延後上課或者延遲下課時間，則仍可依照實際的課堂時間定速客觀記錄，以維記錄內容的真實性。

時間記錄呈現方式舉隅如表 10-1。

表 10-1　工具 18「課堂時間與行為」紀錄表

時間 分：秒	情境／ 活動代碼	標的學生 行為代碼	對照學生 行為代碼	備註 （簡述情境／活動、師生行為或教學內涵）
0:30				
1:00				
1:30				
2:00				
……				

2. 教學情境

教學情境依照學生學習參與度，由高至低分別是：IL（Independent Learning）個別學習、GA（Group Activity）分組活動、GI-2（Group Instruction two-way）團體教學（師生雙向互動的教學）、GI-1（Group Instruction one-way）團體教學（教師單向主導的教學），最後再加上 T（Transition）轉換，共區分為五個種類。五種教學情境蘊含的範疇如下：

「IL 個別學習」意指學生個人從事的學習活動，包含閱讀、練習或者自主學習等歷程。

「GA 分組活動」意指透過分組、小組、分站等分眾式的學習模式所從事的學習活動，包含實驗、實作、教學、討論、表演、解題等各類需要分組共創的學習任務。

「GI-2 團體教學（師生雙向互動的教學）」意指在全班大團體式的教學環境中，實施師生雙向互動的教學活動，包含師生提問與對話、團體討論與發表等。

「GI-1 團體教學（教師單向主導的教學）」與上述「GI-2 團體教學」同樣運用全班性的大團體教學，但限於教師單向主導的教學活動，包含常見的講述教學、說明活動流程或宣布指令、教師示範或演出、操作或播放教學媒材等。

「T 轉換」意指轉換不同的教學活動或者概念，通常是活動與活動間的變換承接情境。

表 10-2　工具 18「教學情境」分類表

	類別	說明
情境／活動代碼	IL	個別學習（個人閱讀或練習、自主學習）
	GA	分組活動（分組實驗、小組討論、分站學習、小組教學）
	GI-2	團體教學（師生雙向互動的教學，例如，提問、團體討論等）
	GI-1	團體教學（教師單向主導的教學，例如，講述、說明、示範、看影片等）
	T	轉換（活動／概念）

3.學生行為

學生行為分成 I（Initiative）積極主動、E（Effort）付出努力、N（Inattentive Behavior）不專心行為、D（Disruptive Behavior）干擾行為等四大類。每一種類別中，又再細分成四至五種行為細項，以更細緻觀察學生行為內容。

為方便記錄，不但所有的學生行為皆以代碼標註，再者，羅列於此工具中的學生行為，僅依照 I 積極主動、E 付出努力、N 不專心行為、D 干擾行為等四大類別中，分別擇定最常出現的學生行為細項，因此，若在課堂上觀察到未臚列其中的行為內容，也可於每項類別的最後一列「其他」中說明簡述。

表 10-3　工具 18「學生行為」分類表

類別		說明
學生行為代碼		
I：Initiative 積極主動	I-1	能主動提出問題以獲取更多訊息。
	I-2	能主動回答問題或積極參與班級討論。
	I-3	能主動做筆記或以畫重點等方式幫助自己學習。
	I-4	其他積極主動行為（例如，遇到困難能嘗試完成，其他請說明）。
E：Effort 付出努力 （被動努力）	E-1	能依教師指令完成課堂學習任務或作業。
	E-2	能專注於課堂學習（例如，專心聆聽或者視線專注於教材）。
	E-3	能針對教師提問回答或參與討論。
	E-4	能依教師指令做筆記或畫重點。
	E-5	其他被動努力行為（請說明）。
N：Inattentive Behavior 不專心行為	N-1	需經教師提醒才能進行課堂學習任務或作業（例如，發呆、看窗外）。
	N-2	無法回應教師提問或參與小組討論（例如，因分心而不知道教師提問的內容、小組討論時心不在焉）。

		N-3	出現與課堂學習無關的行為或動作（例如，塗鴉、把玩文具）。
		N-4	其他不專心行為（請說明）。
D：Disruptive Behavior 干擾行為		D-1	未經允許離開座位。
		D-2	干擾或妨礙學習（例如，向同學丟紙屑、踢同學的椅子、用筆戳同學、發出怪聲）。
		D-3	討論或發表無關內容干擾學習（例如，在課堂上插嘴、與同學聊天）。
		D-4	其他干擾行為（請說明）。

(二) 實施流程

此工具以個別學生為觀察對象，適用於欲觀察特定學生的課堂學習狀況，因之，若有攸關特定學生的觀察焦點皆可運用之。實施流程說明如下：

1.擇定標的學生：此標的學生不限於需接受特殊教育的孩子，也不需任何的鑑定或者資格，只要是授課教師關注的對象，皆可透過觀察前會談決定之。

2.擇定對照學生：為了釐清標的學生的行為表現是否因特定時空而引發，抑或受到教學情境、教學方式而有所影響，於擇定標的學生之後，需另找一位學生作為觀察的對照對象。

因觀察者在一時距中需同時觀察兩位學生的行為表現，為便於觀察，建議可參酌標的學生的空間環境，選擇座位周遭表現相對穩定的一位鄰居同學當作對照學生，以收地利之便。

3.準備手機或手錶等時間參照工具，備齊「個別學生課堂行為時間軸紀錄表」，在可清楚觀察到標的與對照學生的位置就坐。

4.於課程初始，規律地每30秒記錄一次，直至課程結束。記錄內容包括教學情境或者活動代碼、標的學生行為代碼、對照學生行為

代碼。若有餘裕，可於紀錄表中的備註欄位，簡述記錄當時發生的情境、教學或者行為內涵，以補足代碼無法呈現的質性內容。

5.課後，依據工具 18 內容，完成「個別學生課堂行為時間軸量化分析表」，以賦予觀察數據統計分析意涵，即可與授課教師實施回饋會談。

(三) 應用情境

工具 18 可清晰蒐羅標的與對照學生在課堂時間次序中出現的行為類別，非常適用於想了解特定學生課堂學習情形的教育工作者。

此工具建議可對應於下述觀察焦點：

1.想得知特定學生上課時專注與否？專注或不專注時間維持多久？

2.特定學生上課的專心行為是「積極主動」多？還是被動的「付出努力」多？最常出現的是哪一種專心行為細項？

3.特定學生上課的不專心行為是自己放空的類別多？還是會干擾他人的頻率高？最常出現的是哪一種不專心行為細項？

4.特定學生的專注／不專注行為是否與教學情境相關？若有，哪一種教學情境容易影響學生的專注行為表現？

5.特定學生的專注／不專注行為表現，是否會因為課堂時間的前、中、後段而有所差異？若有，是否是與當時教學情境產生交叉作用的結果？

6.特定學生平時看似乖巧，也會跟著教師的指令完成課堂作業，但學習成效總不如預期，該生的課堂學習到底出了什麼問題？

7.同樣的教學情境下，為何對照學生可以完成教師分派的學習任務，標的學生則無法完成？標的學生的課堂學習發生了什麼事？

8.其他想了解特定學生行為、教學情境、時間軸等三者間，可能產生交互作用的觀察焦點。

二、工具19：個別學生課堂行為發生頻率紀錄表

「個別學生課堂行為發生頻率紀錄表」（以下簡稱「工具19」）是與工具18作用相類似的觀察工具，主要也在記錄特定學生的行為表現，但不同的是，工具19著重於觀察特定學生課堂行為類別發生的頻率而非時間。因關注的焦點僅限於特定學生行為類別出現頻率，具範疇單一化的優勢，所以實際運用於公開授課場域中，極為簡易好入手，是對新手觀察人員非常友善的觀察工具。

(一) 工具內容

工具19主軸設定在學生課堂行為的分類上，因此，工具內容除了觀課基本資料外，絕大部分的內容即為學生課堂行為的分類與內容說明。

此工具奠基於工具18的基礎上，一樣將學生課堂行為分為「I積極主動」、「E付出努力」、「N不專心」、「D干擾」等四大類。不同的地方在於，此工具將「I積極主動」與「E付出努力」再合併為「正向行為」；將「N不專心」與「D干擾」合併為「負向行為」；並將無法歸類於正向或負向的行為另闢一類，命名為「O（Others）其他行為」。

表 10-4 工具 19「學生行為」分類表

學生課堂行為分類	正向行為	積極主動（I：Initiative）
		付出努力（E：Effort）
	負向行為	不專心行為（N：Inattentive Behavior）
		干擾行為（D：Disruptive Behavior）
	其他行為（O：Others）	

此工具僅聚焦於學生課堂行為，為了能記錄更細微、更詳盡的量化資料，工具中將「I積極主動」、「E付出努力」、「N不專心」、

「D 干擾」四大行為類別，各自再細分出八至十種行為內容，以更清晰分野學生的行為表徵。例如，在「I 積極主動」此正向行為類別中，再依據學生實際的表現，區分為「I-1 會專注聆聽教師講解的內容」、「I-2 會認真投入教師所安排的實驗或操作學習活動」、「I-3 會積極參與教師交代的紙筆練習或者作業」等七項行為內容。詳細的行為內容可參閱附錄六工具 19。

為讓觀察人員於記錄時更容易下判斷，「I 積極主動」和「E 付出努力」的行為內容細項，大致依照聆聽、實作練習、提問、回應、小組合作、筆記與否等教學活動，區分出特定學生主動與被動學習意圖兩種層次的陳述，相互對應呈現，希望能更有效地輔助觀察人員正確判別特定學生的課堂行為。

表 10-5　工具 19「學生正向課堂行為」出現次數畫記表

正向行為		內容	出現次數畫記
I 積極主動	I-1	會專注聆聽教師講解的內容	
	I-2	會認真投入教師所安排的實驗或操作學習活動	
	I-3	會積極參與教師交代的紙筆練習或者作業	
	I-4	會主動在課堂上提出問題以幫助自己理解	
	I-5	上課會自願回答教師的問題	
	I-6	小組討論時會認真和同學討論	
	I-7	上課會做筆記或畫重點	
	I-8	其他積極主動行為（若選用，請描述行為_____）	
E 被動努力	E-1	上課依據教師指示瀏覽手機或行動載具	
	E-2	會嘗試練習教師交代的紙筆作業	
	E-3	會聆聽其他同學的提問	
	E-4	在指名時會回應教師的提問	
	E-5	小組作業會和同學一起分工合作完成	
	E-6	上課只看本節課相關的書籍或資料	
	E-7	其他被動學習行為（若選用，請描述行為_____）	

　　另外，在「N不專心」與「D干擾」兩大行為類別的細項分列上，因課堂中可能出現的樣態過於豐富且多元，若全然一一臚列，在觀察記錄仍有時距限制的前提下，可能造成觀察人員立下判斷的干擾。經過觀察試作與對話反思後，決定僅將高級中等以下學生容易出現的行為樣態列於其中。假設觀察人員於實際觀課的歷程中，發現特地學生出現紀錄表中未列出的行為內容，也可自行簡述於每項類別最後一列的「其他」中。

　　最後，在「D干擾行為」的內容細項中，「D-1上課遲進教室」僅可能發生「有」或者「無」的情況，不會有頻率多寡的次數出現，因此在觀察記錄時，此行為內容僅需依照實際現況勾選有或無即可，記錄時可特別注意。

表 10-6　工具 19「學生負向與其他課堂行為」出現次數畫記表

負向行為		內容	出現次數畫記
N 不專心 行為	N-1	上課時發呆或者看著窗外	
	N-2	閱讀課堂無關的書報資料	
	N-3	課堂期間做其他課程的作業	
	N-4	因分心無法回應教師的提問	
	N-5	小組討論時心不在焉	
	N-6	藉故不參與課堂活動，例如，不參與團體活動	
	N-7	使用手機或者行動載具（瀏覽上課無關訊息、傳簡訊或玩遊戲）	
	N-8	上課時偷吃東西或喝飲料	
	N-9	上課打瞌睡或睡覺	
	N-10	其他上課不專心行為（若選用，請描述行為＿＿＿＿＿＿）	

D 干擾行為	D-1	上課遲進教室	☐有　　☐無
	D-2	在上課過程未經教師允許就離開座位	
	D-3	發出噪音或怪聲	
	D-4	向同學丟物品	
	D-5	無故踢同學椅子	
	D-6	提問與學習無關的問題或故意答錯，干擾教學進行	
	D-7	在課堂上插嘴，發表與學習無關的言論	
	D-8	和同學竊竊私語或聊天	
	D-9	和同學傳紙條	
	D-10	其他上課干擾行為（若選用，請描述行為＿＿＿＿＿＿）	
其他行為		內容	出現次數畫記
O 其他行為	O-1	其他行為（若選用，請描述行為＿＿＿＿）	

(二)實施流程

工具 19 實施步驟極為簡易，即使是新手觀察人員也能於短時間內上手，不太需要練習與教育訓練。實施步驟如下：

1.擇定標的學生：與工具 18 的實施步驟相同，第一個流程也是擇定欲觀察的一位標的學生。此標的學生仍然不需任何鑑定或者資格門檻，只要是授課教師專注的焦點學生，皆可列為標的學生。

2.準備工具 19，並選擇能清楚觀察標的學生卻又不會干擾其學習的位置就坐。

3.在課程的初始，每 30 秒為一時距，觀察標的學生的行為內容，並在此行為的對應欄位上畫記一次，直到課程結束。在 30 秒的觀察時距中，若標的學生有轉換一種以上的行為，仍依照工具 18 的記錄原則，以時距結束前 5 秒作為記錄依據即可。

(三) 應用情境

相較於工具 18，工具 19 記錄起來更為聚焦簡單，但也因此表記錄的資訊過於單純，是故應用的情境也因而有所偏限。茲將此工具可能對應的觀察焦點羅列如下：

1.特定學生的課堂學習專注度如何？

2.特定學生在課堂上出現的學習行為是正向多？還是負向多？約占整節課所有出現行為的多少百分比？

3.特定學生在課堂中出現的學習行為，在正向或負向類別中（也可細分為積極主動、付出努力、不專心、干擾等四種類別），出現頻率最高的是哪一種行為內容？

4.除了正向與負向行為外，特定學生在課堂中是否出現「其他行為」？若有，代表何種意涵？

貳、個別學生觀察紀錄工具所得資料之分析與運用

對於量化工具而言，不僅記錄方式常有固定模組可遵循，觀察的對象與範疇也清晰具體，因此只要受過基礎的教育訓練甚或看過說明手冊，常就能進駐課堂實作，實際操作的難度並不高。觀察記錄之後的資料彙整與數據內容分析，才是量化工具最令人「燒腦」的時刻。如何在一堆客觀數字中，抽絲剝繭尋覓出代表意涵？如何透過不同數據的統計分析，析離出各種數字背後蘊含的因或果？在在考驗著觀察者的專業素養。

同樣著眼於記錄特定學生的課堂行為表現，蒐集到時間軸數據與記錄行為頻率分別會分析出哪些相同與相異的面向？以下將分項闡述之。

一、工具18：個別學生課堂行為時間軸量化分析表

運用此工具於課堂觀察後，將可蒐集到每 30 秒為一時距的時間

軸、教學情境或活動、標的學生行為內容、對照學生行為內容等四項資訊。獲得此四項資訊數據後,觀察人員可分項統計,也可交叉比對,得出多元化的代表意涵。

首先,在量化分析表上,可先統計學生的行為紀錄。依照「I積極主動、E付出努力、N不專心與D干擾行為」等四大類別,以及各項類別中涵攝的行為內容,觀察人員可閱覽觀察紀錄表內容,分別統計標的學生與對照學生在十七種行為內容出現的次數,再加總成四大類別的出現次數,最後將行為次數換算為課堂時間。相較於行為次數的抽象性,時間數據顯得更為直觀且具體,對於授課教師而言更具參考的便利性。

表 10-7 工具 18「學生行為」紀錄統計表

類別		說明	標的生	總計	對照生	總計
I 積極 主動	I-1	能主動提出問題以獲取更多訊息。	( )次	共 ( ) 次/( ) 分鐘	( )次	共 ( ) 次/( ) 分鐘
	I-2	能主動回答問題或積極參與班級討論。	( )次		( )次	
	I-3	能主動做筆記或以畫重點等方式幫助自己學習。	( )次		( )次	
	I-4	其他積極主動行為(例如,遇到困難能嘗試完成,其他請說明)。	( )次		( )次	
E 付出 努力	E-1	能依教師指令完成課堂學習任務或作業。	( )次	共 ( ) 次/( ) 分鐘	( )次	共 ( ) 次/( ) 分鐘
	E-2	能專注於課堂學習(例如,專心聆聽或者視線專注於教材)。	( )次		( )次	
	E-3	能針對教師提問回答或參與討論。	( )次		( )次	

類別		說明	標的生	總計	對照生	總計
	E-4	能依教師指令做筆記或畫重點。	（ ）次		（ ）次	
	E-5	其他被動努力行為（請說明）。	（ ）次		（ ）次	
N 不專心行為	N-1	需經教師提醒才能進行課堂學習任務或作業（例如，發呆、看窗外）。	（ ）次	共（ ）次/（ ）分鐘	（ ）次	共（ ）次/（ ）分鐘
	N-2	無法回應教師提問或參與小組討論（例如，因分心而不知道教師提問的內容、小組討論時心不在焉）。	（ ）次		（ ）次	
	N-3	出現與課堂學習無關的行為或動作（例如，塗鴉、把玩文具）。	（ ）次		（ ）次	
	N-4	其他不專心行為（請說明）。	（ ）次		（ ）次	
D 干擾行為	D-1	未經允許離開座位。	（ ）次	共（ ）次/（ ）分鐘	（ ）次	共（ ）次/（ ）分鐘
	D-2	干擾或妨礙學習（例如，向同學丟紙屑、踢同學的椅子、用筆戳同學、發出怪聲）。	（ ）次		（ ）次	
	D-3	討論或發表無關內容干擾學習（例如，在課堂上插嘴、與同學聊天）。	（ ）次		（ ）次	
	D-4	其他干擾行為（請說明）。	（ ）次		（ ）次	

接著，分別統計五種教學情境出現的次數與時間長度，再以各個教學情境為單位，分別統計標的學生與對照學生出現的行為類別次數。因此，統計階段主要在凸顯教學情境與學生正、負向行為的關聯性，學生行為的統計捨棄十七種行為細項，改以「I 積極主動、E 付

出努力、N 不專心、D 干擾」四種行為類別統計即可。

表 10-8 > 工具 18「教學情境」紀錄統計表

情境／ 活動代碼	總計	標的學生行為代碼與次數		對照學生行為代碼與次數	
IL	共（ ）次／ （ ）分鐘	I	（ ）次	I	（ ）次
		E	（ ）次	E	（ ）次
		N	（ ）次	N	（ ）次
		D	（ ）次	D	（ ）次
GA	共（ ）次／ （ ）分鐘	I	（ ）次	I	（ ）次
		E	（ ）次	E	（ ）次
		N	（ ）次	N	（ ）次
		D	（ ）次	D	（ ）次
GI-2	共（ ）次／ （ ）分鐘	I	（ ）次	I	（ ）次
		E	（ ）次	E	（ ）次
		N	（ ）次	N	（ ）次
		D	（ ）次	D	（ ）次
GI-1	共（ ）次／ （ ）分鐘	I	（ ）次	I	（ ）次
		E	（ ）次	E	（ ）次
		N	（ ）次	N	（ ）次
		D	（ ）次	D	（ ）次
T	共（ ）次／ （ ）分鐘	I	（ ）次	I	（ ）次
		E	（ ）次	E	（ ）次
		N	（ ）次	N	（ ）次
		D	（ ）次	D	（ ）次

第三步，依照時間序列將每 10 分鐘劃分為一區段，找出課堂第一個 10 分鐘、第二個 10 分鐘……，每一個 10 分鐘中，出現最多次的教學情境。找出該時段主要教學情境後，再觀察這個主要教學情境中，標的學生和對照學生分別出現最多次的行為內容是什麼，並將統計數據謄入量化分析表中。

表 10-9 工具 18「時間軸與學生行為」紀錄統計表

課堂時間	主要情境／活動代碼與次數		主要情境／活動中，標的學生主要行為代碼與次數		主要情境／活動中，對照學生主要行為代碼與次數	
00：00～10：00		（　）次		（　）次		（　）次
10：30～20：00		（　）次		（　）次		（　）次
20：30～30：00		（　）次		（　）次		（　）次
30：30～40：00		（　）次		（　）次		（　）次
40：30～45：00		（　）次		（　）次		（　）次

等三個步驟的數字統計完成之後，就進入量化分析表精采的「內容分析」階段。為了讓觀察人員更快上手，「內容分析」一欄中，已先就試作經驗粹練出參考模式，初次運用此工具的觀察者，可先嘗試將統計數字填寫入對應欄位，分析意涵即可躍然而出。假如授課教師有特殊的焦點問題需解析回饋，觀察人員也可自行就統計數字進行內容分析，不需被附件提供的模組所侷限。

內容分析提供的參考模組包含三種切入面向，分別是：學生行為類別的內容分析、教學情境與學生行為的關聯性、時間軸與學生行為的關聯性。

在學生行為類別分析中，透過數字的統計，可獲知整節課記錄到行為總次數、標的學生和對照學生在「I 積極主動、E 付出努力、N 不專心、D 干擾」四大行為類別中，分別出現的行為次數，以及「I

積極主動、E付出努力」合計的正向行為占比：「N不專心、D干擾」合計的負向行為占比。

在教學情境與學生行為關聯性裡，可獲知教師在整節課實施的教學情境由多至少排序結果、教學情境與標的學生出現正向或負向行為的關聯性、學習情境與對照學生出現正向或負向行為的關聯性等三種資訊。

在時間軸與學生行為關聯性裡，可獲知整節課每一區段間主要的教學情境，也可約略看出教師在本節課主要教學活動的次序安排。此外，藉由不同時段出現的主要教學情境，可分別得知標的學生與對照學生在此教學情境中出現的主要課堂行為。

二、工具19：個別學生課堂行為發生頻率量化分析表

如同簡單明瞭的實施流程，「個別學生課堂行為發生頻率量化分析表」十分簡化，僅需先統計標的學生整節課出現「I積極主動、E付出努力、N不專心、D干擾」四種類別的次數，圈選「D-1」行為有無出現，補充是否出現「其他行為」，即可完成數據的統計資料。

表 10-10　工具 19「學生行為」紀錄統計表

正向行為	I 積極主動	（　）次
	E 努力付出	（　）次
負向行為	N 不專心行為	（　）次
	D 干擾行為	（　）次 / D-1（有 / 無）
O 其他行為	（　）次（行為描述＿＿＿＿＿＿＿＿＿＿＿＿＿＿＿＿＿＿＿＿＿＿＿）

在內容分析上，可從正向與負向行為的總次數占比；「I積極主動」與「E付出努力」、「N不專心」與「D干擾」的出現頻率比較，整節課單項畫記次數最高的行為內容等角度切入分析。

於量化分析表完成之後，可與授課教師就分析結果實施回饋會談，檢視客觀數據是否能回應觀察焦點？這些統計與分析內容，對於邇後的課程教學，可發揮哪些提醒與提示？

即便已竭盡所能思索可能的分析方向，但量化數字畢竟還是有其不可達之限制。如果在觀課記錄的當下，能輔以重要資訊的補充文字描述，或者在標準化的記錄實作歷程中，還能同時簡要記錄教學或者學習活動，於量化與質性雙軌併陳的記錄資訊中，將更能提供充足且有力的證據供回饋會談討論分享。若此，對於後續課程教學的行動策略擬定，或者對於標的學生的輔導協助，都將能有更為完善的回饋意見可供參考。

第二節 個別學生觀察紀錄工具的特色與實作案例

「工具 18：個別學生課堂行為時間軸紀錄表」與「工具 19：個別學生課堂行為發生頻率紀錄表」兩種觀察工具，曾嘗試於國中與國小不同領域科別課堂中試作分析，皆獲致可適用的結論，推薦給對特定學生課堂學習行為有尚待解決問題的教育同好使用。

壹、個別學生觀察紀錄工具的特色

行為時間軸與發生頻率兩種觀察工具，具備下述使用特色：

1.可運用於跨學習階段別、跨領域科別、跨室內外授課環境的課堂。

2.觀察所需輔助器材簡單易得。除了工具 18 需額外準備手錶等時間記錄器材之外，只需攜帶紀錄表件即可進入課室觀察。

3.操作步驟具規律性。兩種工具皆以一整節課為記錄單位，每30 秒為一次觀察時距，記錄 30 秒結束前 5 秒的學生課堂學習行為代

碼。兩種工具的差異在於：工具 18 的時間軸紀錄表，除了記錄標的與對照學生兩人的課堂學習行爲，也需記錄當下的教學情境，因觀察記錄的訊息量較工具 19 稍多，建議於觀課前可先閱讀教學情境與行爲分類代碼，或者先安排幾分鐘的微課堂試作練習，以提升紀錄工具的熟悉度。

4.對於特定學生學習專注或者非專注行爲次數占比、時間維持長度、行爲內容發生頻率等焦點問題，可蒐羅客觀具體實證數據。假若觀察焦點與特定學生課堂學習行爲明確相關，即可使用這兩種觀察工具，不限於任何年齡或領域別的授課課堂。

5.可透過量化分析表析解觀察數據意涵。透過量化分析表的數字統計與內容分析，可初步獲得紀錄數據背後代表的意義，授課者與觀察者可從中汲取適切之資訊，啟動回饋會談的專業對話；也可對應觀察焦點，反思這些數據資料對於協助特定學生的後續方針擬定、教學實施方式的規劃、教學活動時序的安排等議題上，提供了哪些引領方向？如此，透過觀察記錄、統計分析、對話省思等實施歷程，於了解特定學生課堂行爲的同時，也是教學相長、啟動教師專業成長的開始。

6.可提供特定學生課堂行爲改變之歷時性資訊。若欲了解「經過輔導介入（或者課堂教學情境的調整），特定學生的課堂行爲是否有改善？」此一焦點問題，除了一開始擇定工具 18 或者工具 19 任一觀察工具實作外，可在輔導介入一段時日之後，再次運用同樣的觀察工具，記錄同一位特定學生的行爲表現，獲取行爲改善與否的歷時性比較資料。例如，第二次觀察同一位授課教師的教學，可藉由兩次觀察記錄的結果，思考教學活動的調整或者輔導方案的介入，是否有助於改善特定學生的課堂行爲？

7.每次的觀察記錄皆爲獨立事件，同一課堂可由不同觀察人員，同時記錄不同的個別學生課堂行爲。若授課教師在同一個班級關注的特定學生不只一位，且同時入班的觀課人員也不只一人，則不同的觀察人員在同一授課時空中，可根據觀察前會談的結論，各自擇定一位

特定學生觀察，結果不受影響。假若各自擇定觀察的學生座位緊鄰，且這兩位（或以上）的學生於上課過程中有互動的情形發生，觀察結果除了可判定個別學生的課堂行為外，也可透過案例的交叉比對，析釐出個別學生交互影響的關聯性。觀察結果對於授課教師在課程教學、班級經營、座位安排等環節上的反思與調整，或許有意想不到的啟發。

貳、個別學生觀察紀錄工具的實作案例

以下將分述工具 18 和工具 19 觀察實作案例，每個案例皆涵蓋完整之觀察前會談、觀察紀錄表、量化分析表與回饋會談紀錄，期能透過完整之觀察樣貌，展現個別學生觀察紀錄工具實踐結果。

一、工具18的實作案例 —— 五年級體育

表 10-11　工具 18 實作案例 —— 觀察前會談紀錄表

授課教師 （主導的教師）	W	任教 年級	五	任教領域 ／科目	健體／體育
觀課人員	T				
備課社群（選填）		教學單元		同心協力	
觀察前會談日期	109 年 12 月 21 日	地點		學務處	

一、課程脈絡	二、觀察焦點
（一）學習目標 1. 培養學生接力棒的傳接方式。 2. 培養學生接力區與助跑之概念。 3. 培養學生團隊合作能力。 4. 培養學生互相協助溝通能力。 （二）教師教學預定流程 1. 熱身活動。 2. 複習舊經驗（接力傳接棒、換棒、傳棒）。	（一）觀察焦點及觀察工具 標的學生常無法習得教師設定之學習目標，請觀察標的學生課堂學習行為是否專注？ （二）觀察工具 為觀察標的學生的課堂行為專注度，擇以「工具 18：個別學生課堂行為時間軸紀錄表」為此次觀察工具。 標的學生與對照學生的行為描述如下：

3. 揭示今天教學目標（助跑區）。 4. 教導學生何謂接力助跑區。 5. 教導學生如何助跑接力。 6. 教導學生了解大隊接力有效接力 　　區之距離（20公尺）。 7. 請同學練習助跑傳接棒。 8. 讓同學實施大隊接力練習。 (三) 教學評量方式 1. 透過口頭詢問答方式，評量學生 　　是否了解接力助跑的技巧？ 2. 透過小朋友練習大隊接力的過 　　程，評量學生是否學會接力棒的 　　傳接技巧？是否會運用助跑，在 　　接力區內完成傳接棒？是否能積 　　極參與活動，和同學一起完成大 　　隊接力？	1. 標的學生：上課容易分心與發呆。 2. 對照學生：是田徑隊選手，上課時安 　　靜又專注，但不會主動發表。

三、觀課相關配合事宜

(一) 觀課人員觀課位置及角色（經授課教師同意）：

1. 觀課人員位在教室☑前、□中、□後、□小組旁、□個別學生旁（請打勾）。

2. 觀課人員是 ☑ 完全觀課人員、□有部分的參與，參與事項：

_____

3. 拍照或錄影：☑皆無、□皆有、□只錄影、□只拍照（請打勾）。

(二) 預定公開授課／教學觀察日期與地點：

1. 日期：109 年 12 月 21 日 14 時 25 分

2. 地點：活動中心

(三) 回饋會談預定日期與地點：

1. 日期：109 年 12 月 22 日 9 時 0 分

2. 地點：學務處

表 10-12 工具 18 實作案例 —— 個別學生課堂行為時間軸紀錄表

授課教師 （主導的教師）	W		任教 年級	五	任教領域 ／科目	健體／ 體育
觀課人員	T					
教學單元	同心協力		教學節次		共 1 節 本次教學為第 1 節	
公開授課／教 學觀察日期	109 年 12 月 21 日 14 時 25 分至 15 時 05 分		地點			

備註 1：本紀錄表由觀課人員依據客觀具體事實填寫。

備註 2：在 30 秒時距中，只觀察並記錄標的學生與對照學生最後 5 秒的行為。

情境／活動代碼	類別		說明
	IL		個別學習（個人閱讀或練習、自主學習）
	GA		分組活動（分組實驗、小組討論、分站學習、小組教學）
	GI-2		團體教學（師生雙向互動的教學，例如，提問、團體討論等）
	GI-1		團體教學（教師單向主導的教學，例如，講述、說明、示範、看影片等）
	T		轉換（活動／概念）

學生行為代碼	類別		說明
	I：Initiative 積極主動	I-1	能主動提出問題以獲取更多訊息。
		I-2	能主動回答問題或積極參與班級討論。
		I-3	能主動做筆記或以畫重點等方式幫助自己學習。
		I-4	其他積極主動行為（例如，遇到困難能嘗試完成，其他請說明）。
	E：Effort 付出努力 （被動努力）	E-1	能依教師指令完成課堂學習任務或作業。
		E-2	能專注於課堂學習（例如，專心聆聽或者視線專注於教材）。
		E-3	能針對教師提問回答或參與討論。
		E-4	能依教師指令做筆記或畫重點。
		E-5	其他被動努力行為（請說明）。

	N：Inattentive Behavior 不專心行為	N-1	需經教師提醒才能進行課堂學習任務或作業（例如，發呆、看窗外）。
		N-2	無法回應教師提問或參與小組討論（例如，因分心而不知道教師提問的內容、小組討論時心不在焉）。
		N-3	出現與課堂學習無關的行為或動作（例如，塗鴉、把玩文具）。
		N-4	其他不專心行為（請說明）。
	D：Disruptive Behavior 干擾行為	D-1	未經允許離開座位。
		D-2	干擾或妨礙學習（例如，向同學丟紙屑、踢同學的椅子、用筆戳同學、發出怪聲）。
		D-3	討論或發表無關內容干擾學習（例如，在課堂上插嘴、與同學聊天）。
		D-4	其他干擾行為（請說明）。

時間（分：秒）	情境／活動代碼	標的學生行為代碼	對照學生行為代碼	備註（簡述情境／活動、師生行為或教學內涵）
0:30	GI-1	E-2	E-2	
1:00	GI-1	E-2	E-2	
1:30	GI-1	N-1	E-2	
2:00	IL	E-1	E-1	跑步
2:30	IL	E-1	E-1	
3:00	IL	E-1	E-1	
3:30	IL	N-4	E-1	做操
4:00	IL	N-4	E-1	N-4 動作不確實
4:30	IL	N-4	E-1	
5:00	IL	N-4	E-1	
5:30	IL	E-1	E-1	開合跳
6:00	T	N-4	E-2	休息喝水拿課本
6:30	T	N-1	E-1	標的學生未帶課本
7:00	GI-1	E-2	E-2	
7:30	GI-1	E-2	E-2	
8:00	GI-1	N-1	E-2	

時間 （分：秒）	情境／ 活動代碼	標的學生 行為代碼	對照學生 行為代碼	備註 （簡述情境／活動、師 生行為或教學內涵）
8:30	GI-1	N-1	E-2	
9:00	GI-1	E-2	E-4	
9:30	GI-1	E-2	E-4	
10:00	GI-1	E-2	E-4	
10:30	GI-1	D-3	E-4	
11:00	T	E-2	E-1	放回課本
11:30	GI-2	E-3	E-3	
12:00	GI-1	N-3	E-2	N-4 玩手錶
12:30	GI-2	E-2	E-2	
13:00	T	E-2	E-2	散開排隊形
13:30	GI-2	E-1	E-1	
14:00	GI-1	N-2	E-1	N-3 做錯動作
14:30	GI-1	E-1	E-1	
15:00	GI-1	E-1	E-1	
15:30	GI-1	E-2	E-2	
16:00	GI-2	E-2	E-2	
16:30	GI-1	N-1	E-1	
17:00	GI-1	E-2	E-2	
17:30	GI-1	N-1	E-2	
18:00	GI-1	E-2	E-1 示範	
18:30	GI-1	E-2	E-1	
19:00	GI-1	E-2	E-1	
19:30	GI-1	N-1	E-1	
20:00	GI-1	N-1	E-2	
20:30	GI-1	E-2	E-1 示範	
21:00	T	E-1	E-1	分組排隊
21:30	GI-1	E-2	E-2	
22:00	GI-1	E-2	E-2	
22:30	GA	E-1 練習	E-2 觀看	
23:00	GA	E-1 練習	E-2 觀看	
23:30	GA	E-1 練習	E-2 觀看	
24:00	GA	E-1 練習	E-2 觀看	

時間 (分：秒)	情境／ 活動代碼	標的學生 行為代碼	對照學生 行為代碼	備註 (簡述情境／活動、師 生行為或教學內涵)
24:30	GI-2	E-2	E-2	
25:00	GA	E-1 練習	E-2 觀看	
25:30	T	E-1 練習	N-1	換組
26:00	GA	E-1 練習	D-3	
26:30	GA	E-1 練習	D-3	
27:00	GA	E-1 練習	D-3	
27:30	T	E-1 練習	D-3	換組
28:00	GA	D-3	D-3	
28:30	GA	D-3	D-3	
29:00	GA	E-2	E-2	
29:30	GA	N-1	D-3	N-1 看其他班級
30:00	GA	N-1	E-2	
30:30	T	D-3	E-1 練習	換組
31:00	GA	E-2	E-1	
31:30	GA	E-2	E-1	
32:00	T	N-1	E-2	換組
32:30	GA	N-1	D-3	
33:00	GA	N-1	D-3	
33:30	GA	N-1	N-1	
34:00	GI-1	N-1	E-2	
34:30	GI-1	N-1	E-2	
35:00	GI-1	N-1	E-1 示範	
35:30	GI-1	N-1	E-1 示範	
36:00	GI-1	N-1	E-1 示範	
36:30	GI-1	N-1	E-2	
37:00	GI-2	E-3	E-3	
37:30	GI-2	N-1	E-3	
38:00	GI-2	E-3	E-3	
38:30	T	E-1	E-1	
39:00	GI-1	E-2	E-2	列隊

表 10-13 工具 18 實作案例 —— 個別學生課堂行為時間軸量化分析表

授課教師 （主導的教師）	W		任教 年級	國小 五年級	任教領域 / 科目	健體 / 體育
觀課人員	T					
教學單元	同心協力		教學節次		共 1 節 本次教學為第 1 節	
公開授課 / 教學觀察日期	109 年 12 月 21 日		地點		活動中心	

備註：本紀錄表由觀課人員依據客觀具體事實填寫。

壹、數據統計

一、學生行為類別紀錄：

類別		說明	標的生	總計	對照生	總計
I 積極 主動	I-1	能主動提出問題以獲取更多訊息。	（0）次	共（0） 次 /（0） 分鐘	（0）次	共（0）次 /（0）分鐘
	I-2	能主動回答問題或積極參與班級討論。	（0）次		（0）次	
	I-3	能主動做筆記或以畫重點等方式幫助自己學習。	（0）次		（0）次	
	I-4	其他積極主動行為（例如，遇到困難能嘗試完成，其他請說明）。	（0）次		（0）次	
E 付出 努力 （被動 努力）	E-1	能依教師指令完成課堂學習任務或作業。	（19）次	共（46） 次 /（23） 分鐘	（29）次	共（67） 次 /（33.5） 分鐘
	E-2	能專注於課堂學習（例如，專心聆聽或者視線專注於教材）。	（24）次		（30）次	
	E-3	能針對教師提問回答或參與討論。	（3）次		（4）次	
	E-4	能依教師指令做筆記或畫重點。	（0）次		（4）次	
	E-5	其他被動努力行為（請說明）。	（0）次		（0）次	
N 不專心 行為	N-1	需經教師提醒才能進行課堂學習任務或作業（例如，發呆、看窗外）。	（21）次	共（28） 次 /（14） 分鐘	（2）次	共（2）次 /（1）分鐘
	N-2	無法回應教師提問或參與小組討論（例如，因分心而不知道教師提問的內容、小組討論時心不在焉）。	（1）次		（0）次	
	N-3	出現與課堂學習無關的行為或動作（例如，塗鴉、把玩文具）。	（1）次		（0）次	
	N-4	其他不專心行為（請說明）。	（5）次		（0）次	

D 干擾行為	D-1	未經允許離開座位。	（0）次	共（4）次／（2）分鐘	（0）次	共（9）次／（4.5）分鐘
	D-2	干擾或妨礙學習（例如，向同學丟紙屑、踢同學的椅子、用筆戳同學、發出怪聲）。	（0）次		（0）次	
	D-3	討論或發表無關內容干擾學習（例如，在課堂上插嘴、與同學聊天）。	（4）次		（9）次	
	D-4	其他干擾行為（請說明）。	（0）次		（0）次	

二、情境／活動與學生行為紀錄：

情境／活動代碼	總計	標的學生行為代碼與次數		對照學生行為代碼與次數	
IL	共（8）次／（4）分鐘	I	（0）次	I	（0）次
		E	（4）次	E	（8）次
		N	（4）次	N	（0）次
		D	（0）次	D	（0）次
GA	共（18）次／（9）分鐘	I	（0）次	I	（0）次
		E	（11）次	E	（9）次
		N	（5）次	N	（1）次
		D	（2）次	D	（8）次
GI-2	共（8）次／（4）分鐘	I	（0）次	I	（0）次
		E	（7）次	E	（8）次
		N	（1）次	N	（0）次
		D	（0）次	D	（0）次
GI-1	共（34）次／（17）分鐘	I	（0）次	I	（0）次
		E	（18）次	E	（34）次
		N	（15）次	N	（0）次
		D	（1）次	D	（0）次
T	共（10）次／（5）分鐘	I	（0）次	I	（0）次
		E	（6）次	E	（8）次
		N	（3）次	N	（1）次
		D	（1）次	D	（1）次

三、時間軸與學生行為紀錄：

課堂時間	主要情境／活動代碼與次數	主要情境／活動中，標的學生主要行為代碼與次數	主要情境／活動中，對照學生主要行為代碼與次數

00:00～10:00	GI-1	（10）次	E-2	（7）次	E-2	（7）次
10:30～20:00	GI-1	（14）次	E-2 N-1	（5）次 （4）次	E-1	（8）次
20:30～30:00	GA	（13）次	E-1	（8）次	E-2	（7）次
30:30～39:00	GI-1	（7）次	N-1	（6）次	E-2 E-1	（4）次 （3）次

貳、內容分析

一、學生行為類別
（一）標的學生
1. 「I積極主動」0次，「E付出努力」41次，「N不專心」30次，「D干擾」6次，共記錄78次。
2. 「I積極主動」與「E付出努力」合計41次，約占整節課行為比例53%；「N不專心」與「D干擾」合計36次，約占整節課行為比例46。

（二）對照學生
1. 「I積極主動」0次，「E付出努力」67次，「N不專心」2次，「D干擾」9次，共記錄78次。
2. 「I積極主動」與「E付出努力」合計67次，約占整節課行為比例86%；「N不專心」與「D干擾」合計11次，約占整節課行為比例14%。

二、情境／活動與學生行為
（一）整節課的情境／活動實施
1. 「IL個別學習」8次，「GA分組活動」18次，「GI-2團體教學（師生雙向互動）」8次，「GI-1團體教學（教師單向主導）」34次，「T轉換」10次。
2. 整節課的情境／活動依照次數由多至少排序為：「GI-1團體教學（教師單向主導）」、「GA分組活動」、「T轉換」、「IL個別學習」和「GI-2團體教學（師生雙向互動）」並列第四。

（二）情境／活動與 標的學生 行為，兩者間的關聯
1. 「GA分組活動」和「GI-2團體教學（師生雙向互動）」時，「E付出努力」次數皆明顯多於「N不專心」與「D干擾」行為。
2. 「IL個別學習」和「GI-1團體教學（教師單向主導）」時，「N不專心」與「D干擾」加總，與「E付出努力」出現的比例約為1：1。

（三）情境／活動與 對照學生 行為，兩者間的關聯
1. 「IL個別學習」、「GI團體教學（師生雙向互動）」、「GI-1團體教學（教師單向主導）」時，都是「E付出努力」次數較多。
2. 「GA分組活動」時，出現「N不專心」和「D干擾」共9次，與「E付出努力」一樣多。

三、時間軸與學生行為
（一）課堂時間與主要情境／活動
1. 「GI-1團體教學（教師單向主導）」共出現31次最多。
2. 出現次數第二多是「GA分組活動」，共出現13次。

（二）課堂時間中各個主要情境／活動，與 標的學生 出現之主要行為，兩者間的關聯
1. 前30分鐘「E付出努力」出現的次數較多。
2. 最後10分鐘「N不專心」出現較多。

（三）課堂時間中各個主要情境／活動，與 對照學生 出現之主要行為，兩者間的關聯
整堂課都是「E付出努力」出現的次數較多。

四、其他：無。

表 10-14 工具 18 實作案例——回饋會談紀錄表

授課教師 （主導的教師）	W	任教 年級	五	任教領域 ／科目	健體／ 體育
觀課人員）	T				
教學單元	同心協力				
回饋會談日期	109 年 12 月 22 日	地點		學務處	

一、客觀事實	二、關聯
請詳見「工具 18：個別學生課堂行為時間軸紀錄表」。	1. 請詳見「工具 18：個別學生課堂行為時間軸量化分析表」。 2. 標的學生整節課付出努力與不專心加上干擾行為出現比約為 1：1，對照學生則為 6：1，顯見標的學生不專心行為遠比對照學生多。 3. 對照學生參與田徑隊，因本節課程內容與田徑相關，教師常會指定對照學生至前示範，因此對照學生付出努力的行為出現很多。 4. 此節課教師教學以團體教學（教師單向主導）為主，以分組活動為輔。 5. 在「GA 分組活動」和「GI-2 團體教學（師生雙向互動）」兩種教學情境時，標的學生付出努力的次數明顯多於不專心與干擾；但在「IL 個別學習」和「GI-1 團體教學（教師單向主導）」時，標的學生不專心和干擾行為出現次數與被動的付出努力相當，可知標的學生在師生與同儕雙向互動時，專心程度較高。 6. 對照學生僅在分組活動時，出現不專心和干擾行為；在團體教學與個別學習時，皆能付出努力。可能是因為採分組練習時，還沒輪到標的學生與對照學生練習時，旁邊觀看都會出現不專心行為或干擾行為。

	7. 標的學生在課堂最後 10 分鐘出現不專心行為較多；對照學生整節課出現較多的行為是付出努力。 8. 標的學生因為沒有帶課本，所以在觀看課文內容時容易出現不專心行為。
三、詮釋 1. 如果有學生未帶課本，為了減少學生出現不專心行為，可用勸說的方式請學生記得帶課本，或請學生至前念課文，減少空白時間。 2. 做暖身操動作不確實時，可請學生至前帶操，透過帶操者的轉換，讓學生專注於做操這件事情上。 3. 教學示範時，不一定要叫田徑隊學生示範，也可以請其他學生至前操作。若出現錯誤示範，可當機會教育，讓學生了解錯誤的動作，以避免分組操作時產生錯誤，還要花時間個別指導。 4. 採分組活動容易造成學生空白的時間太多，為了讓學生都有事情做或練習，可以增加器材、增加練習場地範圍或讓上臺操作的分組組數更多，儘量讓每位學生都有事情做，不要有單獨留白的時間，以減少學生發呆、聊天的機會。 5. 因在活動中心上體育課，該場地同時有其他班級在上籃球課，容易分散學生專注度。上體育課容易受環境與其他班級的干擾，可透過調整上課的方式、增加活動趣味性等方式吸引學生專注力，讓不專心的學生產生學習動機，才不會被環境或其他班級干擾。 6. 課程最後 10 分鐘是學生注意力易渙散的時刻，可於此時適時變換教學活動，或者設計讓學生動腦思考、動手實作的活動，以提高學生專注度。	四、決定 1. 如何透過教學活動的設計吸引學生注意力，甚至有效延長學生的專注維持度，可再思考多元化的教學活動設計，尤其是適度增加師生雙向互動與分組活動的時間。 2. 分組活動以及實作練習時，可適時減少讓學生空白等待的時間。 3. 體育課的實施要多注意周遭環境因素，以減少干擾學生專注力的環境為佳。透過授課環境的改變，可再觀察學生的課堂學習專注度力是否有差異。 4. 多注意課程結束前 10 分鐘學生的學習行為，並透過學習活動的轉變，嘗試再度吸引學生專注力的方式。 5. 下次擬採取的觀察焦點：標的學生的課堂行為表現是否因教師教學活動的轉換而有所改變？尤其可聚焦於課程結束前 10 分鐘的專注力維持上。

二、工具19的實作案例——一年級國語文

表 10-15 〉 工具 19 實作案例——觀察前會談紀錄表

授課教師 （主導的教師）	L	任教 年級	一	任教領域 ／科目	國語文
觀課人員	T				
備課社群（選填）		教學單元		比一比	
觀察前會談日期	109 年 12 月 18 日	地點		班級教室	

一、課程脈絡	二、觀察焦點及觀察工具
（一）學習目標 1. 認識生字形音義，並能在文句中辨別所學生字。 2. 能運用生字造詞，並完成習作中的詞語應用題型。 （二）教師教學預定流程與策略 1. 課文朗讀： 　(1) 教師範讀。 　(2) 學生跟讀。 2. 詞語教學：教師引導學生從上下文句辨認詞語意涵。 3. 生字教學： 　(1) 教師板書示範生字筆順寫法。 　(2) 學生書寫生字練習。 4. 造詞練習： 　(1) 學生運用生字練習口說造詞。 　(2) 完成習作詞語應用練習。 5. 辨別同音異字：教師從生字補充三組容易混淆之同音異字組型，請學生練習透過詞語應用來辨別。 （三）教學評量方式 1. 請學生在小白板上書寫生字並標註注音，以確認學生是否能正確書寫生字形音。	（一）觀察焦點 學生 S 在課堂上常容易神遊，也偶有破壞課堂秩序的負向行為出現，其課堂行為狀況描述如下： 1. 沒有辦法自主學習。 2. 無法跟著教師的引導完成書寫練習。 3. 翻不到教師指定的課本頁數。 4. 課堂中常會沉浸在自己的世界中，忽略教師的提問。 5. 會破壞課本。 6. 沒有辦法專注很久。 7. 無法理解教師的問題。 8. 答非所問。 9. 有時會故意唱反調。 請觀察學生 S 在課堂中出現的正向與負向行為出現次數，並推測可能原因。 （二）觀察工具 依據上述觀察焦點，擇定「工具 19：個別學生課堂行為發生頻率紀錄表」為此次觀察工具。

2. 請學生完成習作上的詞語應用練習，以確認學生是否理解生字與詞語的意義。 3. 請學生從詞語題組寫出生字，以確認學生是否能辨別同音異字題型。	

三、觀課相關配合事宜

(一) 觀課人員觀課位置及角色（經授課教師同意）：

1. 觀課人員位在教室 ☑ 前、□ 中、□ 後、□ 小組旁、□ 個別學生旁（請打勾）。

2. 觀課人員是 ☑ 完全觀課人員、□ 有部分的參與，參與事項：

_____

3. 拍照或錄影：☑ 皆無、□ 皆有、□ 只錄影、□ 只拍照（請打勾）。

(二) 預定公開授課／教學觀察日期與地點：

1. 日期：109 年 12 月 21 日 14 時 25 分

2. 地點：活動中心

(三) 回饋會談預定日期與地點：

1. 日期：109 年 12 月 22 日 9 時 0 分

2. 地點：學務處

表 10-16 > 工具 19 實作案例——個別學生課堂行為發生頻率紀錄表

授課教師 （主導的教師）	L	任教 年級	一	任教領域 ／科目	國語文
觀課人員	T				
教學單元	比一比	教學節次		共 6 節 本次為第 2 節	
公開授課／ 教學觀察日期	109 年 12 月 22 日 11 時 20 至 12 時 0 分	地點		班級教室	

備註 1：本紀錄表由觀課人員依據客觀具體事實填寫。
備註 2：觀察個別學生出現的課堂行為，每 30 秒畫記一次；D-1 請勾選有或無即可。
備註 3：下列紀錄表內之學生行為若不足選用，得自行增加行為描述欄位並記錄之。

學生課堂行為分類	正向行為	積極主動（I：Initiative）
		付出努力（E：Effort）
	負向行為	不專心行為（N：Inattentive Behavior）
		干擾行為（D：Disruptive Behavior）
	其他行為（O：Others）	

正向行為		內容	出現次數畫記
I 積極 主動	I-1	會專注聆聽教師講解的內容	9
	I-2	會認真投入教師所安排的實驗或操作學習活動	1
	I-3	會積極參與教師交代的紙筆練習或者作業	0
	I-4	會主動在課堂上提出問題以幫助自己理解	0
	I-5	上課會自願回答教師的問題	2
	I-6	小組討論時會認真和同學討論	0
	I-7	上課會做筆記或畫重點	0
	I-8	其他積極主動行為（若選用，請描述行為）	0
E 付出 努力	E-1	上課依據教師指示瀏覽手機或行動載具	0
	E-2	會嘗試練習教師交代的紙筆作業	27
	E-3	會聆聽其他同學的提問	1
	E-4	在指名時會回應教師的提問	0
	E-5	組作業會和同學一起分工合作完成	0
	E-6	上課只看本節課相關的書籍或資料	0
	E-7	其他被動學習行為（若選用，請描述行為）	0

負向行為		內容	出現次數畫記
N 不專心 行為	N-1	上課時發呆或者看著窗外	4
	N-2	閱讀課堂無關的書報資料	0
	N-3	課堂期間做其他課程的作業	0
	N-4	因分心無法回應教師的提問（或者操作學習活動）	10
	N-5	小組討論時心不在焉	0
	N-6	藉故不參與課堂活動，例如，不參與團體活動	0
	N-7	使用手機或者行動載具 （瀏覽上課無關訊息、傳簡訊、或玩遊戲）	0
	N-8	上課時偷吃東西或喝飲料	0
	N-9	上課打瞌睡或睡覺	0
	N-10	其他上課不專心行為（找不到頁數 1、拿衛生紙 6、畫小白板 15、把玩彩色筆 19）	41
D 干擾 行為	D-1	上課遲進教室	☐有　☑無
	D-2	在上課過程未經教師允許就離開座位	0
	D-3	發出噪音或怪聲	0
	D-4	向同學丟物品	0
	D-5	無故踢同學椅子	0
	D-6	提問與學習無關的問題或故意答錯，干擾教學進行	0
	D-7	在課堂上插嘴，發表與學習無關的言論	1
	D-8	和同學竊竊私語或聊天	1
	D-9	和同學傳紙條	0
	D-10	其他上課干擾行為（若選用，請描述行為）	0
其他行為		內容	出現次數畫記
O 其他行為		其他行為（若選用，請描述行為）向觀課教師說再見	1

表 10-17　工具 19 實作案例 —— 個別學生課堂行為發生頻率量化分析表

授課教師 （主導的教師）	L	任教 年級	一	任教領域 ／科目	國語文
觀課人員	T				
教學單元	比一比	教學節次		共 6 節 本次為第 2 節	
公開授課／ 教學觀察日期	109 年 12 月 22 日	地點		班級教室	

備註：本紀錄表由觀課人員依據客觀具體事實填寫。

壹、觀察統計

正向行為	I 積極主動	（12）次
	E 付出努力（被動努力）	（27）次
負向行為	N 不專心行為	（55）次
	D 干擾行為	（2）次／D-1（有／無）
O 其他行為	（1）次，行為描述（向觀課教師說再見）	

貳、內容分析

一、學生整節課出現正向行為的內容與次數分析：

總共出現 39 次，大約是整節課的三分之一，被動努力的 27 次皆為「E-2 會依照教師指令實驗或者操作學習活動」。

二、學生整節課出現負向行為的內容與次數分析：

(一)總共出現 57 次，大約是整節課的三分之二。

(二)其中不專心行為有 40 次都是在拿東西或玩文具，表示學生很容易被其他東西吸引而分心。

(三)干擾行為「D-7 在課堂上插嘴，發表與學習無關的言論」和「D-8 和同學竊竊私語或聊天」僅各出現一次，顯見學生的干擾行為並不多見。

三、其他行為出現的次數與內容分析：

出現在課程結束時，僅有一次，行為內容是離開前向觀課教師說再見。

四、其他：無。

表 10-18 工具 19 實作案例 —— 回饋會談紀錄表

授課教師 （主導的教師）	L	任教 年級	一	任教領域 ／科目	國語文
觀課人員）	T				
教學單元	比一比				
回饋會談日期	109 年 12 月 23 日	地點		班級教室	

一、客觀事實	二、關聯
請詳見「工具 19：個別學生課堂行為發生頻率紀錄表」內容。	1. 請詳見「工具 19：個別學生課堂行為發生頻率紀錄表量化分析表」內容。 2. 依據紀錄表的行為畫記內容，學生 S 如同教師所陳述的狀況，出現約三分之二的負向行為，包含沒有辦法自主學習、無法跟著書寫練習、翻不到教師指定的課本頁數、會做自己的事情、沒有辦法專注很久等行為。但學生 S 在課堂中並無發現「破壞課本、答非所問、故意唱反調」等情況。 3. 根據授課教師之前的教學經驗，如果有其他教師或觀課者出現在課堂上，學生 S 較不會出現答非所問、故意唱反調的情況，本次觀察結果，學生 S 確實沒有出現上述之負向行為。而且學生在第一次出現課堂插嘴之干擾行為時，教師有即時制止，可能也是降低之後出現干擾行為頻率的因素。 4. 「E-2 會依照教師指令實驗或者操作學習活動」被動努力出現的次數很多，但大約有一半的行為紀錄是教師在旁邊個別指導時才出現的。 5. 干擾行為「D-7 在課堂上插嘴，發表與學習無關的言論」和「D-8 和同學竊竊私語或聊天」僅各出現一次，但可能是因為教師在課堂上個別指導學生 S 的次數較多，以致學生 S 較無其他課堂餘裕時間出現干擾行為。

	6. 課程中，教師請學生拿出白板練習書寫生字，學生手上有東西可以實作，沒有太多的空白時間，可能是學生沒有出現破壞課本情事的原因。 7. 學生 S 課堂上的口條表達能力很清楚，下課時還可以跟觀課教師說再見，可猜測語言表達與理解能力並沒有問題，造成學生課堂上出現負向與干擾行為的原因應該是專注力上面的問題。 8. 學生 S 整堂課負向行為出現的時間長度約三分之二，另外三分之一正向行為出現的頻率中，又以被動努力出現的次數最多。甚且，學生 S 出現被動努力的行為前提，是因為教師個別指導時才出現，可知學生 S 的注意力只能維持很短暫的時間，需要教師不斷的關注與提醒，才能拉回學習注意力。
三、詮釋 1. 面對 S 這樣專注度短暫的學生，除了增加個別指導的頻率之外，教師可從教學活動的轉換上著手，多增加讓學生動手實作的時間，也許可有效降低學生在課堂上的負向行為，提升學習成效。 2. 另外，除了教師教學活動的轉換之外，也可嘗試異質分組，透過同儕共學的概念，讓其他同學可協助學生 S 完成課堂練習與操作。 3. 若長期觀察下來，學生 S 的課堂專注度仍無法有效提升，可嘗試轉介輔導室或再請特教老師介入，透過不同資源協助學生 S 改變學習成效。	四、決定 1. 學生的負向行為出現頻率除了學生自身的專注力待提升之外，可能與教師的教學活動設計與時間維持長度有關，故下次擬採取之教學策略為：教師設計之教學活動儘量改採學生主動實作方式，以取代被動聽講。 2. 下次的觀察焦點：在學生實作活動增多的課堂中，學生 S 的正向行為頻率是否增加？

參、未來展望

個別學生觀察紀錄工具是以學生為主體的觀察技巧，可分別從學生行為發生的時間軸以及發生頻率兩種切入點聚焦觀察，期能透過觀察個別學生於課堂上的行為表現，蒐羅具體量化數據，以作為教師反思學生學習成效的客觀反饋意見，進而提供後續教學設計、學習評量、班級經營與師生互動的調整依據。

此次個別學生觀察紀錄實作歷程，筆者團隊實施了橫跨國小與國中數次的課堂觀察試作，發現不論工具 18 或工具 19，皆能在符應「客觀」與「具體」兩大前提下，有效記錄學生課堂行為事實。然而，因工具 18 與工具 19 皆以量化紀錄為取向，難免陷入量化分析之侷限。若觀課者能於量化數字紀錄之外，佐以關鍵性課堂情境與學生行為質性文字描述，對於觀課後的分析與回饋會談，當有更為豐富的證據資訊可供對話。

再者，於觀察結果的資料判讀上，不論觀課者或者授課教師，皆需避免陷入「誰是誰非」的責任歸屬迷思，倘若課堂學習成效不彰最終只歸因於學生或者家庭因素，將大為限縮教育的意義與重要性，也可惜了觀課期間投注的大量時間與心力。學生的課堂行為發生原因，常受到教師當下的教學情境或者班級經營態度而影響；教師當下做的所有教學決定，同樣也受到學生的學習態度與投注程度而左右。教與學，從來就無法二分。

教育貴在可能。因為有可能改變，因為可以變得更好，所以教育工作者願意竭盡所能思考各種方法，嘗試各種不同，以成就每個孩子。以學生為主的觀察工具，正在實踐新課綱的發展願景。也許經過更龐大的實作案例分析後，除了目前問世的工具 18 和工具 19，我們還能看到更多種協助教師們找到答案的觀察工具或者輔助技巧。無論如何，未來充滿希望，只要欲關注學生的想望不變，教育工作者的熱忱也將熠熠生輝，永不磨滅。

參考文獻

中小學教師專業發展專業人才培訓認證中心（2019）。**認證手冊附件觀察焦點與工具的選擇**。取自https://w2.tcfsh.tc.edu.tw/up-loads/bulletin_file/file/5d2455d31d41c80974001f12/

教育部（2021）。**十二年國民基本教育課程綱要總綱**。臺北市：教育部。

Anna Garito, & Eunice Eunhee Jang (2010). Investigating the effects of a game-based approach in teaching word recognition and spelling to students with reading disabilities and attention deficits. *Australian Journal of Learning Difficulties. 15:2*, 193-211.

Shannon (2018). Systematic Behavior Observation tool. Retrieved from *Resilient Hearts & Minds* (https://resilientheartsandminds.com/2018/03/25/systematic-behavior-observation-tool/)

第十一章

課堂常規為觀察焦點的
TDO觀課實例

前言

班級經營是促進課程教學成功之重要舵手，教師建立好的班級經營，能引導學生有效學習與營造良好學習風氣的環境。Kennedy（2011）認為有效的班級經營應包括五個面向：(1) 教師要能持續關注學生個人與心理上的需求；(2) 教師願意給予學生更多學習的機會去學會關懷他人、建立價值觀與愛；(3) 為了創造流暢可遵循的教室經營管理，教師應提供生理與心理安全的學習環境；(4) 班級經營最基本的需求是教師要夠細心；(5) 教師要知道如何處理與避免學生破壞行為。

有效班級經營（effective classroom management）在於教師建立正向的環境，給予學生在學習、態度、情感與互動能有安全信任的氛圍，願意分享、同甘共苦，教師透過班級經營引導學生正向學習與人格發展。好的班級經營能促進師生間教學與學習的團隊動力，教師在建構班級經營管理原則與各項策略需有組織且系統性規劃，才能達到有效班級經營的目的與成效。

第一節　班級經營的觀察

壹、班級經營的意義與範疇

一、班級經營的意義

班級經營是指教師或師生遵循一定的準則，適當而有效地處理班級中的人、事、物等各項業務，以發揮教學效果、達成教育目標的歷程（吳清山，2001）。Evertson 與 Weinstein（2006, pp.4-5）定義班級經營是指教師提供一個具支持與促進學生學習和社會情感的學習環境。有效的班級經營建立在正向師生關係的課室環境裡（Wubbels,

Brekelmans, Van Tartwijk, & Admiraal, 1999）。

二、班級經營的範疇

Kern 與 Clemens（2007）指出，有效班級經營策略包括清楚簡單易遵守的班規、提早規劃與執行各項任務、座位安排、有效的指示與命令、漸進且輕快的引導指示、提供學生問題解決承諾的使用權。Oktan 與 Çağanağa（2015）根據 Weinstein 與 Mignano（1993）以及 Johns、MacNaughton 與 Karabinus（1989）的研究，提出班級組織、物理環境安排、態度調整、建構班級經營策略與社會氛圍是班級經營主要的程序。在課室裡，為使有效執行管理系統化班級經營策略，教師要適時干預學生行為，給予學生願意負責任的機會，培養其做人做事的正確價值觀與態度。總而言之，班級經營管轄範圍包括：

1.班級行政經營：學生座位、掃地工作安排、生活照顧、班會活動、班規訂定、學生問題處理，涵蓋班級教務、訓導、總務、輔導等工作的處理。

2.班級教學經營：教學設計、教學內容的選擇、教學方法的應用、學生作業的指導及學習評量等。

3.班級課程經營：課程設計、教材教具選擇、課表安排、教學方法、教學內容及潛在課程等。

4.班級常規經營：學生生活教育的輔導及問題行為的處理。

5.班級環境經營：班級的物理環境，如教室光線、溫度、空氣流通、座位動線安排及教育情境布置。

6.班級氣氛經營：師生關係與學生學習、教師教導方式與班級氣氛營造、學生同儕團體中的人際關係等。

7.親師關係經營：親師溝通、有效促進班親會運作、家長參與班級學習活動、協助改善親子溝通問題等。

Martin 與 Yin（1997）提出班級經營是多面向的管理——管理教學、管理學習者、管理態度。Schiefele（2017）認為，有效班級經

營（以下簡稱班經）是教師有組織的規劃空間、時間與教材，提供更多機會給學生學習。Sieberer-Nagler（2015）闡述每位教師的基本目標是實踐有效班經與提供良好環境以增強有效教學。Ahmed 等人（2018）歸納有效班經應有以下元素：滿足學生基本需求、創造學生有效學習的環境與社會互動、建立師生正向關係、給予愛與關懷、透過理解減少學生態度問題、增加學生學習動機與建立長期責任感及彈性、建立組織制度、標準與常規。

　　爲能有效的班級經營，教師需建立學生容易遵守且易達標之管理規則，營造信任、和諧具安全感的環境，師生之間產生正向的社會情感連結，進而促進課程教學與學生學習之效能與效率，最後達到師生教學相長的願景。教師在課室裡扮演規劃、執行、監控、領導、輔導的角色，有義務與責任營造一個信任關係、安全感與促動師生社會情感連結的場域，提供教師教學與學生學習支持性的環境。在這樣的環境氛圍，師生互動關係良好，爲達成共同目標而齊心努力，教師的教學效能與學生的學習成效更容易提升。

三、班級經營運用的原則

　　班級經營想要得心應手，教師需掌握「望、聞、問、切」原則。

　　1.望：在課室裡，教師要能閱讀空氣，察言觀色，對於學生狀況要能了然於心。教學前訂定課室管理班規，讓學生易於遵守，同時方便教師與班級幹部秩序管理。

　　2.聞：教師要能覺察班級氣氛與學生狀況，事事防患未然，對於學生大小事務，如作業書寫狀況、座位整潔、服裝儀容、學生行爲舉止等，細心覺察學生狀態。學生若有問題，如遲到或身體不適，要馬上處理了解學生去向。儘量不要讓學生在上課時單獨離開，容易讓學生找藉口逃課。可以校園安全事例：玫瑰少年事件，提醒學生在上課前先上廁所，或了解身體狀況事前處理。

　　3.問：「小處著手、大處著眼」，見微知著，處事要細膩、不慌

張，有問題請教有經驗的老師，不要閉門造車，造成雙輸局面。爲避免性平事件發生，如爲男老師應不要單獨與女學生獨處，有事情需私下輔導可請導師或其他同學在場爲佳。

4.切：處理學生、班級、學習、教學問題切入重點要準確，解決問題要迅速，聯絡家長與行政要及時。開學初給家長一封信或逐一打電話問候，爲親師溝通奠定良好的基礎。

導師與科任教師班級經營處理方式略有不同，導師與學生相處時間長，對於班級經營有較多主控權，學生事務規劃也需鉅細靡遺，建立固定模式讓學生有所依循，也容易遵守；反之，科任教師與學生相處時間短，教師處理學生事務效率要高，覺察學生狀況，適時予以關心、鼓勵或安慰仍是必要的。若有課後作業，可請學生上課時帶聯絡簿過來註明繳交作業，避免造成導師困擾與負擔。

班級經營事物包羅萬象，主要包含 (1) 人：學生管理、班級幹部訓練；(2) 事：課室管理、教學活動；(3) 時：教學活動、生活時序規劃與配合學校活動；(4) 地：學習環境營造與教學場域；(5) 物：學生與教室物品管理。不管是導師或科任教師皆需掌握人、事、時、地、物各要件，在課前準備愈充足，即使覺察處理問題的功夫需靠經驗累積，但掌握多望、多聞、多問、多切原則，提前布局讓師生按部就班，班級更容易步上軌道，處理問題也會更得心應手。

貳、班級經營觀察工具

爲了解教師班級經營之實務面，透過公開授課除了可以看到教學實務，班級經營亦是重要的一環。尤其是初任教師經營經驗尚淺，需要更多教學觀察工具來協助，因而由作者與師大師培團隊共同研發出「教師課堂教學班級經營觀察紀錄表」（以下簡稱班經紀錄表），透過其他觀課者參與觀察爲研究工具，提供教學者了解自己班級經營實務，作爲班級經營精進之參考。爲能了解教學者班級經營需關注焦點，觀察者依其上課時間序之前、中、後進行課室觀察，幫助教學者

檢視自己班級經營管理效能、學生狀況是否能按部就班、安心上課。

　　對於有效班經之面向可歸納：提供安全溫暖的物理環境、有效的制度管理與班級組織、師生正向關係、愛與關懷、給予學習機會並培養責任感。而班經紀錄表從上課前教室物理環境的準備開始，如教室內的燈光、門窗開放、空氣流通、學生座位安排與活動動線、室內溫度、教具或實驗器材擺放等，教師在每堂課前需先準備好下一節課要用的教具，尤其是危險物品如實驗器材應先自己處理好、分配好，不要讓學生去拿或處理，避免發生意外。其次對於學生管理，如守時就位，教師以清楚口令與有效策略幫助學生收心安頓，讓學生盡快進入學習狀態。

　　學生動態掌控如遲到或身體不適，要即時處理了解學生去向。規範提示方面，教師需在第一次上課時講解清楚獎懲制度，帶著學生遵守以了解相關規定，發現有需調整部分要及時微調，目的是讓學生能盡快進入狀況且容易管理。關懷互動部分，教師要能認識與熟悉個別學生或班級群體，關心問候個別或全體學生，展現出師生間的正向關係。在承續處理部分，能適當且有效率的處理前堂課程之後續事宜，例如收繳作業、發還作業或檢討等。課前準備決定班級經營與教學之成敗，有些教師未能留意且輕忽此時間點之相關安排，除會讓教學成效打折扣外，學生上課秩序不佳，教師班級經營問題也層出不窮，最後形成惡性循環。

　　教學中班級經營歷程重視教學流暢度、學生秩序管理、師生互動與偶發事件處理。教師教學進行順暢，節奏合宜，時間掌控良好，且活動轉換時能明確清楚引導，能讓教師教學與學生學習節奏合拍，學生學習成效更易見效。學生秩序管理得當，賦予班級幹部、提供學生問題解決承諾的使用權、培養學生願意負責任的態度、建立信任安全且願意分享的課室氛圍，教師適時給予正向回饋，如讚美、提醒或適時責備，更能促進師生良好互動。教師對於干擾、衝突行為或偶發事件處理，能依據性質與程度，即時處置回應，不讓事件發酵影響其他

同學學習；事件嚴重者視情況立即尋求其他教師支援，以保護學生安全爲第一優先。

而教學後的收尾工作亦要確實，如有作業活動交代、回饋總結、環境復原、偶發事件追蹤輔導或補救教學等。作業活動交代不見得會在每節課結束前出現，教師可視實際情況處理。對於單元內容之段落，教師能總結學生課堂學習或行爲表現結果，給予回饋或實施獎懲紀錄，讓學生能依循班規而謹守本分。場地若有調整或髒亂，課後亦需規劃學生恢復原狀或清掃，維持教室整潔。偶發事件後續處理要完整，不可丟給導師或行政端。處理過程也需做詳實記錄，一方面可釐清事件脈絡與後續結果，另一方面可作爲學生輔導依據。若發現學生跟不上教學進度，教師需規劃後續進行補救教學。

第二節 班級經營觀察工具的運用

壹、實施規劃

教師在教學前，可尋求校內有效班經管理之教師作爲夥伴教師，可取其經驗所長，作爲自己教師班經發展之參考模式；或是邀請同班級其他任課教師針對同一班級相互觀摩，比較學生問題與班經策略之異同可作爲參考；另外可配合教輔老師協作亦可。

一、觀課前會談

觀課前說明自己班級學生狀況與班級經營理念，並給予學生座位表，方便觀課者記錄學生行爲，並確認是否有特殊學生狀況要加強留意。觀課前會談聚焦該堂課關注班經焦點。下列爲公開授課實例，表11-1 和表 11-2 爲同一班級不同任課教師採用「工具 N 教師課堂教學班級經營觀察紀錄表」，任課者皆爲初任教師第一年，一位爲該班導

師，代課以國中為主經驗一年，另一位為科任教師，國小代課經驗十年，觀察者為他們之教輔老師與另一位未授課者，三人一組。授課班級為原民學校三年級學生，全班十人，五男五女且皆為原住民學生，班上為學校樂樂棒球主力選手班級，學生特質多活潑好動。

表 11-1 班經紀錄表觀課前會談

身分	導師	科任教師
科目	三年級國語	三年級健體
教學單元	第九課大自然的美術館	生活中的安全—交通安全守則
教學者欲關注焦點	關注每位學生，並給予回饋	教學流暢度與獎勵制度

二、觀察／觀課

表 11-2 是班級經營觀察工具觀課紀錄之實作案例。

表 11-2　班級經營觀察工具紀錄表觀察記錄

時機／項目	內涵說明	觀察到的師生行為事實		觀察者說明
		導師	科任教師	
守時就位 課堂初始	1. 教師與學生均能適時進入教室並就定位。 2. 教師要求學生以適當的方式進入專科教室，例如夫廊整隊。（選）*	學生上課前自行到教室後坐好。	1. 學生準時上課，洗好手並坐好定位。	因師生已知要公開授課，所以在上課前皆已坐定位。
收心安頓	適當安頓師生心情，收拾物件，進入教學準備狀態。	教師請學生打開第九課 p.76，請全班念一遍課文，學生朗讀課文時，教師行間巡視學生朗讀情形。	教師請學生洗手，安靜坐好，給予 30 秒時間做整理，學生遵守教師要求收拾桌上東西。	1. 導師直接進入教學，未有收心表現，學生收心安頓行為即表現。 2. 科任教師請學生整理座位，順便收心安頓。
動態掌控	了解學生出缺席或動態，必要時能即時做適當處置。	學生上課前已進教室坐好，未有點名情形出現。	30 秒後學生已坐好，教師開始上課，全班 9 人出席，1 人請假。（教師未點名）	導師與科任教師均未有點名動作就直接上課。

* 內涵說明的（選），為選用指標，視情況記錄。

關懷互動	1. 能關心問候個別或全體學生，展現出師生間的正向關係。 2. 能展現出認識熟悉個別學生或班級群體。	1. S1讀的順序未跟上大家，老師敲桌子提醒他注意聽，S1有較專心聽課。導師行間巡視發現學生狀況能以正向關懷方式提醒導生。 2. 教師請學生自行閱讀課文時，不斷行間巡視每個學生閱讀狀況，對於S3提醒他要拿筆畫出重點。教師用計時器計時2分鐘，教師行間巡視每位學生作答情形，熟悉每位學生並能直接叫名字。	1. 教師在學生觀看影片時，留意學生專注，學生看完後，教師給注導生良好，師生互動良好。 2. 教師熟悉學生名字，能點名請他回答問題。	1. 導師多以行間巡視了解學生狀況，發現狀況立即給予提醒。 2. 科任教師透過加蘋果勵制度與學生互動良好。
規範提示	能適當提示或重申課堂規範。	未在本堂課出現。	教師針對獎懲制度做說明：個別與團體加點方式，學生也能達守規定，先舉手再發言。	1. 導師直接教學，未使用任何獎勵。 2. 科任教師在一上課就說明獎懲規範。

觀察項目	描述	導師	科任教師	觀察記錄
承續處理	能適當且有效率的處理前堂課程之後續事宜，例如收繳作業、發還作業或檢討等。	因為是本課的第一節，所以未出現。	本堂課為第一節課，未出現前堂課業處理。	兩位教師皆未有上節承辦課，未續承辦課業處理。
座位形式	座位安排形式符合當節課堂教學主要形式。	座位分三排，每排三位學生，學生間隔符合防疫規定與教學需求。	分組座位，每組三人，一人坐在教師桌前。	學生座位一開始即固定，未因教學而改變。
情境設備	1. 教學空間各項物理條件適當合宜。 2. 能配合教學進度布置相關資料、情境或設備器材。 3. 了解學生攜帶準備學習所需資料之情形，必要時能即時做適當處置。	1. 教室燈光通明、窗戶與電扇皆打開，通風良好。學生座位分開適合防疫。 2. 教師準備電子書課文內容，在自然段時段與學生共同設計分段記錄在白板子書。 3. 教師設計好六何法引導學習單，引導學生根據課文意完成課文內容深究。	1. 教室燈光充足、電扇、窗戶皆有打開，通風良好。 2. 教師事先準備好白板、單槍與上課內容安全簡報與影片。 3. 教師以簡報方式介紹交通標誌，再進行問答，學生無需自備資料或器材。	上課前教室燈光明亮，通風良好，兩位教師已先準備好各項教具與設備。
課堂中		導師	科任教師	兩位教師於課前討論教案與觀課者討論教案與教學流程，因此教學中之教學活動
教學進程轉換	1. 教學進行順暢、節奏合宜，時間掌控良好。	1. 教師在學生朗讀課文然後在分段活動後，發下學習單六何法的說明，請男生念出題目。	1. 教師針對學生社區中常見與交通安全注意事項進行說明，引起學生生活經驗討論。	

進程轉換流暢，且能讓學生引導清楚引導，讓學生能銜接每一個內容。	
2. 教師透過影片介紹大貨車之內輪差，讓學生理解與車距之間距離。 3. 教師在看完影片後，請學生整齊咬字清楚念出交通安全守則，並逐條說明安全守則會遇到的狀況。學生能正確回答教師提問：什麼是PU跑跑道？S3：跟鄉運一樣的跑道。老師：對，並加以說明PU跑跑道的使用規則。 4. 教師針對腳踏車安全與搭車安全守則提問，引導學生思考。學生認真聽課，並積極回答問題，如頭手不伸出車外、要戴安全帽。 5. 教師讓學生有30秒時間思考還有其他注意事項嗎？學生認真思考，並板書記錄學生作答情形作為歸納，	2. 教師說明如何使用六何法，何人是誰？學生都說是作者，有人故意說是岩石。教師再澄清何人才是？教師請學生舉手，是舉手、全班都舉手的舉手。並請學生寫在學習單上。故事主角是我、何時、何地，之後教師針對六野柳注音發音語做詳細說明。 3. 何時：學生意見不同，教師再再聚焦課文的時間是現在，部分學生了解後修正自己答案。教師請學生找出故事原因，先引導學生說出自己想法，再建立共識全班一起作答：因為作者就住在野柳。 4. 教師歸納六何法作答結果，學生回答。
2. 活動轉換時能明確引導清楚。	

	如：注意後方來車、關門要留意夾門行為等。 6. 以簡報介紹常見交通標誌與其意義，透過口語評量，了解學習成效，如點選圖案請學生舉手回答，答對者加點數獎勵。 7. 歸納交通安全注意守則與日常需知，各項活動轉換引導與歸納學生作答結果。順暢，教師清楚作答。	5. 教師逐段引導學生理解課文，發現學生有念錯的字，如野柳、獨台石，即時做澄清糾正。教師教學順暢，每一次轉換皆能清楚引導。
1. 導師多以提問與互動提醒跟學生。 2. 科任教師會同請同學上臺示範時也能眼神關注多數學生。	1. 教師請S4轉身讓其他同學看到他的衣服有明顯的黃色，走在路上會很安全。S4也站起來轉身給同學看，過程中有適當的教學互動。 2. 教師在說明交通安全守則時，眼神隨時關注學生。 3. 學生對於提出疑問，教師說明後整理好書袋子才不會統入車輪。包提問於腳踏車後椅放書	1. 學生在念出學習單題目時不整齊，教師提醒學生要讀齊。學生不會寫課文大意時，教師透過電子課文示出位置在哪裡。師生之間互動良好，學生能自然間提問與回答問題。 2. 教師不斷行間巡視學生作答情形與個別指導，確定學生書寫正確。
		1. 師生之間、學生同儕之間能有適當的教學互動。 2. 教師視線眼神或身體移動能關照到所有學生。
		成員互動

項目	觀察指標	觀察紀錄一	觀察紀錄二	觀察紀錄三
積極正向	1. 師生言行積極正向，情緒管理合宜。 2. 教師展現教學或帶班的魅力或影響力。	1. 學生無法完整說出大意，教師引導學生一起共作大意，透過課文引導學生歸納課意。態度和緩、情緒委婉，能正向回應學生。 2. 教師教學未有明顯表現教學魅力或影響力。	4. 教師提問搭車時先讓下車者先或是上車者先，並請他回答。S1很認真回答：下車者先。 1. 教師態度和緩，說明引導學生思考騎車安全與相關生活經驗，學生回答放手騎腳踏車，教師藉此提醒學生應注意正確騎車方式。 2. 學生對於教師教學會認真投入學習，針對學生提問，教師皆予以回應與說明。	1. 導師上課多以委婉態度回應，未有明顯積極行為。 2. 科任教師會積極給予學生回饋與數獎勵。
秩序維持	1. 學生聽課、討論、書寫、實作或個人活座位上之學習活動，均能有合宜的秩序。 2. 教師能注意到督導分心失序的學生投入學習。	1. 部分學生搶話，讓我講完，教師引導學生安靜下來，學生安靜聆聽，教師詳細說明。學生能配合教師指令做適當回應，秩序尚可。	1. 學生搶著念出，教師請學生再重念才會給予獎勵。 2. 學生搶答時要舉手，S3很認真搶答你要舉手，教師說沒關係，請他舉手再說。學生很認真回答問題。	兩位教師因秩序良好，僅對少部分提醒者，未有組織幹部介入處理。

	3. 學生組織結構（幹部、教師、組長或小組等）能協助發揮秩序、維持功用。	1. 導師因學生大多安靜，未發現偶生偶發事件，如S4、S6、S9老師背後用手比框動作。
	2. 本堂課未出現組織幹部協助情形。	2. 科任教師僅口頭提醒干擾行為。
偶發行為處理	教師對干擾、衝突事件或偶發事件，能依據性質程度，即時處置回應。	1. 學生亂說三兆，教師直接糾正你未有能力無法賺錢，適時提醒學生應以自己能力範圍答。
	1. 學生不會寫「任」，教師指導他是有土的任在。S5：因為他住在野柳，所以他過去玩。S6：作者想要說野柳的事。教師針對學生回答情形在後面才做歸納。	2. S9發出聲音或拿尺刮桌子，教師未回應其行為。S9大聲答有，有意干擾教師教學，教師未回應。
	2. 學生寫不出作者的是有部的嗎？老師說沒有。	
	3. 教師這段引導學生理解課文，發現學生有念錯的字，如野柳、燭台石，即時做澄清糾正。	
	4. 教師引導奇石奇景，S4、S6、S9對電子白板比出手框，教師未予以回應，繼續課文大意引導，學生後	

項目	規準	觀察紀錄	分析	備註
獎懲回應	教師能依既定規則，對學生課堂表現或學習即時給予個人／小組記錄（包含讚美或懲罰或獎懲、欣賞、鼓勵或責備）。	來跟上教師引導，書寫學習單。 5. S9 拿筆敲抽屜製造噪音，行間巡視，教師未做回應，其他學生作答。 1. 讚美未使用獎懲制度。 2. 讚美與鼓勵僅說好。	1. 教師針對回答學生給予記點，學生了解懲罰方式，對於會的問題，如看到紅燈時便會的學生的教師要如何？會的學生便會趕快舉手，教師點他之後，他能回答出正確答案：停下來。 2. 多數學生會注意懲獎方式，舉手發言。 3. 教師給予每位學生答題機會，並予以獎勵。	只有科任教師確實以明確懲制度給予學生鼓勵。
安全維護	有安全顧慮的教學活動（例如實驗），能有適當的說明與防護。	本堂課未出現。	本堂課未出現。	因未有安全顧慮教學活動，所以未出現維護行為。

	課堂常規	導師	科任教師	
作業活動交代	採取適當方式，使學生能記得完成理解作業活動之要求，預告次堂課程注意事項。	1. 教師透過邊說明邊引導學生作答，並請學生及時跟上當上討論的學習單內容並做記錄。 2. 學習單未完成，下堂再繼續完成，請學生先回去思考。	本節課未出現。	導師因學習單未完成，作為後續教辦事項。
回饋總結	教師能總結學生課堂學習或行為表現，並給予回饋或實施獎懲。	教師請學生針對學習單尾做說明，再與全班學生一起完成課文段落，但未給予獎勵回饋。	1. 教師歸納交通安全守則與學生作答結果說明，並給予個別學生記點獎勵。 2. 認識常見交通標誌各形狀意義，說明後請學生說明其意義，說明針對點選標誌記點獎勵，教師給予記點獎勵。	兩位教師對於上課內容皆有總結，但導師未給予獎勵回饋。
環境復原	1. 師生能妥善收拾環境、器材、整理教室或座位。 2. 教師要求學生以適當的方式從專科教室回到原班教室，例如整隊帶回。 （選）	1. 未出現，教師直接下課。 2. 因下課學生要到操場集合，所以教師來不及請學生整理座位。	1. 因下課有延遲2分鐘，學生要參加課間活動，教師提醒他們提快下去集合，未有收拾環境交代。 2. 在原教室上課，無此情形。	本堂課未出現環境復原之情形。

追蹤輔導	備註或綜合評述
教師能針對課堂未盡事務，追蹤輔導特定學生。	

	導師	科任教師	綜合回饋以整堂課來
追蹤輔導	未出現。	無此情形。	教學回饋與說明。回饋與說明。
備註或綜合評述	1. 學習單教師透過清楚指令，如針對主角是誰、何時、何地、做什麼來解構課文，讓學生對課文大意分析更有系統。 2. 教師在學習寫時，能不斷行間巡視了解學生作答情形，發現問題能立即給予指導。	1. 教學流程掌控，個別學生未專心上課，教師能提醒他要注意聽。 2. 連結學生生活經驗很好，從欣賞梅季騎社區交通管制，學生騎自行車等引導學生思考討論，學生能聚焦說出自己的經驗。 3. 獎懲方式會計較分數，教師回應鼓勵學生勇於作答，如果換成是他，老師也會給予記點獎勵。教師請未完整回答同學，下次可以再說明清楚。	

三、觀課後會談

觀課後會談，觀課者先請未授課夥伴感謝授課者的表現，並給予鼓勵與回饋，再針對關注焦點做說明；其次換觀課者回饋並做總結。表 11-3 為回饋會談紀要。

表 11-3 > 回饋會談紀要

身分	導師	科任教師
科目	三年級國語	三年級體育
教學單元	第九課大自然的美術館	生活中的安全—交通安全守則
關注焦點	關注每位學生，並給予回饋	教學流暢度與獎勵制度
回饋會談	1. 教學者多能關注每位學生，並善用行間巡視觀察了解學生學習狀況。遇到學生問題也能以學生理解的話語幫助學生學習，如學生寫不出作者的者是有 部的嗎？老師說沒有。 2. 插曲：導師念野柳的發音錯誤，事後有與導師說明兩個三聲，第一個字要念半上，第二個字要念三聲才對，請導師在下一堂課跟學生更正發音。 3. 教師在課前與教輔老師備課許久，其學習單內容更貼近上課內容，讓學習單使用與學生作答更順暢。	1. 教師教學流暢且活動轉換時，皆能做段落小結與獎勵制度登錄，讓學生積極正向投入學習。對於學習較弱勢學生也能給予機會回答與放寬標準，讓其願意說出自己的想法。 2. 教師善用學生生活經驗，引起動機讓學生分享且配合獎勵制度，讓學生更專心於學習。

　　上面實例是以同班級不同身分教師所做之班經記錄，雖然關注焦點不同，但可看出導師在對大家說明每個段落後，僅利用行間巡視針對個別學生指導，導師未建立獎勵制度，因爲公開授課，僅專注於教學流程掌控，而學生學習多呈點狀。科任教師因教學經驗豐富，上課前他先在黑板上畫格子，如圖 1-1，每個格子對應學生座位，學生能直覺理解自己上課表現狀況。

獎懲說明：上課認真、有答對問題、上課準時者加○，遲到、不乖者加 x，整組很乖者或統一迅速完成老師交代事項者，在旁邊加一個○。上完課後，教師請學生統計當節課所得之點數作爲未來獎品兌換。

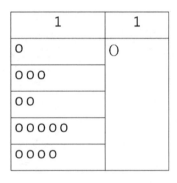

圖 11-1 科任教師獎懲制度

　　明確的獎懲制度刺激學生學習與秩序管理，讓學生易理解且願意遵守。即使部分學生會忘記要舉手發言，其他同學也會提醒他，對於班級經營管理更有效率。導師在觀課後也有同感，因之前不知該如何建立有效獎勵制度，透過這次互相觀課，找到更具體可執行的策略，願意建立獎懲制度，同時配合學校制度一起執行，透過班級經營凝聚班級學習風氣與氛圍。

貳、運用的建議

　　Ozben（2010）闡述班經是指教師在教學過程中使用的策略，如眼神接觸、警告或蔑視、態度轉變、教案修改、提問與回答問題、與學習者、同事溝通、合作、安排學習任務與家長會談等，這些都屬於班經的範疇。班級經營是門大學問，在課室裡所有人、事、時、地、物皆為管轄範圍，如何建構有效班級經營策略，教師需具備細膩心思與多元視角，掌握望、聞、問、切原則，邊實作邊修正，要找出最佳策略非一蹴可幾，需視教師班級經營理念、學生屬性與帶班風格而慢慢形成。但在初始化，教師可多看、多聽、多問，請教班級經營優良教師之有效策略，轉化為自己可操作之方法，建構出個人風格且有效能之班級經營策略，讓教師管理與學生遵循更有系統。

　　此外，Omenka 與 Otor（2015）說明稱讚與承認學生在課堂行為能增強他們的學習成效。教師要營造良好互動之課室氛圍，讓學生願意學習，與人互動分享以提升學習成效，是班經最重要的目的。為期能有效班級經營管理，建議可邀請校內同仁或資深教師每學期入班觀課一次，以班經紀錄表作為藍本，以時間序建構自己班級經營管理模式，建立良好獎懲制度，讓學生易於遵守且養成「什麼時間該做什麼事」的習慣，讓班級經營管理更有制度與成效。

參考文獻

吳清山（2001）。知識管理與學校效能。臺北市立師範學院學報，**32**，1-15。

Ahmed, M., Ambreen, M., & Hussain, I. (2018). Gender Differentials among Teachers' Classroom Management Strategies in Pakistani Context. *Journal of Education and Educational Development, 5*(2), 178-193.

Effective classroom management strategies and classroom management programs for educational practice, January 2014, Publisher: RUG/GIONISBN: 9789036775304

Evertson, C. M., & Weinstein, C. S. (Eds.) (2006). Handbook of classroom management. *Research, practice, and contemporary issues.* Mahwah, NJ: Larence Erlbaum Associates, Inc.

Kennedy, P. (2011). *Preparing for the twenty-first century.* New Dehli: Vintage.

Kern, L., & Clemens, N. H. (2007). Antecedent strategies to promote appropriate classroom behaviour. *Psychology in the Schools, 44*(1), 65-75.

Martin, N. K., & Yin, Z. (1997). Attitudes and beliefs regarding classroom management style: Differences between male and female teachers. Austin, TX. (ERIC Documentation Reproduction Service No. ED 404 738). Retrieved September 2014, www:http://ericfac.piccard.csc.com

Oktan, D., & Çağanağa, Ç. K. (2015). The impact of teachers' gender differences on classroom management. *International Online Journal of Education and Teaching, 2*(4), 239-247.

Omenka, J. E., & Otor, E. E. (2015). Influence of classroom management on students' academic achievement in Science and Mathematics in Oju local government area of Benue state. *Global Journal of Interdisciplinary Social Sciences, GJISS, 4*(4), 36-40.

Özben, Ş. (2010). Teachers' strategies to cope with student misbehavior. *Procedia-Social and Behavioral Sciences, 2*(2), 587-594.

Sieberer-Nagler, K. (2015). Effective classroom-management & positive teaching. *English Language Teaching, 9*(1), 163-172.

Wubbels, T., Brekelmans, M., Van Tartwijk, J., & Admiraal, W. (1999). Interpersonal relationships between teachers and students in the classroom. In H. C. Waxman & H. J. Walberg (Eds.), *New directions for teaching practice and research* (pp.151-170). Berkeley, CA: McCutchan.

第十二章

國小教師採行教師主導觀察公開授課之個案研究

第一節　研究背景與目的

　　十二年國民基本教育課綱實施後，國民中小學校長、專任教師、兼任行政職務專任教師及依中小學兼任代課及代理教師聘任辦法聘任，聘期為三個月以上之代課、代理教師，每學年都要在服務學校進行至少一次公開授課，並以校內教師觀課為原則（教育部，2016）。在此課程政策下，公開授課已由政府與學者的倡導與鼓勵，變成行政要求。

　　公開授課是一種由教師社群共同組成，重視學校本位的教師專業發展活動，其本意是精進課程與教學品質、促進學生學習、促進教師專業發展。它有助於教師知識的保留與分享、建立教師與學校的專業形象、拓展同僚網絡（王金國，2020），是一項具有諸多優點的教師專業發展活動。雖然公開授課具有前述優點，卻也讓許多教師感到壓力（王金國，2020）。如何讓中小學教師降低公開授課的壓力，同時達到專業成長的目標，是教育行政單位或是學校校長需關注的焦點。

　　基本上，各校進行的公開授課方式及目的不一。然而，配合十二年國民基本教育課程綱要實施的公開授課，隱含著行政要求與主導，較易出現教師被動因應情形（王金國，2020）。近年來，有學者（T. E. Kaufman & E. D. Grimm）倡導教師主導觀察[1]（teacher-driven observation, TDO）的公開授課，它翻轉了傳統教室觀課，主張教師是公開授課的領導者（leader），重視教師的主導性及主動性，強調基於教師自身教學改進、改善待解決問題或促進專業成長之需求而辦理

---

[1] 也有學者翻成「授課教師主導的教學觀察」。如張民杰、賴光真（2019），從教室內把大門打開：授課教師主導的教學觀察（TDO）。臺灣教育評論月刊，8(7)，102-106。

公開授課或教學觀察。它配合授課教師選用觀課方法、工具或聚焦觀課焦點，更能切合教學者所需。另外，此模式之觀課者係由教學者所邀請，較能減低公開授課帶給教學者的焦慮（賴光眞、張民杰，2019；Kaufman & Grimm, 2013）。

教師主導觀察雖已由學者介紹至臺灣多年，但相關實徵研究仍不多，在教育部要求中小學教師每學年都必須至少辦理一場公開授課的背景下，教師主導教學之公開授課有研究之必要。基於前述背景與動機，本研究之研究目的如下：

1. 了解國小教師採行教師主導觀察（TDO）公開授課的原因？

2. 了解國小教師實施教師主導觀察（TDO）公開授課的情形？

3. 了解國小教師對教師主導觀察（TDO）公開授課的收穫與感受？

4. 了解國小教師對於推廣教師主導觀察（TDO）公開授課的建議？

第二節　文獻探討

壹、公開授課的意涵

公開授課（lesson study），不同的文獻有不同的界定，範圍也不同（王金國，2020）。狹義來說，公開授課是教學者在教學時，開放其他人進到教室中觀看的活動。廣義來說，公開授課還包括了授課前及授課後的相關活動（劉世雄，2017）。吳清山（2019）認為公開授課係指教師透過個人備課或共同備課，公開自己的教學過程，由教師同儕在一個開放、友善和互信的氛圍下，觀察教師教學，並提供教師教學過程的回饋意見，以促進教師專業發展和增進教師專業知能。在臺灣，開放其他人進到教師的觀課，從早期的教學觀摩到近幾

年不同方案推動的公開授課，推動的方式與焦點不一。本研究所指的公開授課，是十二年國教課綱及「國民中學與國民小學實施校長及教師公開授課參考原則」上的界定：教學觀察時，授課人員得提出教學活動設計或教學媒體，供觀課教師參考。學校得提供觀課教師紀錄表件，以利專業回饋之進行。在專業回饋，得由授課人員及觀課教師於公開授課後，就該公開授課之學生課堂學習情形及教學觀察結果，進行研討。

貳、教師主導觀察（teacher-driven observation, TDO）的意涵與程序

一、教室主導觀察的意涵

教室主導觀察指的是由授課教師針對自己在教學上的需求，邀請同儕教師加入自己的教室情境，透過單一的教學觀察焦點進行課室資料蒐集，進而促使授課教師教學改進的教師專業成長活動，它具有個別差異性且能展現教師主體性（黃心瑜、王金國，2020；Kaufman & Grimm, 2013；Grimm, Kaufman, & Doty, 2014）。

二、實施程序

張民杰、賴光眞（2019）以鼓勵但尊重教師依意願選擇實施的情境爲例，提出其實施程序包括：

1.聲明報備：有意願實施 TDO 者，向學校表達意願並由相關處室彙整核定並公告。

2.觀課前準備：包括 TDO 的授課教師提出觀課焦點、選擇資料蒐集方法、決定觀課日期與時間、邀請觀課教師及向學生預告有其他教師會入班觀課。

3.觀課前會談（說課）：TDO 的授課教師報告觀課相關行政配套措施、介紹教學單元脈絡、進度、觀察焦點與蒐集資料的工具。

4.公開教學／觀課：教學者依計畫教學，觀察者依事先約定的觀察焦點進行觀察與記錄。

5.觀察後回饋會談（議課）：觀課者與教學者針對教與學的事實資料進行交流。

6.完成相關的行政程序或要求：完成 TDO 後，向學校或社群報告以完成公開授課之行政要求。必要時，可申請研習時數證明，學校也可提報獎勵或安排分享活動。

若進一步分析，可發現前述六個步驟，同時結合了教師公開授課與學校行政作為，其中，第一個步驟與第六個步驟係屬後者。

參、中小學實施公開授課之相關研究

近幾年來，我國已有許多關於公開授課或授業研究的研究。王金國（2020）曾藉由自編問卷調查中小學教師之公開授課經驗，在 111 份有效問卷中，發現有 77.5% 的中小學教師在 103 至 107 學年度中曾公開授課，但大多數是一學年授課一次。中小學教師主動公開授課的理由有四大類，包括：自我成長、專業精進、分享及其他（如校務評鑑、進行教學行動研究）。另外，中小學教師公開授課（擔任教學者）感受到的正向經驗，依序包括：更了解自己的教學及問題、與他人專業交流、專業成長與精進、獲得他人正向回饋與鼓勵、促進學生學習或學生有好表現、自己有好表現或更有自信、與社群夥伴共學共成長、分享教學知識與經驗傳承。而在負向經驗方面則包括了事前準備耗時、太累、擔心或壓力等 12 項，這 12 項分別來自共備、觀課、議課及其他（行政配合）。

另外，黃心瑜、王金國（2020）曾以國小教師專業學習社群推行教師主導教學觀察（TDO）之歷程作為焦點，以南投縣一所國小教師社群為對象，透過參與觀察、半結構式訪談、資料文件分析等方法進行個案研究。該研究發現如下：從探究學生學習問題上，促發成員個別的主導性，進而主導自己的 TDO 公開授課；整合 TDO 的團

體和個人模式，可獲致更多發展優勢；共享價值的建立和運用雲端共用、LINE 通訊軟體，可以增加社群成員的參與程度；透過推行 TDO 公開授課的蒐集觀察資料和教學改變，社群成員成為真正的教學夥伴。

在臺灣，愈來愈多以「公開授課」或「授業研究」為題的研究，就已完成的研究來說，幾乎均肯定這項教師專業成長的活動。

第三節 研究方法與實施

配合研究目的，本研究採取質性研究取向，藉由觀察、訪談、蒐集相關文件等方式蒐集資料，再透過歸納法進行分析，以獲得研究發現。

壹、學校背景

個案國小是一所位於臺灣中部的中型學校，建校約 60 年，學區中的家長多為雙薪家庭，工作繁忙，把教育孩子的重責託付學校及教師處理。進行本研究時，個案小學共有 18 班，教師平均年齡約 40 歲上下。學校教師能積極配合相關教學活動，亦積極推動各項教學創新計畫，如資訊教育、創課教育、閱讀深耕等相關活動。學校內有三個以年段為架構的教師專業學習社群，分別是低年段的校訂課程發展社群、中年段的品格培育社群，以及高年段的教師主導觀察（TDO）公開授課社群，本研究的參與者主要是高年段的社群成員。

貳、TDO社群成員背景

個案小學 TDO 社群成員共有 14 人，包括五年級和六年級導師與科任教師，他們組成一個社群乃配合學校依年段來區分社群，與其他先訂定主題再邀社群成員，或是因為同儕友誼組成的跨年級社群不

同。在此社群中，導師有 6 位，科任教師有 8 位，其中 2 位兼任主任，4 位兼任組長（參與者背景如表 12-1）。

　　此社群已以 TDO 為主軸推行 2 年，然而因為校內教師職務調整關係，在進行本研究時，有些成員參與 TDO 的年資已有 1 年，有些則是第一年。

表 12-1 　個案小學 TDO 公開授課社群成員背景

成員姓名代號	職稱	任教年資	採行 TDO 年資	109-1 對 TDO 的認識
T001	六年級導師	10～15 年	第 2 年	大致理解
T002 *	六年級導師	15～20 年	第 2 年	大致理解
T003 *	六年級導師	10～15 年	第 2 年	大致理解
T004	五年級導師	5～10 年	第 1 年	完全沒聽過
T005	五年級導師	10～15 年	第 2 年	大致理解
T006	五年級導師	25～30 年	第 2 年	大致理解
T007	高年段健體／科任	0～5 年	第 1 年	完全沒聽過
T008 *	高年段綜合／科任	5～10 年	第 2 年	大致理解
T009	五年級自然／組長	15～20 年	第 1 年	大致理解
T010 *	六年級自然／組長	5～10 年	第 1 年	完全沒聽過
T011	高年段英語／組長	10～15 年	第 1 年	完全沒聽過
T012	五年級社會／組長	15～20 年	第 2 年	大致理解
T013	六年級社會／主任	15～20 年	第 2 年	大致理解
T014	六年級社會／主任	25～30 年	第 2 年	大致理解

註：標註＊者，代表參與了團體訪談。

參、資料蒐集

一、參與觀察

本文第一作者爲個案學校之教師專業發展之輔導教授，除了曾帶領師資生到個案小學進行專業服務學習外，也曾兩次擔任個案小學教師專業發展活動之講師，並實際參與教師之社群活動。本文第二作者則是個案小學 TDO 社群之召集人，直接參與並觀察校內 TDO 之相關活動。她在進行活動時，亦隨時拍照記錄，以作爲期中及期末成果之材料。其中，包括了 7 次的社群會議及實際的入班觀課 3 次。

二、團體訪談：包括語音逐字稿及即時重點摘記

爲了了解參與教師採行 TDO 的經驗、想法與感受，本研究邀請了 TDO 社群的四位老師接受視訊（Google Meet）焦點訪談。在訪談前，研究者先寄訪談大綱（如附錄一）給四位參與者。訪談過程經參與者同意全程錄影，訪談時間 82 分鐘。訪談過程，同步在 Google Meet 摘寫重點。摘記的目的有二：一是有系統地記下發言者的重點，另一個目的是確認我沒有誤解參與者的意思，以增加本研究之信實度。

三、文件蒐集

由於本研究之參與者來自同一社群，該社群有一個共用雲端硬碟，裡面有此社群一年中的相關紀錄。其中，與本研究較相關的文件名稱及數量如下：

1.TDO 公開授課社群公務說明與分配，一份檔案。這個檔案有全學年之社群重要活動，另外也明訂三個角色之任務，包括 (1) 主持人：負責提醒社群成員開會、開場、製作簽到表、控制時間、結語；(2) 會議紀錄：約定彙整時間，潤飾當日參與者的回饋；(3) 拍照：拍

照並挑選 5 至 7 張有畫面的照片、上傳照片資料夾、剪貼在會議紀錄上面。

2.個別教師的 TDO 實踐成果，共有 14 份。每一位老師的資料夾中，有公開授課的照片、該次公開授課的教案、學生座位表、授課前共備討論單（如附錄二）、觀察紀錄表（如附錄三）、議課紀錄表（如附錄四），少數老師的資料夾中還有授課教師省思回饋單（如附錄五）。

3.個案國小教師主導教學觀察（TDO）公開授課之 109 學年度期中成果報告：一份，於 110 年 2 月 24 日完成。

4.個案國小教師主導教學觀察（TDO）公開授課之 109 學年度期末成果報告：一份，於 110 年 6 月 28 日完成。

5.社群活動會議紀錄：共 8 筆會議紀錄。

肆、資料分析

本研究採歸納法進行資料分析，分析步驟如下：

1.將團體訪談資料轉成逐字稿，逐字稿共 14,371 字。

2.將所蒐集之資料（包括團體訪談、文件、LINE 對話紀錄），依來源給予編號，依資料來源類別加上日期，例如：團體訪談 20210823。

3.將所蒐集資料，逐字逐句閱讀並進行開放性編碼。所有資料編完後，再重新閱讀，並將前一輪所編的碼進行文字修調與整併，完成編碼架構表。

4.依前述編碼架構，提出研究發現並撰寫研究報告。

第四節　研究發現與討論

壹、個案小學教師接觸、採行與認識TDO的歷程

個案小學教師會接觸及採行 TDO 的緣起來自於三個因素，分別是：(1) 課綱要求公開授課，(2) 學校要求籌組社群，(3) 社群召集人建議與帶領。

> 個案小學為了發展十二年國民教育之校訂課程和推動公開授課的政策，要求低、中、高各年段組成相關社群，適逢 108 學年度教師開始要進行全面性的公開授課，初組成時，參與者共有 14 人，對於社群發展主題並無明顯意向，透過社群召集人的介紹 TDO 公開授課的模式，以社群方式用做中學的方式，開始進行 TDO 公開授課。（文件 001）
>
> T002：因為當初是被迫成立社群，沒有人對社群發展有方向，適逢大家又都要進行公開授課，高年級的老師們很焦慮，當時我擔任社群召集人，就跟大家介紹 TDO 公開授課的模式，建議大家可以利用這個機會將社群和 TDO 公開授課結合，大家互相幫忙，以對彼此更有幫助的方式，完成公開授課，同時又能做社群。……大家並不想制式性做公開授課。第一年社群結束後，詢問大家的意願，大家表示繼續以 TDO 進行。（LINE 20210912）

值得一提的是，本社群召集人之碩士論文即以 TDO 為題，她帶領個案小學教師社群認識及採行 TDO 的過程，即結合其研究。另外，為了讓社群成員更完整地認識 TDO，他們以讀書會型態共讀賴光真教授翻譯的《透明的教師》一書，另外也藉由實作 TDO 共備觀議課，讓社群成員不只認識 TDO 的理念，也具體了解其做法及優缺

點。在團體訪談中，受訪老師都提到很謝謝社群召集人的帶領與介紹。

> T010：我覺得像這個 TDO 我是第一次接觸，那什麼都不太清楚，確實需要像 T002 老師，她對這個領域比較了解的老師來當領頭羊來帶領我們。（團體訪談 20210823）
>
> T008：如果其他學校要推動的話，我覺得非常需要有 T002 老師這樣的同事（笑），就是要有一個人非常了解這個過程跟概念跟架構的人，因為我們常常都是她說什麼我們就做什麼這樣子（笑），或者是提出來討論，因為我們都不太了解跟知道，所以，我覺得有一個比較了解的人滿重要的。然後，加上她有幫我們買書，也可以從書裡面學到 TDO 的概念。（團體訪談 20210823）
>
> 透過專書導讀討論，不斷釐清 TDO 公開授課歷程的概念與迷思，以利於成員進行實踐。（期末成果報告 20210628）

貳、社群成員執行TDO公開授課的程序

　　TDO 是一種由教師主導的公開授課模式，在個案小學中是結合教師專業社群來推動，14 位社群成員各辦理一次 TDO 公開授課，其程序可分為以下四個階段。

一、個人準備期（教學者的準備）

　　要辦理 TDO 公開授課的教學者會有一些準備工作，除了進行教學設計並撰寫教學計畫外，也要規劃觀課的焦點（如以下事例一），以及聯繫並邀請入班觀課的教師夥伴。另外，因為同時結合社群運作，因此，需填寫相關資料並讓社群召集人安排社群活動的行程表。

T002：老師還是要準備教案，但是他要更專注觀察焦點的應用和
執行，不然在觀察前的討論會上，觀課的教師也會針對觀察焦點的
執行產生疑問。（LINE 20210912）

事例一：訂定觀察焦點

觀察焦點（一）：

從意義段中提問與討論，觀察學生的參與程度，分成三類型：A. 主動發表，
B. 專心聆聽，C. 消極參與。

觀察焦點（二）：

討論夾敘夾議，學生先 2 人討論，接著 4 人討論，觀察學生的合作程度，分成
三類型：1. 積極參與，2. 參與配合，3. 被動消極。

（T003 教師觀課紀錄表 20210330）

二、參與觀察前的討論會（說課）

許多學校或老師在舉行公開授課時會有「共備觀議課」，有的
則會加入「說課」，不同的專案做法也不同，有的會有「觀察前的會
談」及「觀察後的會談」（王金國，2020）。在本研究中，個案小
學在實際教學前，有一個「參與觀察前的討論會」。在此活動中，教
學者會針對授課的教學重點、觀察焦點和所需協助或配合之處進行說
明（如事例二）。另外，觀察者與授課者也會針對執行觀察焦點可能
發生的問題和困難，進行討論，尋求解決的方案。易言之，它不只是
說課，也同步含有共備的元素。

事例二：觀課相關配合事宜

（一）觀課人員觀課位置及角色（經授課教師同意）：

觀課人員位在教室 □ 前、□ 中、□ 後（請打勾）。

觀課人員是 □ 完全觀課人員、□ 有部分的參與，參與事項：

_____

拍照或錄影：□ 皆無、□ 皆有、□ 只錄影、□ 只拍照（請打勾）。

備註：拍照或錄影，如涉及揭露學生身分，請先徵求學生及其家長同意，同意書請參考附錄六「觀察焦點與觀察工具的選擇」。

（二）預定公開授課／教學觀察日期與地點：

日期：110 年 10 月 21 日 11 時 20 分

地點：美勞教室

（三）回饋會談預定日期與地點：

（建議於公開授課／教學觀察後三天內完成會談為佳）

日期：110 年 11 月 4 日 13 時 30 分

地點：輔導室

（T008 教師共同備課紀錄表 20201014）

三、公開教學與觀課

教學者完成了事前相關準備，觀課者也了解觀課焦點與任務後，即依原來的規劃進行公開教學與觀課，同時，觀察者入班觀察並協助記錄上課現象。

值得一提的是，個案小學的教師社群雖然有 14 人，在教學前的討論會及教學後的討論會中是全員參加，但在觀課時，每場次只會安排 2 至 3 位成員入班觀課與記錄。

TDO 的觀課模式，有別於早期的教學觀摩或行政思維，它重視教學者的主導性與專業成長。早期在辦理教學觀摩時，學校常希望校內沒課的老師都能到場觀摩，以便讓參與的人數多一點。但是，由於沒有事先討論與界定觀察焦點，以至於現場或許很熱鬧，但卻不見得能很有效地促進教學者的專業成長。

T003：我想要講以前教學觀摩與公開授課的不同，以前就一大群老師進到一間教室觀課，一定會有莫大的壓力，再來，對教學者可能沒有太大的幫忙，觀課者可能有幫忙，因為我去看了別人的教學，我有一些心得，可是授課老師卻不一定有幫忙，他花了大量的時間去準備一堂平時不一定會實施的課程，那是以往的教學觀摩。（團體訪談 20210823）

四、參與觀察後的討論會（議課）

公開教學後會辦理「參與觀察後的討論會」，有些學校或老師會稱之為議課或教學後會談。在這個討論會中，個案小學的老師會針對觀察焦點所蒐集的相關資料進行討論與分享，另外，也會希望公開授課教師從觀課者的回饋與討論中，尋求下次授課的啟示與改進（如事例三）。

事例三：議課紀錄

一、教與學之優點及特色（含教師教學行為、學生學習表現、師生互動與學生同儕互動之情形）：

　　1. 教師指令明確，學生專注度高。

　　2. 學生動手操作，較容易理解平行四邊形與三角形的面積關係。

二、教與學待調整或改變之處（含教師教學行為、學生學習表現、師生互動與學生同儕互動之情形）：

　　點數三角形面積時，對低成就的學生來說較為困難，可改成兩兩討論，提高學生的學習動機。

三、回饋人員的學習與收穫：

　　1. 某些數學低成就的學生願意舉手發言，分享想法，令人訝異！

　　2. 教師行間巡視，耐心指導低成就學生實作，提升其自信。

（T005 教師議課紀錄表 20201217）

表 12-2　社群成員執行 TDO 的過程

順序	過程	內容
1	個人準備期（教學者的準備）	進行教學設計並撰寫教學計畫外，也要規劃觀課的焦點。
		邀請教學觀察夥伴 2-3 人，確認公開授課合適的時間。
		填寫相關資料，供社群召集人整合所有社群成員的時間至社群行事曆中。
2	參與觀察前的討論會	授課者針對授課的教學重點、觀察焦點和所需協助之處進行說明。
		觀察者與授課者針對執行觀察焦點可能發生的問題和困難，進行討論，尋求解決的方案。
3	公開教學與觀課	進行公開授課和課堂觀察，蒐集相關資料。
4	參與觀察後的討論會	針對觀察焦點蒐集的相關資料進行討論與分享。
		公開授課教師從觀課者的回饋與討論中，尋求下次授課的啟示與改進。

　　從前述個案小學教師進行 TDO 的歷程與活動中，可提出以下幾點進一步討論：

　　1.TDO 讓教師主導自己的公開授課，不再是公開授課活動中的「苦主」。傳統的教學觀摩，常常是教務（導）處賦予的一項行政任務，以至於擔任公開授課的老師會有一種「苦主」的感覺，必須配合行政要求辦理。也因此，早期的教學觀摩常是由資淺的老師來擔任教學者。

　　T008：因為我之前也當導師的時候也有做過這個公開授課的部分，那我覺得跟以前很不同的是，因為我覺得以前的那種好像是行政端的要求，然後，你只要把你那一堂課就是流程跑好，然後，就是整個架構架好，然後，你就是上給老師看的。（團體訪談 20210823）

2.TDO 的進行可與教師專業社群結合，但社群並非 TDO 必要條件。在本研究中，TDO 因社群關係而進行，但社群並不是必要條件。個別教師要辦理公開授課，也可以採此種觀課模式。

> T002：我會覺得 TDO 它就是公開授課的一個不同模式啦，那我會覺得說沒有用社群來領導的話，像 T008 老師或 T003 老師她用過以後，她下一次就有選擇權了，就是說，我覺得 TDO 是提供每一個老師不同的一個選擇權，它是一個老師可以比較主動性地去找自己在這個公開觀課獲得的東西。（團體訪談 20210823）

3.個案小學教師採行 TDO 後，不會想回到傳統大型的教學觀摩。個案小學教師雖因高年段社群關係認識及採行 TDO，但 110 學年度開始後，TDO 已不是高年段社群訂定的主題，但因每位老師每學年都需辦理公開授課，在本研究中的 14 位老師中有 11 位表示仍會繼續採行此模式。而未繼續採用此模式的 3 位老師是因為參與其他專案計畫，配合該計畫進行公開授課。

4.TDO 的觀課比較聚焦，觀課的焦點係由辦理公開授課的教學者所提出，觀課焦點可以是在老師身上，也可以是在學生身上，可以是師生或學生同儕互動，也可以只聚焦在部分學生身上。觀課前訂定的焦點有助於觀課者聚焦，而不是廣泛地觀察。

> T010：像我以前做公開授課都是針對整個大的主題，讓整個過程都可以跑得很順暢，那就認為自己的公開授課，就是很好，或是至少不會太差的那種感覺。可是 TDO 的感覺就是，它可以針對比較細節的細項來做探討，比如說，探討學生專注度，或是說他在針對某一個議題上面的反應，或是說學生的回饋上。（團體訪談 20210823）
>
> T008：我覺得跟之前公開授課不太一樣，就是老師他有一個重點

可以去觀察然後去了解，然後去，有一個重心的時候，就感覺比較

專心的在幫你看課，就感覺比較能專注啦。對，之前那種公開授課

就是全方面的，它會覺得一下看這個一下看那個，……如果有一個

重點的話，我會覺得滿好的這樣子。（團體訪談 20210823）

5.TDO 公開授課因聚焦於授課教師提出的焦點，教師間的討論由形式上的觀課程序轉到教師實質的需求與專業成長。

6.TDO 的觀察焦點由授課者選定外，個案學校的老師也發展出自己的紀錄表單（如附錄二至五）。有別於制式或官方統一的觀察紀錄表，個案小學的教師發展出適合自己學校的紀錄表單，這也展現了教師主導的精神。

7.TDO 是教師間的相互合作，教學者可從觀課者身上獲得協助，包括教學前對教學活動設計提供修正的意見、教學時的觀察與記錄，以及教學後的回饋。相對地，觀課者也可以從教學者獲得一些學習，除了教學活動外，也會從觀察與記錄中獲得新的發現。另外，在 TDO 共備觀議課中，教師間有人拍照、有人記錄，彼此分工與合作。Moonsri 與 Pattanajak（2013）曾提及，公開授課是一種教師專業成長的活動，其隱含的深層意義是教師間的合作。學校在推動時，宜留意此概念，將共備觀議課提升到教師合作的層次。

參、國小教師采行TDO的收穫與感受

TDO 公開授課的參與者包括教學者及觀課者雙方，在此活動中，雙方都表示有收穫。

一、TDO公開授課中，教學者的收穫與感受

1.教學者為了訂定觀課焦點，必須認真思考自己的教學，間接強化了教師省思能力及專業成長。

T008：就是以前我把那課上完上好就好，現在我會去思考說，就是我自己在教學上比較需要精進的地方，或是可能需要別人給我多一些意見的地方。（團體訪談 20210823）

我覺得你要對自己的教學的過程流程非常地了解吧，要不然，你如果要提出你想要大家觀察的重點的時候，你會不知道你要提什麼……就是要對自己了解比較深一點，你才能知道要他們觀察，而不是隨便找一個點，讓大家看一下。（團體訪談 20210823）

2. 公開授課會有觀課者（社群成員）的協助，共同提供教學設計上的點子及建議。

T003：我們在說課及議課的時候可以進行更專業的對話，是因為有較多的人一起聽你說你的內容，一起討論你上完課的內容，大家一起針對這些問題進行討論，就會有更多的想法跟激盪以及建議。（團體訪談 20210823）

T008：像我自己像在做公開授課的時候，那時候，就是有一些過程中的疑問，就是不知道如何調整的部分，然後，我就是透過前面的說課，就把我自己的疑問拋出來，然後，底下的就會有很多老師一起幫你想辦法，他們就是有非常多的腦袋在幫我想，我覺得非常的好，就是可以解決我當下的一個困難吧，就是我覺得平常如果你覺得有疑惑，又不好意思打擾其他老師，我覺得公開前的說課啊很多老師一起幫你想辦法，然後大家可以一起討論，然後，可以一起調整觀察的焦點怎樣可以更聚焦，我覺得這個還滿不錯的。（團體訪談 20210823）

透過教師共同備課，提升教師課程設計能力與教學技巧。透過社群增能活動，增進教師素養導向課程專業知能。透過教師相互觀課與回饋，進行課程規劃與討論之專業對話，透過不斷修正課程及調整教學方式的向上歷程，提升學生各項能力學習成效。（期末成果報

告 20210628）

3.對 TDO 的認識與肯定，未來仍會採取此模式進行公開授課。

> T003：我們兩個都已經實施兩年了，如果說接下來，我們沒有社
> 群，今年進行公開授課，應該都會用原本 TDO 的模式下去進行，
> 因為不會很困難，而且表格那些我們都已經有了。

二、TDO公開授課中，觀課者的收穫與感受

1.學習教學者的教學活動設計與班級經營策略：在公開授課中，觀課者可以在參與說課及觀課中學習教學者的教學活動設計與班級經營策略。

> T008：有一次我去觀一個自然課，他觀課重點著重在小組裡面的
> 工作分配，對，那我覺得這是，TDO 它就是關注的重點就是還滿
> 細膩的……那我覺得觀察，我是一個老師觀察三個小組嘛，就會發
> 現每一個小組那種微妙互動的方式，這個也可以成為我未來做班級
> 經營，或者是可能科任課在做分組活動時候，可以學習的地方。

2.會關注更細膩的課室現象而省思自己的教學：在 TDO 模式中，因為它需要觀課者聚焦在某些課室現象，這樣的聚焦與觀察，有助於觀課者省思自己的教學。

> T002：我今年觀課啊，我是用那個 TDO 聚焦，我有看到一個很特
> 別的，是我以往都沒看到的。就是我今年觀的剛好是資訊課，資訊
> 課的時候啊，資訊老師希望我們幫他觀察的是小朋友他們在使用
> Kahoot 然後跟學習成效的部分。我今年參加 TDO 最大的收穫是當

你在聚焦觀察的時候，你真的可以看到一些比較細膩的東西⋯⋯
對我的專業來說，我以後如果有機會從事這種資訊、做輸出的課程
的時候，我可能會選擇哪一種方式，可能會做一些減法的部分，
比如說音效的部分就關掉，讓它著重在文字的部分。（團體訪談
20210823）

T002：如果沒有焦點觀察，我可能真的就看不到。所以，這個東
西會讓我很真實的，單一地去研究一個東西。然後，不管是對公開
授課的人，或是觀課的人，因為它很單一，很單純，它的細膩度就
會出來。（團體訪談20210823）

3.從學生真實的表現認識學生：觀課者在課室觀察中，因為更細
膩且聚焦地觀察與記錄教室內的活動與現象，可以更認識學生。

T008：在那次我觀察的這個焦點的時候，其實這個對我們自己在
做班級經營或者一些學生的管理的部分，我覺得還滿⋯⋯就是有
學到不同的方式，而且是從學生自己真實呈現來的。（團體訪談
20210823）

肆、國小教師對推廣TDO的建議

TDO是公開授課的一種模式，更強調授課教師的主動性。然
而，並不是很多老師都認識它。從表12-1參與教師的背景及團體訪
談中，就可發現若不是因為高年段社群召集人接觸並帶領社群成員
認識及採行，學校老師們是不太了解TDO的。本研究的參與教師對
TDO多持肯定看法，在推廣上，他們的建議如下：

1.能有國教輔導團等外部資源協助示範與輔導：受訪老師T010
提到，希望能有類似國教輔導團這樣的資源，讓更多的老師認識，推
廣但不強迫，老師才會接受。

2.有校長及學校行政的支持與推動：公開授課的推行有教育行政推動上的做法，也有學校推行的策略（顏國樑，2017）。在校內進行公開授課，需要許多配套措施，包括：(1) 凸顯公開授課中「教師相互合作」的概念，並以精進課程與教學品質及學習成效為目標；(2) 形塑互信互賴、共學共好的觀課文化；(3) 協助教師掌握公開授課之概念與方法；(4) 喚起教師熱情與使命感，並讓教師從公開授課中獲得正向經驗；(5) 行政措施輔助公開授課之推動；(6) 同理教師的感受，重視教師在辦理公開授課的正負向經驗（王金國，2020）。

> T008：如果學校要推的話，可能還是要由行政端去推會比較快，跟比較合適這樣。對，那我覺得，我們還是每年都需要公開授課嘛，我覺得那個 TDO 就是一個概念，我還是可以繼續推，雖然沒有這個社群，還是可以延用這種方式去跟我的公開授課的一個結合。（團體訪談 20210823）

3.有熟悉 TDO 且熱情的教師擔任領頭羊：外部的資源與校長的支持固然重要，倘若校內能有熟悉 TDO 並具熱情的老師來擔任領頭羊，透過教師間的合作與共學，更能讓 TDO 在校園中被採行。

> T010：我覺得這個東西是一個很好的資源，很好的教學模式。但是，它確實需要一直有一個很強大的團隊，或是像 T002 老師這樣有經驗，至少要有一個很強的領導者這樣子來引導。（團體訪談 20210823）
>
> T003：一定要有社群召集人熟悉這件事情，而且願意帶著做，學校才做得下去這樣子。（團體訪談 20210823）

4.TDO 的研習不能只有理念宣導，最好能教導 TDO 涉及的技巧、有案例和觀摩的機會。吳麗君（2017）曾指出，「公開課」需

要更細緻的規劃與配套。TDO 的理念並不難，但其中又涉及了許多細部的技巧，例如，觀課的技巧、觀察表單的記錄、共備觀議課的原則等等。受訪教師表示，最好能做逐項教導，且能有案例或觀摩機會。

> T010：如果要推動啊，對於一開始接觸的老師，他可能需要一些觀摩，比如說，真實看到人家是怎麼 RUN 這流程。（團體訪談20210823）

第五節 結論與建議

壹、結論

1.個案小學教師會接觸及採行 TDO 的緣起來自於三個因素，分別是：課綱要求公開授課、學校要求籌組社群及社群召集人的建議與帶領。

2.個案小學教師執行 TDO 公開授課的主要程序包括：個人準備（教學者的準備）、參與觀察前的討論會（說課）、公開教學與觀課、參與觀察後的討論會（議課）。

3.個案小學教師執行 TDO 公開授課的收穫可分為來自教學者及觀課者兩部分。教學者教學前思考自己的教學流程及希望別人協助觀察的焦點，有助於強化教師反省思考。另外，教學者也從其他觀課者獲得點子與回饋意見。觀課者除了可觀摩教學者的教學活動設計與班級經營策略外，也會在觀課中省思自己的教學，以及更真實地從學生身上認識學生。

4.在推廣 TDO 上，個案小學教師建議能有國教輔導團等外部資

源協助示範與輔導、有校長及學校行政的支持與推動、有熟悉 TDO 且熱情的教師擔任領頭羊、TDO 研習不能只有理念宣導，最好能教導 TDO 涉及的技巧、提供案例與觀摩機會。

貳、建議

1.實務上之建議：讓中小學校長、主任、老師及師資生認識及學習 TDO 的理念與相關做法，培育輔導團及種子教師擔任領頭羊，以便在各校推動。

2.未來研究上的建議：可擴大研究對象，更廣泛地探討中小學教師採行 TDO 的經驗與成效。

參考文獻

王金國（2020）。中小學實施公開授課的探討與建議。**臺灣教育研究期刊，1**(1)，193-224。

吳清山（2019）。公開授課。**教育研究月刊，305**，128-129。

吳麗君（2017）。「公開課」需要更細緻的規劃與配套。**臺灣教育評論月刊，6**(1)，123-125。

張民杰、賴光眞（2019）。從教室內把大門打開：授課教師主導的教學觀察（TDO）。**臺灣教育評論月刊，8**(7)，102-106。

教育部（2016）。**國民中學與國民小學實施校長及教師公開授課參考原則**。105年10月17日臺教國署國字第1050111992號函。

黃心瑜、王金國（2020）。國小教師專業社群推行授課教師主導教學觀察（TDO）公開授課之個案研究。**學校行政雙月刊，125**，93-114。

劉世雄（2017）。臺灣國中教師對共同備課、公開觀課與集體議課的實施目的、關注內容及專業成長知覺之研究。**當代教育研究季刊，25**(2)，43-76。

賴光眞、張民杰（2019）。授課教師主導的教學觀察（TDO）與公開授課的分析比較。**臺灣教育評論月刊，8**(6)，73 80。

顏國樑（2017）。國民中小學教師實施公開授課的做法、困境與因應策略。**新竹縣教育研究集刊，17**，1-18。

Grimm, E. D, Kaufman, T., & D. Doty (2014). *Rethinking classroom observation*. Retrieved from https://www.ascd.org/el/articles/rethinking-classroom-observation

Kaufman, T. E., & Grimm, E. D. (2013) . *The transparent teacher: Taking charge of your instruction with peer-collected classroom data*. San Francisco, CA: Jossey-Bass.

Moonsri, A., & Patanajak, A. (2013). Lesson planning in primary school using lesson study and open approach. *Psychology, 4*(12), 1064-1068.

{附錄一　訪談大綱}

一、研究目的（參與者的感受、想法）

(一)國小教師專業學習社群推行授課教師主導教學觀察（TDO）
　　公開授課之運作歷程。

(二)國小教師專業學習社群推行授課教師主導教學觀察（TDO）
　　公開授課之收穫與評價。

二、訪談大綱

(一)這個 TDO 的教學觀察與以往或其他的公開授課有何不同？

(二)從哪些地方學到 TDO 的概念？

(三)如果參與此社群增加多少工作量？

(四)TDO 對您專業有何實際影響？原因是什麼？

(五)您們教師社群的互動與對話是怎麼進行的才得以協助專業發
　　展？

(六)什麼因素促成老師們關注的重心轉成自我關注？

(七)您們是不是有發展出什麼表單（表格），其他學校可以借
　　用？

(八)未來如果要再實施 TDO，要如何精進？

(九)其他學校如果也想推動，您有何建議？

(十)其他

附錄二 授課前共備討論單

TDO 公開授課　焦點觀察紀錄表單（示例）

班級	○○國小○年○班	授課人	○○老師
說課共備時間	○年○月○日	授課科目及單元名稱	
學生學習背景分析	課堂風格：分組合作、師生互動的方向進行引導學習。 分組形式：隨機分組（學生抽籤，自成一組）。		
學習內容	學習內容： 1.透過討論了解關鍵詞與課文的關係。 2.運用關鍵詞進行大意書寫。		
觀課焦點	特殊和學習輔助學生對課堂活動的參與程度 積極參與 配合活動 被動消極 教學者欲研究的焦點（示例）： 參與程度對個人書寫作業的影響		

討論內容摘記

A 老師：

這個觀察焦點很不錯，一般來說，

老師多會認為學習較投入的孩子作業書寫情形會較好，

透過這個觀察焦點剛好可以檢視這樣的觀念是否有誤。

B 老師：

觀察課堂活動中的 4 位學習扶助學生，

對於老師的活動非常投入，尤其兩位女生非常專注，

其中一位女生進行作圖及引導討論，表現積極，是小組的核心。

全班猜語詞及講述大意能掌握重點，學生反應熱烈且富有趣味。

C 老師：

以隨機抽樣的方式分組，跳脫以往教師一般的上課模式，

觀察特教生及學習扶助生在分組學習中的表現，

是一種新穎的觀課體驗，讓人好奇而期待

{附錄三　觀察紀錄表}

TDO 公開授課　焦點觀察紀錄表單（示例）

班級	○○國小○年○班	授課人	○○老師
說課共備時間	○年○月○日	授課科目及單元名稱	
學生學習 背景分析	課堂風格：分組合作、師生互動的方向進行引導學習。 分組形式：隨機分組（學生抽籤，自成一組）。		
學習內容	學習內容： 1. 透過討論了解關鍵詞與課文的關係。 2. 運用關鍵詞進行大意書寫。		
觀課焦點	特殊和學習輔助學生對課堂活動的參與程度 積極參與 配合活動 被動消極 教學者欲研究的焦點（示例）： 參與程度對個人書寫作業的影響		
教室座位圖		觀察對象之課堂參與	
		學生代號	
		學生代號	
		學生代號	
		學生代號	

﹛附錄四　議課紀錄表（可參考附錄六的表3）﹜

TDO 公開授課　議課紀錄表單（示例）

（本表由授課教師主導並填寫紀錄表）

授課教師 （主導的教師）		任教 年級		任教領域／科目	
觀課人員					
教學單元					
回饋會談日期	○年○月○日		地點		

	授課教師與觀課人員分享公開授課／教學觀察彼此的收穫或對未來教與學的啟發 (1) 授課老師 1. (2) 觀課老師
前述觀察資料與觀察焦點的關聯	授課教師／觀課人員下次擬採取之教與學行動或策略（含下次的觀察焦點）

｛附錄五　授課教師省思回饋單｝

○○縣○○國小　TDO 公開授課　議課紀錄表單（示例）

授課後討論暨教師個人省思實踐單

班級	○○國小○年○班	授課人	○○ 老師
說課共備時間	○年○月○日	授課科目及單元名稱	
學生學習 背景分析	課堂風格：分組合作、師生互動的方向進行引導學習。 分組形式：隨機分組（學生抽籤，自成一組）。		
學習內容	學習內容： 1. 透過討論了解關鍵詞與課文的關係。 2. 運用關鍵詞進行大意書寫。 學習表現： 1. 仔細聆聽教師與同學話語，並參與討論 2. 針對關鍵字進行閱讀理解寫作。		
觀課焦點	特殊和學習輔助學生對課堂活動的參與程度 積極參與 配合活動 被動消極 教學者欲研究的焦點（示例）： 參與程度對個人書寫作業的影響		

自我省思紀錄（示例）

學習扶助計畫的學生一直是教學者相當關注的對象，但是因為較學者在授課時，受限於講課和回饋，無法真正的去檢視這些孩子的課堂狀況，因此次運用 TDO 的焦點觀察模式的公開授課，恰好可以透過同仁的觀察，幫助我更全面的了解此類型學生的上課狀況，為我提供更多的訊息和資料，可以進行比對。

附錄六　TDO公開授課紀錄表及觀察焦點與觀察工具的選擇

　　本附錄彙整各類目前公開授課常見之觀察工具（紀錄表）如後，讀者可直接使用以下的觀察工具，亦可依自身需求逕行調整、設計觀察工具，也可兼用兩種以上的觀察工具。為方便讀者存取相關檔案，將本附錄之觀察工具存放至雲端硬碟，可以直接掃描下列QR-Code：

表 1 公開授課／教學觀察—觀察前會談紀錄表

（觀察前會談由授課教師主導並填寫紀錄表，或邀請觀課人員記錄。）

授課教師 （主導的教師）		任教 年級		任教領域 ／科目	
觀課人員 （認證教師）					
備課社群（選填）		教學單元			
觀察前會談日期	＿年＿月＿日	地點			

一、**課程脈絡**（可包含：(一) 學習目標：含核心素養、學習表現與學習內容；(二) 學生經驗：含學生先備知識、起點行為、學生特性等；(三) 教師教學預定流程與策略；(四) 學生學習策略或方法；(五) 教學評量方式）：	二、**觀察焦點**（由授課教師決定，不同觀課人員可安排不同觀察焦點或觀察任務）及**觀察工具**（請依觀察焦點選擇適切的觀察工具，可參考附件「觀察焦點與觀察工具的選擇」）：

三、觀課相關配合事宜：

(一) 觀課人員觀課位置及角色（經授課教師同意）：

1. 觀課人員位在教室□前、□中、□後、□小組旁、□個別學生旁（請打勾）。

2. 觀課人員是□完全觀課人員、□有部分的參與，參與事項：

_____

_____

3. 拍照或錄影：□皆無、□皆有、□只錄影、□只拍照（請打勾）。

備註：拍照或錄影，如涉及揭露學生身分，請先徵求學生及其家長同意，同意書請參考「學生拍照、錄音及錄影同意書」。

(二) 預定公開授課／教學觀察日期與地點：

1. 日期：_____年_____月_____日_____時_____分

2. 地點：_____

(三) 回饋會談預定日期與地點：

(建議於公開授課／教學觀察後三天內完成會談為佳)

1. 日期：_____年_____月_____日_____時_____分

2. 地點：_____

表 2 公開授課／教學觀察—觀察紀錄表

（本表由觀課人員填寫，並需檢附觀察紀錄。）

授課教師 （主導的教師）		任教 年級		任教領域 ／科目	
觀課人員 （認證教師）					
教學單元					
公開授課／教學 觀察日期	＿＿年＿＿月＿＿日	地點			
觀察工具名稱					

注意事項：

1. 請檢附入班觀課所使用的觀察工具及紀錄（如使用量化工具需檢附原始資料）。

2. 請自行設計或參用附件「觀察焦點與觀察工具的選擇」所列之觀察工具，可依觀察焦點使用部分欄位或某規準，不必完整使用該紀錄表，亦可兩種以上工具兼用。

表 3 公開授課／教學觀察—觀察後回饋會談紀錄表

（觀察後回饋會談由授課教師主導並填寫紀錄表，或邀請觀課人員記錄。）

授課教師 （主導的教師）		任教 年級		任教領域 ／科目	
觀課人員 （認證教師）					
教學單元					
回饋會談日期	＿＿年＿＿月＿＿日		地點		

一、客觀事實：觀課人員說明觀察到的教與學具體事實	二、關聯：前述觀察資料與觀察焦點的關聯（即觀察資料能否回應觀察焦點的問題）
三、詮釋：授課教師與觀課人員分享公開授課／教學觀察彼此的收穫或對未來教與學的啟發	四、決定：授課教師／觀課人員下次擬採取之教與學行動或策略（含下次的觀察焦點）

觀察焦點與觀察工具的選擇

前言

下列表格為目前進行公開授課使用之工具彙整，可僅使用培訓課程教授之觀察工具，亦可依觀察焦點選擇其他觀察工具使用。

一、授課教師如何形成觀察焦點？

可依以下方式形成與確定觀察焦點：

1. 從教師專業發展規準來加以檢視。

2. 從教師知識來加以檢視。

3. 從教學行動與推理的過程來思考。

4. 從學校、社群、教師個人推動或實施素養導向的課程與教學創新來思考。

5. 從教師個人的課程設計、教學轉化、教學經驗、學生特性、課堂師生互動及學習脈絡來思考。

6. 依學生基本學力檢測結果作為觀察焦點：針對不同內容向度、能力指標內容，進行全國或所屬縣市與各校之試題答對率的比較，挑選想設為觀課焦點的項目。

7. 其他。

二、請自行設計或參用以下觀察工具，可依觀察焦點使用部分欄位或某規準，不必完整使用該附表，亦可兩種以上工具兼用。

觀察工具名稱	特色
工具1、105年版教師專業發展規準觀察紀錄表	從105年版教師專業發展規準來加以檢視。
工具2、101年版教師專業發展規準觀察紀錄表	從101年版教師專業發展規準來加以檢視。

觀察工具名稱	特色
工具3、軼事紀錄表	1. 依時間順序，簡要地將教室中所發生的事件簡要地記錄下來。 2. 可用於捕捉與記錄大量的教與學現象，並可依據觀察焦點不同，記錄各種類型的課堂事實。 3. 可使用在各種教學情境、教學領域、教學場域。
工具4、語言流動量化分析表	1. 適合分析說話發起者與對象的情形。 2. 可了解教師語言的偏向及學生的參與程度。 3. 可強調發訊者與收訊者的語言溝通及其類型。
工具5、在工作中量化分析表	1. 適合分析學生是否專注於學習活動。 2. 依不同時間段記錄，可蒐集不同學生在不同時間段的專注情形。 3. 需先界定在工作中的行為內涵，例如，閱讀、傾聽、回答問題、在座位上做作業、合作完成小組工作等。
工具6、教師移動量化分析表	1. 適合分析教師與學生在教室中的移動情形。 2. 可了解教師移動對班級控制、學生注意力的影響，以及顯示教師的偏好。 3. 可了解學生移動與專注學習的關係。
工具7、佛蘭德斯互動分析法量化分析表	1. 適合分析教師教學風格。 2. 透過語言交互作用之分類，作時間線標記及統計分析。
工具8、選擇性逐字紀錄表	1. 適合記錄課堂產生的特定類型口語內容。 2. 可使授課教師了解課堂產生的口語歷程。
工具9、教學錄影回饋表	1. 適合記錄各種類型的課堂事實。 2. 可重複播放，故能更為大量且細緻的記錄教與學現象。 3. 可於回饋會談中，共同觀賞每一教學片段並作深入分析。 4. 錄影前需先經過授課教師、學生及其家長同意。

觀察工具名稱	特色
工具10、省思札記回饋表	1. 由授課教師定期對教學經驗與教學問題做日記式的記錄，有決定記錄內容的自由。 2. 可揭露授課教師關注的焦點，引導觀課人員做教學觀察與回饋。
工具11、分組合作學習教學觀察表	實施分組合作學習使用。
工具12、學習共同體公開觀課紀錄表（丙）	實施學習共同體使用。
工具13、中華民國全國教師會《觀議課實務手冊》紀錄表	中華民國全國教師會提供，以「學生學習為中心」為觀察重點。
工具14、高效能教師的觀察紀錄表	以「高效能教師的七個成功訣竅」為觀課規準。
工具15、幼兒園教學觀察紀錄表	1. 針對幼兒園研發之紀錄表。 2. 提供教學者於進行教學活動設計（教案）、觀察前會談、入班觀課及觀察後回饋會談之教學觀察歷程時，能依據相關指標與觀察重點，撰寫客觀具體事實。
工具16、小組學習觀察表	1. 課堂中進行分組討論時，針對小組討論內容進行觀察。 2. 小組設定可分為無人領導小組、事先給予職務分工表並由學生自由決定角色，或直接指定角色之不同設定。 3. 可用於觀察學生發言情形、專心程度等，或其他焦點問題。

觀察工具名稱	特色
工具 17、小組討論參與質量觀察表	1. 課堂中進行分組討論時，針對學生表現進行觀察。 2. 可用於觀察學生是否出現授課教師期待的互動行為，以達到分組討論的目的。 3. 例如，觀察學生的參與度、優勢學生是否會主動幫助弱勢學生、弱勢學生是否會主動求助等。
工具 18、個別學生課堂行為時間軸紀錄表	1. 於課堂中觀察特定學生之課堂行為。 2. 由授課教師選定想觀察之標的學生以及對照學生（立意抽樣）。 3. 可用於觀察參與的學員投入課堂學習的情形如何、有無干擾課堂的行為等，或其他焦點問題。 4. 可搭配「工具 18 附件、個別學生課堂行為時間軸紀錄量化分析表」使用，統計學生課堂行為次數，並進一步分析學生行為、情境／活動、時間軸之間的關聯。
工具 19、個別學生課堂行為發生頻率紀錄表	1. 於課堂中觀察個別學生出現的課堂行為。 2. 由授課教師選定想觀察的學生（立意抽樣）。 3. 可用於觀察參與的學員投入課堂學習的情形如何、有無干擾課堂的行為。 4. 可搭配「工具 19 附件、個別學生課堂行為發生頻率紀錄量化分析表」使用，統計學生課堂行為發生頻率，並進一步分析學生整節課出現正向、負向或其他行為的內容及次數。
工具 20、小組討論公平性全組成員觀察紀錄表	1. 課堂中進行小組討論時，觀察全組成員之間的互動關係。 2. 小組設定可分為無人領導小組、事先給予職務分工表並由學生自由決定職務，或直接由授課教師指定職務等不同設定。 3. 可用於觀察全組成員之正負向發言次數、參與機會以及與其他成員之間的互動等。

觀察工具名稱	特色
工具21、小組討論公平性個別成員觀察紀錄表	1. 課堂中進行小組討論時，觀察特定成員與其他成員之間的互動關係。 2. 小組設定可分為無人領導小組、事先給予職務分工表並由學生自由決定職務，或直接由授課教師指定職務等不同設定。 3. 可用於觀察特定成員之正負向發言次數、參與機會以及與其他成員之間的互動等。
工具22、教師課堂教學班級經營觀察紀錄表	1. 用以觀察教師在課堂初始、課堂中以及課堂末的師生互動行為。 2. 觀察並記錄在不同時機／項目時，師生的互動行為，可進一步分析教師的班級經營模式。

工具1　105年版教師專業發展規準觀察紀錄表

授課教師 （主導的教師）		任教 年級		任教領域 ／科目	
觀課人員 （認證教師）					
教學單元		教學節次		共　　　節 本次教學為第　　　節	
公開授課／教 學觀察日期	年　月　日		地點		

備註：本紀錄表由觀課人員依據客觀具體事實填寫。

層面	指標與檢核重點	事實摘要敘述 （可包含教師教學行為、學生學習表現、師生互動與學生同儕互動之情形）
A 課程設計與教學	A-1 參照課程綱要與學生特質明訂教學目標，進行課程與教學設計。	
	A-1-1 參照課程綱要與學生特質明訂教學目標，並研擬課程與教學計畫或個別化教育計畫。	
	A-1-2 依據教學目標與學生需求，選編適合之教材。	
	A-2 掌握教材內容，實施教學活動，促進學生學習。	
	A-2-1 有效連結學生的新舊知能或生活經驗，引發與維持學生學習動機。	
	A-2-2 清晰呈現教材內容，協助學生習得重要概念、原則或技能。	
	A-2-3 提供適當的練習或活動，以理解或熟練學習內容。	
	A-2-4 完成每個學習活動後，適時歸納或總結學習重點。	

	A-3 運用適切教學策略與溝通技巧，幫助學生學習。	
	A-3-1 運用適切的教學方法，引導學生思考、討論或實作。	
	A-3-2 教學活動中融入學習策略的指導。	
	A-3-3 運用口語、非口語、教室走動等溝通技巧，幫助學生學習。	
	A-4 運用多元評量方式評估學生能力，提供學習回饋並調整教學。	
	A-4-1 運用多元評量方式，評估學生學習成效。	
	A-4-2 分析評量結果，適時提供學生適切的學習回饋。	
	A-4-3 根據評量結果，調整教學。	
	A-4-4 運用評量結果，規劃實施充實或補強性課程。（選用）	
B 班級經營與輔導	B-1 建立課堂規範，並適切回應學生的行為表現。	
	B-1-1 建立有助於學生學習的課堂規範。	
	B-1-2 適切引導或回應學生的行為表現。	
	B-2 安排學習情境，促進師生互動。	
	B-2-1 安排適切的教學環境與設施，促進師生互動與學生學習。	
	B-2-2 營造溫暖的學習氣氛，促進師生之間的合作關係。	

工具 2　101 年版教師專業發展規準教學觀察表

授課教師 （主導的教師）		任教 年級		任教領域 ／科目	
觀課人員 （認證教師）					
教學單元		教學節次		共＿＿節 本次教學為第＿＿節	
公開授課／教 學觀察日期	＿年＿月＿日	地點			

備註：本紀錄表由觀課人員依據客觀具體事實填寫。

教學目標	學生經驗
	◎背景說明： ◎先備知識： ◎教室情境： ◎座位安排：
教學活動	觀察前會談
	◎會談時間： ◎評量工具： ◎觀察工具： ◎觀察焦點：

層面	指標與參考檢核重點	事實摘要敘述 （可包含教師教學行為、學生學習表現、師生互動與學生同儕互動之情形）
A 課 程 設 計 與 教 學	**A-3 精熟任教學科領域知識。**	
	A-3-1 正確掌握任教單元的教材內容。	
	A-3-2 有效連結學生的新舊知識或技能。	
	A-3-3 教學內容結合學生的生活經驗。	

A-4 清楚呈現教材內容。	
A-4-1 說明學習目標及學習重點。	
A-4-2 有組織條理呈現教材內容。	
A-4-3 清楚講解重要概念、原則或技能。	
A-4-4 提供學生適當的實作或練習。	
A-4-5 澄清迷思概念、易錯誤類型，或引導價值觀。	
A-4-6 設計引發學生思考與討論的教學情境。	
A-4-7 適時歸納學習重點。	
A-5 運用有效教學技巧。	
A-5-1 引發並維持學生學習動機。	
A-5-2 善於變化教學活動或教學方法。	
A-5-3 教學活動中融入學習策略的指導。	
A-5-4 教學活動轉換與銜接能順暢進行。	
A-5-5 掌握時間分配和教學節奏。	
A-5-6 透過發問技巧，引導學生思考。	
A-5-7 使用有助於學生學習的教學媒材。	
A-5-8 根據學生個別差異實施教學活動。	
A-6 應用良好溝通技巧。	
A-6-1 板書正確、工整有條理。	
A-6-2 口語清晰、音量適中。	

	A-6-3 運用肢體語言，增進師生互動。	
	A-6-4 教室走動或眼神能關照多數學生。	
	A-7 運用學習評量評估學習成效。	
	A-7-1 教學過程中，適時檢視學生學習情形。	
	A-7-3 根據學生評量結果，適時進行補救教學。	
	A-7-4 學生學習成果達成預期學習目標。	
B 班級經營與輔導	B-1 建立有助於學生學習的班級常規。	
	B-1-3 維持良好的班級秩序。	
	B-1-4 適時增強學生的良好表現。	
	B-1-5 妥善處理學生的不當行為或偶發狀況。	
	B-2 營造積極的班級學習氣氛。	
	B-2-1 引導學生專注於學習。	
	B-2-2 布置或安排有助於學生學習的環境。	
	B-2-3 展現熱忱的教學態度。	
	B-2-4 教師公平對待學生。	
	B-4 落實學生輔導工作。	
	B-4-3 敏察標籤化所產生的負向行為，採取預防措施與輔導。	

※可根據特定學科教學行為需求，另行增列評鑑層面、指標和參考檢核重點，作彈性組合。舉例如下：

層面	指標與參考檢核重點	事實摘要敘述（可包含教師教學行為、學生學習表現、師生互動與學生同儕互動之情形）
A 課程設計與教學	※ 有效引導實驗或實作活動	
	※-1 實驗器材或實作材料準備周延。	
	※-2 實驗或實作內容講解清楚（包括安全守則講解）。	
	※-3 確實掌握實驗流程或實作步驟（含實驗器材操作正確）。	
	※-4 引導學生正確蒐集數據或資料。	

工具 3　軼事紀錄表

授課教師 （主導的教師）		任教 年級		任教領域 ／科目	
觀課人員 （認證教師）					
教學單元		教學節次	共＿＿＿節 本次教學為第＿＿＿節		
公開授課／教 學觀察日期	＿年＿＿月＿＿日	地點			
備註：本紀錄表由觀課人員依據客觀具體事實填寫。					

時間	事實摘要敘述 （可包含教師教學行為、學生學習表現、師生互動與學生同儕互動之情形）		備註
	教師教學行為	學生學習行為	

工具4　語言流動量化分析表

授課教師 （主導的教師）		任教 年級		任教領域 ／科目	
觀課人員 （認證教師）					
教學單元		教學節次		共＿＿節 本次教學為第＿＿節	
公開授課／教 學觀察日期	＿年＿月＿日	地點			

備註：本紀錄表由觀課人員依據客觀具體事實填寫。

一、「教師對學生」語言流動─觀察統計			二、內容分析
□1. 學生性別	□男	（　）人次節	□1. 語言流動的性別人數差異度 　　不高 　　分析：＿＿＿＿＿ □2. 語言流動的性別人數有特別 　　喜好 　　分析：＿＿＿＿＿ □3. 其他 　　分析：＿＿＿＿＿
	□女	（　）人次／節	
□2. 學生座位	□前方	（　）人次／節	□1. 語言流動與學生座位差異度 　　不高 　　分析：＿＿＿＿＿ □2. 語言流動與學生座位有特別 　　關聯性 　　□(1) 偏重前方座位的學生 　　□(2) 偏重中間座位的學生 　　□(3) 偏重後方座位的學生 　　分析：＿＿＿＿＿ □3. 其他 　　分析：＿＿＿＿＿
	□中間	（　）人次／節	
	□後方	（　）人次／節	

	□教師 發起	（　）人次／節	語言流動發起對象分析 □(1)教師發起的次數較多 □(2)學生發起的次數較多
□3.發起對象	□學生 發起	（　）人次／節	□(3)教師或學生發起的次數無明 　　顯差異 分析：_____
□4.其他：			
1. 需一併檢附「語言流動」之原始觀察記錄。 2. 可使用本量化分析表填寫，或另外使用其他版本之「語言流動量化分析表」 　　（二擇一）。			

工具 5　在工作中量化分析

授課教師 （主導的教師）		任教 年級		任教領域 ／科目	
觀課人員 （認證教師）					
教學單元		教學節次		共＿＿節 本次教學為第＿＿節	
公開授課／教 學觀察日期	＿年＿月＿日	地點			

備註：本紀錄表由觀課人員依據客觀具體事實填寫。

一、觀察統計

□ 1. 時間 （可自行增列）	(1) 第一輪觀察時間： 　　＿＿點＿＿分	① 專注認真共（　）人 ② 非工作中共（　）人 ③ 尋求協助共（　）人 ④ 其他：　　（　）人
	(2) 第二輪觀察時間： 　　＿＿點＿＿分	① 專注認真共（　）人 ② 非工作中共（　）人 ③ 尋求協助共（　）人 ④ 其他：　　（　）人
	(3) 第三輪觀察時間： 　　＿＿點＿＿分	① 專注認真共（　）人 ② 非工作中共（　）人 ③ 尋求協助共（　）人 ④ 其他：　　（　）人
□ 2. 類別	(1)A 專注認真共（　）人次（／節） (2)O 非工作中共（　）人次（／節） (3)H 尋求協助共（　）人次（／節） (4) 其他：　　（　）人次（／節）	

□ 3. 個別學生 （可自行增列）	(1)（學生姓名或代號）出現在各工作現類別的次數 ① 專注認真共（　）次（／節） ② 非工作中共（　）次（／節） ③ 尋求協助共（　）次（／節） ④ 其他：　共（　）次（／節）
	(2)（學生姓名或代號）出現在各工作類別的次數 ① 專注認真共（　）次（／節） ② 非工作中共（　）次（／節） ③ 尋求協助共（　）次（／節） ④ 其他：　共（　）次（／節）
	(3)（學生姓名或代號）出現在各工作類別的次數 ① 專注認真共（　）次（／節） ② 非工作中共（　）次（／節） ③ 尋求協助共（　）次（／節） ④ 其他：　共（　）次（／節）
二、內容分析	
□ 1.（第一輪／第二輪／……）學生工作表現分析： □ 2.（A/O/H/……）學生工作表現分析： □ 3. 個別學生工作表現分析： □ 4. 其他：	
1. 需一併檢附「在工作中」之原始觀察記錄。 2. 可使用本量化分析表填寫，或另外使用其他版本之「在工作中量化分析表」 　（二擇一）。	

工具6　教師移動量化分析表

授課教師 （主導的教師）		任教 年級		任教領域 ／科目	
觀課人員 （認證教師）					
教學單元		教學節次		共＿＿節 本次教學為第＿＿節	
公開授課／教 學觀察日期	＿年＿月＿日	地點			

備註：本紀錄表由觀課人員依據客觀具體事實填寫。

內容分析

一、教師移動有特別顯著處，顯著面向為：（可複選）

☐ (1) 學生（例如移動區偏好在某一位、某一組或某一性別之學生）

☐ (2) 空間（例如移動區偏好在某一方位或組別）

☐ (3) 時間（例如移動發生偏好在某一段教學時段）

☐ (4) 其他：

二、教師移動原因：（可複選）

☐ (1) 教師移動與學生學習專注度有關：＿＿＿＿＿＿＿＿＿

☐ (2) 教師移動與教學活動設計有關：＿＿＿＿＿＿＿＿＿

☐ (3) 教師移動與班級經營有關：＿＿＿＿＿＿＿＿＿

☐ (4) 其他相關原因：＿＿＿＿＿＿＿＿＿

1. 需一併檢附「教師移動」之原始觀察記錄。

2. 可使用本量化分析表填寫，或另外使用其他版本之「教師移動量化分析表」
（二擇一）。

工具 7　佛蘭德斯（Flanders）互動分析法量化分析表

授課教師 （主導的教師）		任教 年級		任教領域 ／科目	
觀課人員 （認證教師）					
教學單元		教學節次		共＿＿節 本次教學為第＿＿節	
公開授課／教 學觀察日期	＿年＿月＿日	地點			

備註：本紀錄表由觀課人員依據客觀具體事實填寫。

內容分析

一、師生互動類別分析

1. 最顯著的類別為：（可複選）

　　☐1 接納　　☐2 鼓勵　　☐3 使用

　　☐4 提問　　☐5 演講　　☐6 指示

　　☐7 批評　　☐8 被動　　☐9 主動

　　☐10 靜止

2. 其他：

二、教師教學風格分析

☐ 1. 直接教學

　　推論說明：

☐ 2. 間接教學

　　推論說明：

☐ 3. 教學風格不顯著

　　推論說明：

☐ 4. 其他：

三、最顯著類別、教師教學風格與學生學習成效之分析：

四、其他：

1. 需一併檢附「佛蘭德斯（Flanders）互動分析法」之原始觀察記錄。

2. 可使用本量化分析表填寫，或另外使用其他版本之「佛蘭德斯（Flanders）互動分析法量化分析表」（二擇一）。

工具 8　選擇性逐字紀錄表

授課教師 （主導的教師）		任教 年級		任教領域 ／科目	
觀課人員 （認證教師）					
教學單元		教學節次		共____節 本次教學為第____節	
公開授課／教 學觀察日期	__年__月__日	地點			

備註：本紀錄表由觀課人員依據客觀具體事實填寫。

一、教學活動紀錄

二、資料分析

註：請自行依照需要調整表格格式和長度。

工具9　教學錄影回饋表

授課教師 (主導的教師)		任教 年級		任教領域 /科目	
觀課人員 (認證教師)					
教學單元		教學節次		共＿＿節 本次教學為第＿＿節	
公開授課/教 學觀察日期	＿年＿月＿日	地點			

備註：本紀錄表由觀課人員依據客觀具體事實填寫。

一、對授課教師課程教學之回饋：(例如：教學目標、教學清晰、教學多樣與多
　　元評量等方面。)

　

　

二、對授課教師班級經營之回饋：(例如：班級規範、學習情境、師生互動等方
　　面。)

　

　

三、對授課教師整體教學表現與專業成長方向之回饋：

工具 10　省思札記回饋表

授課教師 （主導的教師）		任教 年級		任教領域 ／科目	
觀課人員 （認證教師）					
教學單元		教學節次		共＿＿＿節 本次教學為第＿＿＿節	
公開授課／教 學觀察日期	＿年＿月＿日	地點			

備註：本紀錄表由觀課人員依據客觀具體事實填寫。

一、授課教師在教學活動、事件或所遭遇到問題摘述：

二、授課教師覺得可以從中學習、反思或問題解決的策略：

三、回饋人員的評述或意見：

工具 11 「分組合作學習」教學觀察表

「活化教學～分組合作學習的理念與實踐方案」推動小組編製　2013.2.28 修訂

教學者姓名：　　科目、任教單元名稱：　　　觀察日期：　　年　　月　　日

層面	評鑑標準	評鑑項目	文字敘述	評量			
				優良	滿意	待改進	未呈現
A 教學前準備	A-1 選用適用教學單元	A-1-1 教學主題與選用的合作學習法適配使用的合作學習法是：＿＿LT＿＿					
	A-2 小組人數適切	A-2-1 小組人數合宜（2-6 人），能兼顧學生的參與機會與小組意見的多樣性					
	A-3 教室空間安排合宜	A-3-1 班級採分組形式（座位）					
		A-3-2 小組與小組間距離合宜					
		A-3-3 學生進行分組合作學習時，彼此採面對面互動					
B 教學中的進行方式	B-1 教師講解合作學習方式和配合事項	B-1-1 說明學習目標（小組任務）					
		B-1-2 強調積極互賴					
		B-1-3 提醒個別責任					
		B-1-4 解釋成功標準或獎勵標準					
		B-1-5 說明期望的合作表現					

層面	評鑑標準	評鑑項目	文字敘述	評量			
				優良	滿意	待改進	未呈現
	B-2 教師隨時掌握並適時介入	B-2-1 教師能巡視組間					
		B-2-2 教師能適時提供小組協助（介入）					
		B-2-3 教師能指導（提醒）學生與人合作的技巧					
	B-3 學生積極參與	B-3-1 所有學生都積極與組員互動 □注意聽 □幫助同學 □鼓勵同學 □發言討論 □認真參與 □_____ □_____					
C 合作學習學後的評量	C-1 評量小組合作學習的成果	C-1-1 進行小組報告／小組結論／小考或統計達到成功標準的人數	期盼教師最後出的 10 題選擇能與本次學習範圍及任務有直接相關，並當場訂正以釐清概念，進行進步積分表揚。				
		C-1-2 給予小組表揚					
		C-1-3 評估小組運作效能：在課堂最後，預留時間給學生自我反省					

軼事紀錄表		
時間	活動或事件紀錄	備註

※ 可根據特定學科教學行為需求，另行增列評鑑規準向度和評鑑項目，作彈性組
　合。

自評簽名：　　　　　　　　　　　觀察人員簽名：

工具12　學習共同體公開觀課紀錄表（丙）

1040312

觀課科目：　　　　　　授課教師：　　　　　　觀課班級：

授課內容：　　　　　　觀課日期：　　　　　　觀課者：

第　　　組學生互動紀錄

○	○	面向	1. 全班學習氣氛	2.學生學習動機與歷程	3. 學生學習結果
		參考項目	1-1 是否有安心學習的環境？	2-1 老師是否關照每個學生的學習？	3-1 學生學習否成立？如何發生？何時發生？
○	○		1-2 是否有熱衷學習的環境？	2-2 是否引發學生學習動機？	3-2 學生學習的困難之處是什麼？
			1-3 是否有聆聽學習的環境？	2-3 學生學習動機是否持續？	3-3 挑戰伸展跳躍的學習是否產生？
				2-4 學生是否相互關注與傾聽？	3-4 學生學習思考程度是否深化？
				2-5 學生是否互相協助與討論？	
				2-6 學生是否投入參與學習？	
				2-7 是否發現有特殊表現的學生？（如學習停滯、學習超前和學習具潛力的學生）	

課堂軼事紀錄

時間	教師教學引導	學生學習行為	備註
觀課心得			

331

工具 13　中華民國全國教師會《觀議課實務手冊》紀錄表

紀錄表範例一

（校名：　　　　）　觀課紀錄表　（結構式）

觀課科目		授課教師		觀課班級	
授課單元名稱				觀課日期	
1. 學生上課狀況	(1)學生投入課堂學習的程度如何？				
	(2)學生有干擾課堂的行為嗎？情況如何？				
2. 學生分組討論情形	(1)小組間互動情形如何？（熱絡狀況、參與程度）				
	(2)小組討論是否聚焦本次課堂？				
	(3)小組討論內容深度？				
3. 知識學習的情形	(1)學生在課堂中對哪一個部分感到興趣？				
	(2)學生在學習中有沒有困難之處？				
	(3)真正有效的學習發生在什麼情境？				
4. 綜合建議					

觀課人員：

中華民國全國教師會《觀議課實務手冊》紀錄表範例

紀錄表範例二

（校名：　　　　　）　觀課紀錄表　（半結構式）

觀課科目		授課教師		觀課班級	
授課單元名稱				觀課日期	

	教師 教學行為	學生 學習行為	觀課者 想法
1. 學生學習的發生點			
2. 學生學習的困難點			
3. 其他			
我最欣賞這堂課的三項優點			

工具 14　高效能教師——觀察紀錄表

授課教師 （主導的教師）		任教 年級		任教領域 ／科目	
觀課人員 （認證教師）					
教學單元		教學節次		共 ＿＿ 節 本次教學為第 ＿＿ 節	
公開授課／教 學觀察日期	＿年＿月＿日	地點			

備註：本紀錄表由觀課人員依據客觀具體事實填寫。

訣竅／檢核重點 （請勾選符合之項目）	事實摘要敘述 （含教師教學行為、學生學習表現、師生互動與學生同儕互動之情形，「具體事實說明」必填但字數不限）
1. 發展能連貫並連結學生學習進展的課程	
1-1. 學習進展：實施完善、連貫的學習進展 □ 1-1-1 教學內容精確 □ 1-1-2 課程具清晰性 □ 1-1-3 課程順序合乎邏輯 □ 1-1-4 課程、教學及評量對應良好 □ 1-1-5 能整合課程內涵	具體事實說明：
1-2. 學習連結：將學習連結到學生的生活和大概念 □ 1-2-1 能連結學科大圖像／其他學科 □ 1-2-2 能連結學生生活／先前學習經驗	具體事實說明：

2. 運用策略、資源與科技促進學習	
2-1. 學生中心策略：透過學生中心的學習方法促進學習 □ 2-1-1 能使學習視覺化和具體化 □ 2-1-2 能積極吸引學習者	具體事實說明：
2-2. 資源和科技：提供資源和科技來支持學習 □ 2-2-1 科技和資源能幫助學習 □ 2-2-2 良好地運用科技與資源的課堂環境 □ 2-2-3 能讓科技發揮意想不到的學習效果	具體事實說明：
3. 營造安全、尊重、組織良好的學習環境	
3-1. 課堂流暢：順利和有效地管理教學時間和非教學事務 □ 3-1-1 能引導安全、尊重、協作的互動，並使教學時間最大化的課堂 □ 3-1-2 增加連結來改善學習 □ 3-1-3 能讓課堂流暢	具體事實說明：
3-2. 課堂互動：有效管理學生行為，培養尊重和協作的氣氛 □ 3-2-1 班級組織良好 □ 3-2-2 學生主動參與課堂 □ 3-2-3 建立尊重的課堂環境	具體事實說明：
4. 安排具挑戰性且嚴謹的學習經驗	
4-1. 挑戰文化：促進堅持和高期望的氣氛 □ 4-1-1 能建立學生的自我控制 □ 4-1-2 能培養學生學習毅力	具體事實說明：

4-2. 教學挑戰：提供挑戰和差異化的學習經驗 　□ 4-2-1 能配合學生現有的能力表現給予學習挑戰 　□ 4-2-2 能滿足學生個別差異	具體事實說明：
5. 激發互動與重思考的學習	
5-1. 互動文化：促進豐富的互動文化 　□ 5-1-1 鼓勵學生參與課堂 　□ 5-1-2 提出令學生感興趣的問題 　□ 5-1-3 兼具個別學習與合作學習	具體事實說明：
5-2. 參與程度：促進有思考和目的性的學生參與 　□ 5-2-1 課程連結學生生活經驗，並確保具目的性 　□ 5-2-2 引導學生解釋、推理、演示與辯證所提出的理由或想法	具體事實說明：
6. 建構創意與問題解決的文化	
6-1. 創意性文化：強化具有創意和探究的學習環境 　□ 6-1-1 能激發學生的好奇心 　□ 6-1-2 採用學生中心的學習方法	具體事實說明：
6-2. 解決問題的環境：提供鼓勵創意和問題解決的學習經驗 　□ 6-2-1 能營造解決問題的環境 　□ 6-2-2 能使學生學習思考聚焦並引導為清楚明確的結論、精煉的概念或具體的看法 　□ 6-2-3 能使學生深入思考進而激發創意	具體事實說明：

7. 提供能引導和提示教與學的檢視、評量和回饋	
7-1. 回饋引導學習：提供回饋來引導並支持學生的學習 ☐ 7-1-1 提供回饋引導學習 ☐ 7-1-2 運用有效的回饋 ☐ 7-1-3 深化回饋的價值	具體事實說明：
7-2. 形成性評量：依據形成性評量的資料來調整教學 ☐ 7-2-1 善用形成性評量 ☐ 7-2-2 提供具體明確的回饋 ☐ 7-2-3 蒐集學生在學習中有意義的資料	具體事實說明：

工具 15　幼兒園教學觀察紀錄表

主要教學者		幼兒年齡層 / 班別		
活動名稱		活動目標		
觀課人員		教學活動時間	__時__分至__時__分	
教學觀察日期	__年__月__日	地點		

備註：本紀錄表由觀課人員依據客觀具體事實填寫。

層面	指標與觀察重點	事實摘要敘述 （可包含教學者教學行為、幼兒學習表現、師生互動與幼兒同儕互動之情形）
A 活動目標與規劃	**A-1 擬訂合宜的教保活動目標。**	
	A-1-1 依照課程大綱的精神與幼兒特質擬訂活動目標。	（請文字敘述，至少條列兩項具體事實摘要；本指標可於觀察前會談或觀察後回饋會談中進行檢視。）
	A-1-2 教保活動安排能符應活動目標。	
	A-1-3 依據活動目標與幼兒需求，選擇適合之教學材料。	
	A-2 規劃適切的教保活動內容。	
	A-2-1 安排合宜的教學環境與設施，促進幼兒學習。	（請文字敘述，至少條列兩項具體事實摘要。）
	A-2-2 效連結幼兒的生活經驗及新舊知能，引發與維持幼兒學習動機。	
	A-2-3 活動內容符合幼兒的發展需求、經驗、知能和興趣。	

B 活動實施與班級經營	B-1 教學重點的掌握與教學技巧的運用。	
	B-1-1 掌握教學材料的特性，實施教保活動，促進幼兒學習。	（請文字敘述，至少條列五項具體事實摘要。）
	B-1-2 提供充足的教學資源並合宜運用。	
	B-1-3 運用適切、統整的教學方法，引導幼兒思考、討論或實作。	
	B-1-4 運用口語、非口語、教室走動等溝通技巧，與幼兒互動。	
	B-1-5 清楚表達並善用提問技巧幫助幼兒學習。	
	B-1-6 完成學習活動後，適時歸納統整學習重點。	
	B-2 經營正向支持的班級文化及情境。	
	B-2-1 營造溫暖的學習氣氛，促進師生互動。	（請文字敘述，至少條列三項具體事實摘要。）
	B-2-2 建立及維持有助於幼兒學習的常規。	
	B-2-3 妥善應變處理活動歷程中之偶發狀況。	
	B-2-4 適切回應或引導幼兒的行為表現。	
C 活動評量與教學調整	C-1 適切實施學習評量。	
	C-1-1 運用多元方式，了解幼兒的學習表現。	（請文字敘述，至少條列兩項具體事實摘要。）
	C-1-2 依據教學過程中幼兒的學習狀況，選擇適合的評量方式。	
	C-1-3 依據評量結果，適時給予幼兒回應與輔導。	
	C-2 適時調整教學活動。	
	C-2-1 依據教學過程中幼兒的學習狀況，調整教學活動的實施。	（請文字敘述，至少條列一項具體事實摘要；本指標可於觀察後回饋會談中進行檢視。）
	C-2-2 運用學習評量的結果，進行教學反思。	

工具 16　小組學習觀察表

授課教師 (主導的教師)		任教 年級		任教領域 /科目	
觀課人員 (認證教師)					
教學單元			教學節次	共＿＿＿節 本次教學為第＿＿＿節	
公開授課/教 學觀察日期	＿＿年＿＿月＿＿日 ＿＿時＿＿至＿＿時＿＿分		地點		

備註 1：本紀錄表由觀課人員依據客觀具體事實填寫。
備註 2：請依時間流程畫記發言者，並簡短記錄發言內容。

觀察組別：第＿＿＿＿組　　　討論主題 (選填)：＿＿＿＿＿＿＿＿＿＿

學生 編號	擔任職務	重要內容 發言次數	偏離主題 次數	重要發言內容

工具 17　小組討論參與質量觀察表

授課教師 （主導的教師）		任教 年級		任教領域 ／科目	
觀課人員 （認證教師）					
教學單元		教學節次	共＿＿節 本次教學為第＿＿節		
公開授課／教 學觀察日期	＿＿年＿＿月＿＿日 ＿＿時＿＿至＿＿時＿＿分	地點			

備註 1：本紀錄表由觀課人員依據客觀具體事實填寫。
備註 2：請簡短記錄發言內容，並標記發言順序。
備註 3：討論結束後，加權加總其發言質與量，評定其參與度與貢獻度。

觀察組別：第＿＿＿＿組　　　討論主題（選填）：＿＿＿＿＿＿＿＿＿

學生	發言內容摘要	發言內容摘要	學生
S1 □			S4 □
S2 □			S5 □
S3 □			S6 □

□：參與／貢獻度＝該生發言內容被記入觀察表之質量（給予 3、2、1 之品質加權），累計加總獲得。

工具 18　個別學生課堂行為時間軸紀錄表

授課教師 (主導的教師)		任教 年級		任教領域 ／科目	
觀課人員 (認證教師)					
教學單元		教學節次	共＿＿＿節 本次教學為第＿＿＿節		
公開授課／教 學觀察日期	＿年＿月＿日 ＿時＿至＿時＿分	地點			

備註 1：本紀錄表由觀課人員依據客觀具體事實填寫。
備註 2：在 30 秒時距中，只觀察並記錄標的學生與對照學生最後 5 秒的行為。

情境／活動代碼	類別		說明
	IL		個別學習（個人閱讀或練習、自主學習）
	GA		分組活動（分組實驗、小組討論、分站學習、小組教學）
	GI-2		團體教學（師生雙向互動的教學，例如：提問、團體討論等）
	GI-1		團體教學（教師單向主導的教學，例如：講述、說明、示範、看影片等）
	T		轉換（活動／概念）

學生行為代碼	類別		說明
	I：Initiative 積極主動	I-1	能主動提出問題以獲取更多訊息。
		I-2	能主動回答問題或積極參與班級討論。
		I-3	能主動做筆記或以畫重點等方式幫助自己學習。
		I-4	其他積極主動行為（例如：遇到困難能嘗試完成，其他請說明）。
	E：Effort 付出努力 （被動努力）	E-1	能依教師指令完成課堂學習任務或作業。
		E-2	能專注於課堂學習（例如：專心聆聽或者視線專注於教材）。
		E-3	能針對教師提問回答或參與討論。
		E-4	能依教師指令做筆記或畫重點。
		E-5	其他被動努力行為（請說明）。

N：Inattentive Behavior 不專心行為	N-1	需經教師提醒才能進行課堂學習任務或作業（例如：發呆、看窗外）。	
	N-2	無法回應教師提問或參與小組討論（例如：因分心而不知道教師提問的內容、小組討論時心不在焉）。	
	N-3	出現與課堂學習無關的行為或動作（例如：塗鴉、把玩文具）。	
	N-4	其他不專心行為（請說明）。	
D：Disruptive Behavior 干擾行為	D-1	未經允許離開座位。	
	D-2	干擾或妨礙學習（例如：向同學丟紙屑、踢同學的椅子、用筆戳同學、發出怪聲）。	
	D-3	討論或發表無關內容干擾學習（例如：在課堂上插嘴、與同學聊天）。	
	D-4	其他干擾行為（請說明）。	

時間 分：秒	情境／活動 代碼	標的學生 行為代碼	對照學生 行為代碼	備註 （簡述情境／活動、師生行為或教學內涵）
0:30				
1:00				
1:30				
2:00				
2:30				
3:00				
3:30				
4:00				
4:30				
5:00				

時間 分：秒	情境／活動 代碼	標的學生 行為代碼	對照學生 行為代碼	備註 （簡述情境／活動、師 生行為或教學內涵）
5:30				
6:00				
6:30				
7:00				
7:30				
8:00				
8:30				
9:00				
9:30				
10:00				
10:30				
11:00				
11:30				
12:00				
12:30				
13:00				
13:30				
14:00				
14:30				
15:00				
15:30				
16:00				
16:30				
17:00				

時間 分：秒	情境／活動 代碼	標的學生 行為代碼	對照學生 行為代碼	備註 （簡述情境／活動、師 生行為或教學內涵）
17:30				
18:00				
18:30				
19:00				
19:30				
20:00				
20:30				
21:00				
21:30				
22:00				
22:30				
23:00				
23:30				
24:00				
24:30				
25:00				
25:30				
26:00				
26:30				
27:00				
27:30				
28:00				
28:30				
29:00				

時間 分：秒	情境／活動 代碼	標的學生 行為代碼	對照學生 行為代碼	備註 （簡述情境／活動、師 生行為或教學內涵）
29:30				
30:00				
30:30				
31:00				
31:30				
32:00				
32:30				
33:00				
33:30				
34:00				
34:30				
35:00				
35:30				
36:00				
36:30				
37:00				
37:30				
38:00				
38:30				
39:00				
39:30				
40:00				
40:30				

時間 分：秒	情境／活動 代碼	標的學生 行為代碼	對照學生 行為代碼	備註 （簡述情境／活動、師 生行為或教學內涵）
41:00				
41:30				
42:00				
42:30				
43:00				
43:30				
44:00				
44:30				
45:00				
45:30				
46:00				
46:30				
47:00				
47:30				
48:00				
48:30				
49:00				
49:30				
50:00				

參考文獻：

Garito, A., & Jang, E. E. (2010). Investigating the effects of a game-based approach in teaching word recognition and spelling to students with reading disabilities and attention deficits. *Australian Journal of Learning Difficulties. 15*(2), 193-211.

Johnson, S. (2018). *Systematic Behavior Observation tool*. Retrieved from https://resilientheartsandminds.com/2018/03/25/systematic-behavior-observation-tool/

工具 18　附件、個別學生課堂行為時間軸量化分析表

授課教師 (主導的教師)			任教 年級		任教領域 / 科目		
觀課人員 (認證教師)							
教學單元			教學節次		共＿＿＿節 本次教學為第＿＿＿節		
公開授課 / 教學觀 察日期		＿＿年＿＿月＿＿日 ＿＿時＿＿至＿＿時＿＿分		地點			

備註：本紀錄表由觀課人員依據客觀具體事實填寫。

壹、數據統計

一、學生行為類別紀錄：

類別		說明	標的學生	總計	對照學 生	總計
I 積極 主動	I-1	能主動提出問題以獲取更多訊息。	（ ）次	共（ ）次 （ ）分鐘	（ ）次	共（ ）次 /（ ）分鐘
	I-2	能主動回答問題或積極參與班級討論。	（ ）次		（ ）次	
	I-3	能主動做筆記或以畫重點等方式幫助自己學習。	（ ）次		（ ）次	
	I-4	其他積極主動行為（例如：遇到困難能嘗試完成，其他請說明）。	（ ）次		（ ）次	
E 付出 努力 （被動 努力）	E-1	能依教師指令完成課堂學習任務或作業。	（ ）次	共（ ）次 /（ ）分 鐘	（ ）次	共（ ）次 /（ ）分鐘
	E-2	能專注於課堂學習（例如：專心聆聽或者視線專注於教材）。	（ ）次		（ ）次	
	E-3	能針對教師提問回答或參與討論。	（ ）次		（ ）次	
	E-4	能依教師指令做筆記或畫重點。	（ ）次		（ ）次	
	E-5	其他被動努力行為（請說明）。	（ ）次		（ ）次	
N 不專心 行為	N-1	需經教師提醒才能進行課堂學習任務或作業（例如：發呆、看窗外）。	（ ）次	共（ ）次 /（ ）分 鐘	（ ）次	共（ ）次 /（ ）分鐘
	N-2	無法回應教師提問或參與小組討論（例如：因分心而不知道教師提問的內容、小組討論時心不在焉）。	（ ）次		（ ）次	
	N-3	出現與課堂學習無關的行為或動作（例如：塗鴉、把玩文具）。	（ ）次		（ ）次	
	N-4	其他不專心行為（請說明）。	（ ）次		（ ）次	

D 干擾 行為	D-1	未經允許離開座位。	（　）次	共（　）次 ／（　）分 鐘	（　）次	共（　）次 ／（　）分鐘
	D-2	干擾或妨礙學習（例如：向同學丟紙屑、踢同學的椅子、用筆戳同學、發出怪聲）。	（　）次		（　）次	
	D-3	討論或發表無關內容干擾學習（例如：在課堂上插嘴、與同學聊天）。	（　）次		（　）次	
	D-4	其他干擾行為（請說明）。	（　）次		（　）次	

二、情境／活動與學生行為紀錄：

情境／活動 代碼	總計	標的學生行為代碼與次數		對照學生行為代碼與次數	
IL	共（　）次／（　）分鐘	I	（　）次	I	（　）次
		E	（　）次	E	（　）次
		N	（　）次	N	（　）次
		D	（　）次	D	（　）次
GA	共（　）次／（　）分鐘	I	（　）次	I	（　）次
		E	（　）次	E	（　）次
		N	（　）次	N	（　）次
		D	（　）次	D	（　）次
GI-2	共（　）次／（　）分鐘	I	（　）次	I	（　）次
		E	（　）次	E	（　）次
		N	（　）次	N	（　）次
		D	（　）次	D	（　）次
GI-1	共（　）次／（　）分鐘	I	（　）次	I	（　）次
		E	（　）次	E	（　）次
		N	（　）次	N	（　）次
		D	（　）次	D	（　）次
T	共（　）次／（　）分鐘	I	（　）次	I	（　）次
		E	（　）次	E	（　）次
		N	（　）次	N	（　）次
		D	（　）次	D	（　）次

三、時間軸與學生行為紀錄：

課堂時間	主要情境／活動代碼與次數	主要情境／活動中，標的學生主要行為代碼與次數	主要情境／活動中，對照學生主要行為代碼與次數
00:00～10:00	（　）次	（　）次	（　）次
11:00～20:00	（　）次	（　）次	（　）次
21:00～30:00	（　）次	（　）次	（　）次
31:00～40:00	（　）次	（　）次	（　）次
41:00～50:00	（　）次	（　）次	（　）次

貳、內容分析

一、學生行為類別

（一）標的學生

1. 「I 積極主動」__次，「E 付出努力」__次，「N 不專心」__次，「D 干擾」__次，共記錄行為__次。
2. 「I 積極主動」與「E 付出努力」合計__次，約占整節課行為比例__%；「N 不專心」與「D 干擾」合計____次，約占整節課行為比例__%。

（二）對照學生

1. 「I 積極主動」__次，「E 付出努力」__次，「N 不專心」__次，「D 干擾」__次，共記錄行為__次。
2. 「I 積極主動」與「E 付出努力」合計__次，約占整節課行為比例__%；「N 不專心」與「D 干擾」合計____次，約占整節課行為比例__%。

二、情境／活動與學生行為

（一）整節課的情境／活動實施

1. 「IL 個別學習」__次，「GA 分組活動」__次，「GI-2 團體教學（師生雙向互動）」__次，「GI-1 團體教學（教師單向主導）」__次，「T 轉換」__次。
2. 整節課的情境／活動依照次數由多至少排序為：
   (1)_____、_____、_____、_____。
   (2)

（二）情境／活動與 標的學生 行為，兩者間的關聯

1. 在「IL 個別學習」時，「I 積極主動」和「E 付出努力」合計__次，「N 不專心」和「D 干擾」合計__次，比例為__：__。
2. 在「GA 分組活動」時，「I 積極主動」和「E 付出努力」合計__次，「N 不專心」和「D 干擾」合計__次，比例為__：__。
3. 在「GI-2 團體教學（師生雙向互動）」時，「I 積極主動」和「E 付出努力」合計__次，「N 不專心」和「D 干擾」合計__次，比例為__：__。
4. 在「GI-1 團體教學（教師單向主導）」時，「I 積極主動」和「E 付出努力」合計__次，「N 不專心」和「D 干擾」合計__次，比例為__：__。

5. 在「T轉換」時，「I積極主動」和「E付出努力」合計___次，「N不專心」和「D干擾」合計___次，比例為___：___。

（三）情境／活動與 對照學生 行為，兩者間的關聯
1. 在「IL個別學習」時，「I積極主動」和「E付出努力」合計___次，「N不專心」和「D干擾」合計___次，比例為___：___。
2. 在「GA分組活動」時，「I積極主動」和「E付出努力」合計___次，「N不專心」和「D干擾」合計___次，比例為___：___。
3. 在「GI-2團體教學（師生雙向互動）」時，「I積極主動」和「E付出努力」合計___次，「N不專心」和「D干擾」合計___次，比例為___：___。
4. 在「GI-1團體教學（教師單向主導）」時，「I積極主動」和「E付出努力」合計___次，「N不專心」和「D干擾」合計___次，比例為___：___。
5. 在「T轉換」時，「I積極主動」和「E付出努力」合計___次，「N不專心」和「D干擾」合計___次，比例為___：___。

三、時間軸與學生行為
（一）課堂時間與主要情境／活動
1. 前_____分鐘為_____。
2. _____-_____分鐘為_____。
3. _____-_____分鐘為_____。
4. 課程結束前_____分鐘為_____。

（二）課堂時間中各個主要情境／活動，與 標的學生 出現之主要行為，兩者間的關聯
1. 前_____分鐘主要出現行為是_____。
2. _____-_____分鐘主要出現行為是_____。
3. _____-_____分鐘主要出現行為是_____。
4. 課程結束前_____分鐘為_____。

（三）課堂時間中各個主要情境／活動，與 對照學生 出現之主要行為，兩者間的關聯
1. 前_____分鐘主要出現行為是_____。
2. _____-_____分鐘主要出現行為是_____。
3. _____-_____分鐘主要出現行為是_____。
4. 課程結束前_____分鐘為_____。

四、其他

1. 需一併檢附「個別學生課堂行為時間軸紀錄表」。
2. 本表為「個別學生課堂行為時間軸紀錄表」統計分析參考表件，表件所列之數據統計與內容分析面向可依觀察焦點增刪或調整；若本表不符觀察焦點使用，也可自行設計其他版本之「個別學生課堂行為時間軸量化分析表」。

工具 19　個別學生課堂行為發生頻率紀錄表

授課教師 （主導的教師）		任教 年級		任教領域 ／科目	
觀課人員 （認證教師）					
教學單元		教學節次		共＿＿＿節 本次教學為第＿＿＿節	
公開授課／教 學觀察日期	＿＿年＿＿月＿＿日 ＿＿時 至 ＿＿時＿＿分	地點			

備註 1：本紀錄表由觀課人員依據客觀具體事實填寫。
備註 2：觀察個別學生出現的課堂行為，每 30 秒畫記一次；D-1 請勾選有或無即可。
備註 3：下列紀錄表內之學生行為若不足選用，得自行增加行為描述欄位並記錄之。

學生課堂行為分類	正向行為	積極主動（I：Initiative）
		付出努力（被動努力）（E：Effort）
	負向行為	不專心行為（N：Inattentive Behavior）
		干擾行為（D：Disruptive Behavior）
	其他行為（O：Others）	

正向行為		內容	出現次數畫記
I 積極 主動	I-1	會專注聆聽教師講解的內容	
	I-2	會認真投入教師所安排的實驗或操作學習活動	
	I-3	會積極參與教師交代的紙筆練習或者作業	
	I-4	會主動在課堂上提出問題以幫助自己理解	
	I-5	上課會自願回答老師的問題	
	I-6	小組討論時會認真和同學討論	
	I-7	上課會做筆記或劃重點	
	I-8	其他積極主動行為 （若選用，請描述行為＿＿＿＿＿＿＿＿＿）	
E 付出 努力 （被動 努力）	E-1	上課依據教師指示瀏覽手機或行動載具	
	E-2	會嘗試練習老師交代的紙筆作業	
	E-3	會聆聽其他同學的提問	
	E-4	在指名時會回應老師的提問	

正向行為		內容	出現次數畫記
	E-5	小組作業會和同學一起分工合作完成	
	E-6	上課只看本節課相關的書籍或資料	
	E-7	其他被動學習行為 （若選用，請描述行為＿＿＿＿＿＿＿）	
負向行為		內容	出現次數畫記
N 不專心 行為	N-1	上課時發呆或者看著窗外	
	N-2	閱讀課堂無關的書報資料	
	N-3	課堂期間做其他課程的作業	
	N-4	因分心無法回應教師的提問	
	N-5	小組討論時心不在焉	
	N-6	藉故不參與課堂活動，例如：不參與團體活動	
	N-7	使用手機或者行動載具 （瀏覽上課無關訊息、傳簡訊或玩遊戲）	
	N-8	上課時偷吃東西或喝飲料	
	N-9	上課打瞌睡或睡覺	
	N-10	其他上課不專心行為 （若選用，請描述行為＿＿＿＿＿＿）	
D 干擾 行為	D-1	上課遲進教室	☐有　☐無
	D-2	在上課過程未經教師允許就離開座位	
	D-3	發出噪音或怪聲	
	D-4	向同學丟物品	
	D-5	無故踢同學椅子	
	D-6	提問與學習無關的問題或故意答錯，干擾教學進行	
	D-7	在課堂上插嘴，發表與學習無關的言論	
	D-8	和同學竊竊私語或聊天	
	D-9	和同學傳紙條	
	D-10	其他上課干擾行為 （若選用，請描述行為＿＿＿＿＿＿）	
其他行為		內容	出現次數畫記
O 其他行為		其他行為 （若選用，請描述行為＿＿＿＿＿＿）	

工具 19　附件、個別學生課堂行為發生頻率量化分析表

授課教師 （主導的教師）		任教 年級		任教領域／ 科目	
觀課人員 （認證教師）					
教學單元		教學節次		共＿＿＿節 本次教學為第＿＿＿節	
公開授課／教學觀 察日期	＿＿年＿＿月＿＿日 ＿＿時＿＿至＿＿時＿＿分	地點			

備註：本紀錄表由觀課人員依據客觀具體事實填寫。

壹、觀察統計

正向行為	I 積極主動	（　　　）次
	E 付出努力（被動努力）	（　　　）次
負向行為	N 不專心行為	（　　　）次
	D 干擾行為	（　　　）次／D-1（有／無）
O 其他行為	（　　　）次，行為描述：（　　　　　　　　　）	

貳、內容分析

一、學生整節課出現正向行為的內容與次數分析：
(一) 總共出現＿＿＿＿次，約占整節課所有行為＿＿＿＿次的＿＿＿＿％。
(二)「I 積極主動」和「E 付出努力」出現比例為＿＿＿＿：＿＿＿＿。
(三)「I 積極主動」出現最多的是＿＿＿＿＿＿＿＿＿＿共＿＿＿＿次。
(四)「E 付出努力」出現最多的是＿＿＿＿＿＿＿＿＿＿，共＿＿＿＿次。

二、學生整節課出現負向行為的內容與次數分析：
(一) 總共出現＿＿＿＿次，約占整節課所有行為＿＿＿＿次的＿＿＿＿％。
(二)「N 不專心行為」和「D 干擾行為」出現比例為＿＿＿＿：＿＿＿＿。
(三)「N 不專心行為」出現最多的是＿＿＿＿＿＿＿＿＿＿，共＿＿＿＿次。
(四)「D 干擾行為」出現最多的是＿＿＿＿＿＿＿＿＿＿，共＿＿＿＿次。三、其他行為出現的次數與內容分析：
　　有＿＿＿＿次，行為內容是＿＿＿＿＿＿＿＿＿＿。

四、其他：

1. 需一併檢附「個別學生課堂行為發生頻率紀錄表」。
2. 本表為「個別學生課堂行為發生頻率紀錄表」統計分析參考表件，表件所列之數據統計與內容
   分析面向可依觀察焦點增刪或調整；若本表不符觀察焦點使用，也可自行設計其他版本之「個
   別學生課堂行為發生頻率量化分析表」。

工具 20　小組討論公平性全組成員觀察紀錄表

授課教師 (主導的教師)		任教 年級		任教領域 /科目	
觀課人員 (認證教師)					
教學單元			教學節次	共＿＿節 本次教學為第＿＿節	
公開授課／教 學觀察日期	＿年＿月＿日		地點		

備註：本紀錄表由觀課人員依據客觀具體事實填寫。

觀察組別：＿＿＿＿＿＿＿　　討論主題：＿＿＿＿＿＿＿＿

一、名詞解釋

類別	說明
正向發言	觀察對象的發言受到同儕期待、傾聽與重視。
負向發言	觀察對象的發言受到同儕忽視、輕視或藐視。
參與機會	觀察對象在小組討論時，教具教材的使用機會、身體位置的接近性，以及參與小組任務的重要性與價值性之平等情形。
成員互動	在小組討論時，觀察對象與其他成員之間的互動，是否具有公平表達機會、平等接納對待，沒有排擠等情形。

二、觀察記錄

學生編號 擔任職務	類別	出現次數	整體觀察分析 (觀察對象於整個觀察過程之狀態)
	正向發言		A. 參與機會： B. 成員互動：
	負向發言		

	正向發言		A. 參與機會：
	負向發言		B. 成員互動：
	正向發言		A. 參與機會：
	負向發言		B. 成員互動：
	正向發言		A. 參與機會：
	負向發言		B. 成員互動：

參考文獻：

黃永和（2019）。**小組學習：環境、動機與公平性之研究**。臺北市：五南。

工具21　小組討論公平性個別成員觀察紀錄表

授課教師 (主導的教師)		任教 年級		任教領域 ／科目	
觀課人員 (認證教師)					
教學單元			教學節次	共＿＿節 本次教學為第＿＿節	
公開授課／教 學觀察日期	＿年＿月＿日		地點		
備註：本紀錄表由觀課人員依據客觀具體事實填寫。					

觀察組別：＿＿＿＿＿　　觀察對象：＿＿＿＿＿　　討論主題：＿＿＿＿＿

一、名詞解釋

類別	説明
正向發言	觀察對象的發言受到同儕期待、傾聽與重視。
負向發言	觀察對象的發言受到同儕忽視、輕視或藐視。
參與機會	觀察對象在小組討論時，教具教材的使用機會、身體位置的接近性，以及參與小組任務的重要性與價值性之平等情形。
成員互動	在小組討論時，觀察對象與其他成員之間的互動，是否具有公平表達機會、平等接納對待，沒有排擠等情形。

二、觀察記錄

類別	出現次數	內容摘要
正向發言		
負向發言		

三、觀察分析

類別	整體觀察分析（觀察對象於整個觀察過程之狀態）
參與機會	
成員互動	

參考文獻：
黃永和（2019）。**小組學習：環境、動機與公平性之研究**。臺北市：五南。

工具22　　教師課堂教學班級經營觀察紀錄表

授課教師 （主導的教師）		任教 年級		任教領域 ／科目	
觀課人員 （認證教師）					
教學單元		教學節次	共＿＿＿節 本次教學為第＿＿＿節		
公開授課／教 學觀察日期	＿＿年＿＿月＿＿日 ＿＿時＿＿至＿＿時＿＿分	地點			

備註1：本紀錄表由觀課人員依據客觀具體事實填寫。

備註2：若該項目並未觀察到師生相關行為事實，可以不必填寫，或填寫「未觀察到」。

時機／項目	內涵說明	觀察到的師生行為事實
課堂初始		
守時就位	1. 教師與學生均能適時進入教室並就定位。 2. 教師要求學生以適當的方式進入專科教室，例如走廊整隊。（選）	
收心安頓	適當安頓師生心情，收拾物件，進入教學準備狀態。	
動態掌控	了解學生出缺席或動態，必要時能及時做適當處置。	
關懷互動	1. 能關心問候個別或全體學生，展現出師生間的正向關係。 2. 能展現出認識熟悉個別學生或班級群體。	
規範提示	能適當提示或重申課堂規範。	
承續處理	能適當且有效率的處理前堂課程之後續事宜，例如收繳作業、發還作業或檢討等。	

座位形式	座位安排形式符合當節課堂教學的主要模式。	
情境設備	1. 教學空間各項物理條件適當合宜。 2. 能配合教學進度布置相關資料、情境，或備妥設備器材。 3. 了解學生攜帶準備學習所需資料之情形，必要時能及時做適當處置。	
課堂中		
教學進程 轉換	1. 教學進行順暢，節奏合宜，時間掌控良好。 2. 活動轉換時能明確清楚引導。	
成員互動	1. 師生之間、學生同儕之間能有適當的教學互動。 2. 教師視線眼神或身體移動能關照到所有學生。	
積極正向	1. 師生言行積極正向，情緒管理合宜。 2. 教師展現教學或帶班的魅力或影響力。	
秩序維持	1. 學生聽課、討論、書寫、實作或個人座位上之學習活動，均能有合宜的秩序。 2. 教師能注意到並督導分心失序的學生投入學習。 3. 學生組織結構（幹部教師、組長或小組等）能協助發揮秩序維持功用。	
偶發行為 處理	教師對干擾、衝突行為或偶發事件，能依據性質與程度，及時處置回應。	

獎懲回應	教師能依既定規則，對學生課堂學習或秩序表現，及時給予個人／小組／全班性的獎懲或紀錄（包含讚美、欣賞、鼓勵或責備）。	
安全維護	有安全顧慮的教學活動（例如實驗），能有適當的說明與防護。	
課堂末		
作業活動交代	採取適當方式，學生能記得完成並理解作業活動之要求，預告次堂課程注意事項。	
回饋總結	教師能總結學生課堂學習或行為表現，並給予回饋或實施獎懲。	
環境復原	1. 師生能妥善收拾環境、器材、整理教室或座位。 2. 教師要求學生以適當的方式從專科教室回到原班教室，例如整隊帶回。（選）	
追蹤輔導	教師能針對課堂未盡事務，追蹤輔導特定學生。	
備註或綜合評述		

觀察工具參考來源

表格名稱	參考來源
工具 1、105 年版教師專業發展規準觀察紀錄表	教育部教師專業發展實踐方案
工具 2、101 年版教師專業發展規準觀察紀錄表	教育部教師專業發展實踐方案
工具 3、軼事紀錄表	教育部教師專業發展實踐方案
工具 4、語言流動量化分析表	教育部教師專業發展實踐方案
工具 5、在工作中量化分析表	教育部教師專業發展實踐方案
工具 6、教師移動量化分析表	教育部教師專業發展實踐方案
工具 7、佛蘭德斯互動分析法量化分析表	教育部教師專業發展實踐方案
工具 8、選擇性逐字紀錄表	教育部教師專業發展實踐方案
工具 9、教學錄影回饋表	教育部教師專業發展實踐方案
工具 10、省思札記回饋表	教育部教師專業發展實踐方案
工具 11、分組合作學習教學觀察表	分組合作學習計畫網站
工具 12、學習共同體公開觀課紀錄表（丙）	學習領導與學習共同體計畫辦公室網站
工具 13、中華民國全國教師會《觀議課實務手冊》紀錄表	中華民國全國教師會《觀議課實務手冊》
工具 14、高效能教師的觀察紀錄表	教育部教師專業發展實踐方案
工具 15、幼兒園教學觀察紀錄表	教育部教師專業發展實踐方案
工具 16、小組學習觀察表	教育部教師專業發展實踐方案
工具 17、小組討論參與質量觀察表	教育部教師專業發展實踐方案
工具 18、個別學生課堂行為時間軸紀錄表 工具 18、附件、個別學生課堂行為時間軸量化分析表	教育部教師專業發展實踐方案 雲林縣僑真國小塗瑪真主任
工具 19、個別學生課堂行為發生頻率紀錄表 工具 19、附件、個別學生課堂行為發生頻率量化分析表	教育部教師專業發展實踐方案 雲林縣僑真國小塗瑪真主任
工具 20、小組討論公平性全組成員觀察紀錄表	教育部教師專業發展實踐方案
工具 21、小組討論公平性個別成員觀察紀錄表	教育部教師專業發展實踐方案
工具 22、教師課堂教學班級經營觀察紀錄表	南投縣集集國小黃雅蘭主任
學生拍照、錄音及錄影同意書	國立臺灣師範大學數學教育中心

學生拍照、錄音及錄影同意書

一、本人＿＿＿＿（以下稱甲方）　□同意　□不同意＿＿＿＿教師（以下稱乙方）於＿＿年＿＿月＿＿日進行公開授課時，由乙方或參與之觀課人員＿＿＿＿＿＿＿＿＿＿對本人拍照、錄音及錄影。

如同意拍照、錄音及錄影，乙方及觀課人員需在滿足下列其中一項條件後方能進行拍照、錄音及錄影（請擇一勾選）。

□可拍攝課堂，但照片、影片中不得出現甲方的聲音及影像。

□可拍攝課堂，但影片中僅可出現甲方的聲音，不可出現影像。

□可拍攝課堂，照片、影片中可出現甲方的聲音及影像。

二、甲方同意乙方或參與之觀課人員對本人進行個別訪談。

如同意進行個別訪談，甲方　□同意　□不同意　乙方及觀課人員對個別訪談的過程進行拍照、錄音及錄影。

如同意拍照、錄音及錄影，乙方及觀課人員需滿足下列其中一項條件後方能進行錄音錄影（請擇一勾選）

□不可拍攝臉部，亦不可於畫面中出現全名。

□可拍攝臉部，但不可於畫面中出現全名。

□可拍攝臉部，亦可於畫面中出現全名。

上述同意之拍攝或訪談資料僅供教學研究之用，不得挪為他用或任何商業用途。

本人（簽章）：＿＿＿＿＿＿＿＿＿＿＿＿＿＿＿

法定代理人（簽章）：＿＿＿＿＿＿＿＿＿＿＿＿＿

中華民國　　　年　　　月　　　日

國家圖書館出版品預行編目資料

授課教師主導觀課的理論與實務／張德銳，張
民杰，賴光真，賴文堅，王金國，王勝忠，
張文權，呂淑娟，張翠雲，連安青，塗瑀
真，黃雅蘭，黃心瑜，林昱丞，曾勤樸合著.
－－初版.－－臺北市：五南圖書出版股份有
限公司，2022.08
　　面；　公分
　　ISBN 978-626-343-027-3（平裝）

1.CST: 教學設計　　2.CST: 教學理論

521.4　　　　　　　　　　　111010279

115L

授課教師主導觀課的理論與實務

主　　　編 ― 教育部師資培育及藝術教育司

作　　　者 ― 張德銳、張民杰、賴光真、賴文堅、王金國
　　　　　　　王勝忠、張文權、呂淑娟、張翠雲、連安青
　　　　　　　塗瑀真、黃雅蘭、黃心瑜、林昱丞、曾勤樸

發 行 人 ― 楊榮川

總 經 理 ― 楊士清

總 編 輯 ― 楊秀麗

副總編輯 ― 黃文瓊

責任編輯 ― 劉芸蓁、李敏華

封面設計 ― 姚孝慈

出 版 者 ― 五南圖書出版股份有限公司

地　　　址：106台北市大安區和平東路二段339號4樓

電　　　話：(02)2705-5066　　傳　　真：(02)2706-6100

網　　　址：https://www.wunan.com.tw

電子郵件：wunan@wunan.com.tw

劃撥帳號：01068953

戶　　　名：五南圖書出版股份有限公司

法律顧問　林勝安律師事務所　林勝安律師

出版日期　2022年8月初版一刷

定　　　價　新臺幣550元

經典永恆·名著常在

五十週年的獻禮——經典名著文庫

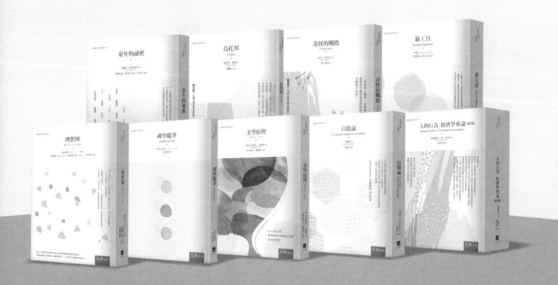

五南，五十年了，半個世紀，人生旅程的一大半，走過來了。

思索著，邁向百年的未來歷程，能為知識界、文化學術界作些什麼？

在速食文化的生態下，有什麼值得讓人雋永品味的？

歷代經典·當今名著，經過時間的洗禮，千錘百鍊，流傳至今，光芒耀人；

不僅使我們能領悟前人的智慧，同時也增深加廣我們思考的深度與視野。

我們決心投入巨資，有計畫的系統梳選，成立「經典名著文庫」，

希望收入古今中外思想性的、充滿睿智與獨見的經典、名著。

這是一項理想性的、永續性的巨大出版工程。

不在意讀者的眾寡，只考慮它的學術價值，力求完整展現先哲思想的軌跡；

為知識界開啟一片智慧之窗，營造一座百花綻放的世界文明公園，

任君遨遊、取菁吸蜜、嘉惠學子！